Inhalt

An Luise Gräfin von Westphalen
geb. Gräfin Frankenberg

Isa, Dir sei dieses Buch gewidmet,
Deiner Freundschaft, Deinem Verstehen

Das Buch

Harem – jener geheimnisvolle Ort, um den sich Phantasien ranken: wo sich in kostbar ausgestatteten Räumlichkeiten schleierverhüllte, dunkeläugige Schönheiten dem Müßiggang hingeben; wo sich Odalisken verführerisch im duftenden Bade räkeln; wo das ganze Dasein der Erfüllung erotischer Begierden des Herrschers dient. Prinzessin Djavidan Hanum hat jahrelang im Harem gelebt. Die Gemahlin des letzten Khediven von Ägypten räumt in diesem erstmals 1930 erschienenen Buch gründlich auf mit solch idealisierenden Vorstellungen. Scharfzüngig und entlarvend schildert Djavidan Hanum ihre Erinnerungen an eine Ehe, in der zumindest nach außen der orientalische Schein gewahrt werden mußte – getrennt von ihrem Mann lebte sie in dessen Harem, wo sie trotz ihrer privilegierten Stellung die Entwertung zum Objekt und die fehlende weibliche Solidarität am eigenen Leib erfahren hat. Sie ermöglicht dem Leser einen ungewöhnlichen und seltenen Blick hinter die Kulissen und gibt eine scharfsinnige Analyse der bereits am Umbruch zur Moderne längst überalterten Strukturen: »Der Harem hatte in allem versagt ... Die Eunuchen standen gähnend an den Türen herum, durch die keine feurigen Gefahren mehr todesmutig eindrangen – und auch diese Bewachung war eine Farce, denn sie war nur eine kastrierte Sicherheit. Die frühere, ambraduftende Prunkinstitution der stimulierten Begierden, der mordenden Intrigen, der bestimmenden und rächenden Frauenmachinationen war ein verbürgerlicht-anämischer Harem geworden, dem nichts mehr zuzutrauen war, weder das Böse noch das Gute.«

Die Autorin

Prinzessin Djavidan Hanum wurde als Tochter des Grafen Josef Török von Szendrö und der Gräfin Sophie Vetter von der Lilie in Philadelphia geboren. 1914 wurde ihr Mann Abbas Hilmi II., der letzte Khedive von Ägypten, von den Engländern abgesetzt und ging in die Schweiz ins Exil. Spätestens zu diesem Zeitpunkt trennten sich die Wege der Hanum und des Khediven. Vermutlich starb sie am 5. August 1968 in Graz.

Djavidan Hanum:
Harem
Erinnerungen der früheren Gemahlin des Khediven von Ägypten

Nachwort von Karl Corino

Deutscher
Taschenbuch
Verlag

dtv

Dieses Buch erschien erstmals 1930
im Verlag für Kulturpolitik in Berlin.

Veränderte Ausgabe
März 1991
Deutscher Taschenbuch Verlag GmbH & Co. KG,
München

ISBN 3-924040-30-3

Umschlaggestaltung: Celestino Piatti
Umschlagabbildung: John Frederick Lewis
(Der Empfang, 1873)
Umschlagfoto Rückseite: Catharina d'Albert
Gesamtherstellung: C. H. Beck'sche Buchdruckerei,
Nördlingen
Printed in Germany · ISBN 3-423-11342-1

Vorwort

Vielleicht werden manche Leser wissen wollen, wer Djavidan Hanum früher war, um besser Kritik an ihrem Urteil und an ihrer Auffassung üben zu können, vielleicht auch, um sie besser zu verstehen.

In der Ehe des Grafen Josef Török von Szendrö mit der Gräfin Sophie Vetter von der Lilie wurde ein Kind – aus einem schicksalsbestimmenden Reisezufall – in Philadelphia geboren. Auch später, in der alten Heimat, wurde diesem Kind der Neuen Welt eine neue Freiheit gewährt: Es wurde keinem üblichen Glaubenszwang unterworfen.

Als sie den Khediven von Ägypten, Abbas Hilmi II., heiratete, wurde sie Mohammedanerin, und die moslemische Religion mußte keine frühere verdrängen, sie wurde zu keinem Glaubensübertritt, sondern zur ersten selbstgewählten Religion. Ohne etwas abstreifen oder verleugnen zu müssen, trat sie aufnahmebereit in eine Welt, deren Entstehungsart sie vollkommen erfassen wollte. In ernstem Studium vertiefte sie sich in die Quellen, die zu ihrem Ursprung führten.

Ihr erster mohammedanischer Name war Zubeida, den sie später gegen Djavidan vertauschte. Was sie sonst noch ist: Davon liegt ein Teil in den Seiten dieses Buches – wenn auch oft nur zwischen den Zeilen.

Wie ich Königin am Nil wurde

Schon von Anfang an stand mein Schicksal unter einem seltsamen Stern: Meine Großeltern mütterlicherseits, der österreichische Feldmarschall Graf Ferdinand Vetter von der Lilie und seine Frau Josephine, hatten es sich in den Kopf gesetzt, noch in ihren alten Tagen Amerika kennenzulernen. Meine Mutter, die mit einem ungarischen Magnaten, dem Obergespan des Unger-Komitats, Graf Joseph Török von Szendrö, verheiratet war, fuhr ihnen nach, um sie zurückzuholen aus diesem damals so fremd anmutenden, unbekannten Amerika, während mein Vater auf seinem Gut in Ungarn blieb. Sie glaubte, schnell wieder zurückkommen zu können. Aber dann gefiel es ihr wie meinen Großeltern drüben in der Neuen Welt so gut, daß sie mich, statt im heimatlichen Schloß, ganz unplanmäßig in Amerika zur Welt brachte. Vielleicht trug aber zu dieser ungewöhnlichen Verzögerung, die Philadelphia zu meinem Geburtsort werden ließ, auch die Bekanntschaft meiner Mutter mit einem jungen und genialen Erfinder ungarischen Ursprungs – Theodor Puzkas von Ditro – bei. Er war der engste Mitarbeiter und Freund von Thomas Alva Edison, dem Erfinder des Telephons ...

Puzkas war eine bestrickende Persönlichkeit. Ich finde, daß meine Mutter – übrigens wohl eine der schönsten Frauen, die es gab – sehr guten Geschmack zeigte, als sie sich in ihn verliebte. Wahrscheinlich war es der Einfluß all der neuen Ideen, die drüben auf sie einstürmten, der sie den Entschluß fassen ließ, mich bei meiner Geburt in Philadelphia nicht taufen zu lassen: Sie meinte, weil ich in einem freien Land geboren sei, solle man mir auch die Freiheit lassen, mir meine Religion selbst zu wählen, wenn ich erst einmal erwachsen sei. Daß ich allerdings als erste Religion die mohammedanische annahm, hat sie sich damals sicher nicht träumen lassen!

Nachdem sich meine Mutter von meinem Vater, dem Grafen Török von Szendrö, hatte scheiden lassen, heiratete sie den, der ihr zum Sinnbild der Neuen Welt und eines neuen Lebens geworden war, und so wurde Theodor von Puzkas mein zweiter – und in der Erinnerung mein erster – Vater.

Ich war erst ein Jahr alt, als meine Mutter mit meinem

neuen Vater von Amerika nach Europa zurückkam und nach Paris zog ...

Wenn ich heute aus meinem Pariser Hotelzimmer in der Nähe des Arc de Triomphe an meine Kindheit zurückdenke, so steht Paris nur vorübergehend im Mittelpunkt, denn fast meine ganze Jugend ist mit Reiseeindrücken angefüllt ... Der eigentliche Reisegrund war immer das Telephon, das überall da entstand, wo mein Vater hinkam ...

So vergingen die Jahre zwischen Telephonleitungen, Koffern und Schlössern. Da war das Schloß Waasen in der Steiermark mit den dicken Mauern, dem hohen Turm und dem großen Hof mit den blühenden Lindenbäumen und dem rosenumrankten Bogengang. Hier fing unter dem Duft der Linden und Rosen ein Mädchentraum an, der ein Märchen von ›Tausendundeiner Nacht‹ zur Wirklichkeit machte.

Ich war damals dreizehn Jahre alt. Mein Bruder, der im Theresianum in Wien erzogen wurde – das war die berühmte, von der Kaiserin Maria Theresia begründete Adelsschule –, kam in seinen Ferien zu uns nach Waasen. Da erzählte er mir, daß in seiner Klasse die Söhne des Schahs von Persien, eines indischen Maharadschas und des Khediven von Ägypten seien. Am meisten bewunderte mein Bruder den Prinzen Abbas Hilmi, den Sohn des Khediven, der eine eigene Abteilung im Theresianum bewohnte, und zwar mit einem arabischen Scheich, einem türkischen Lehrer und sogar einem eigenem Sekretär und Diener ...

Es war ziemlich ungewöhnlich für ein junges Mädchen, allein auf Reisen zu gehen, aber mir wurde schon als Kind alles erlaubt, was ich haben wollte. Und so fuhr ich eines Tages von Schloß Waasen nach Wien, um meinen Bruder im Theresianum zu besuchen. Vor dem Gebäude stand ein eleganter Wagen mit zwei Pferden, in den gerade ein junger Mann einsteigen wollte. In diesem Augenblick erschien mein Bruder, sah mich und stellte mir seinen Kameraden Abbas Hilmi vor. Das erste, was ich dachte, war: »Wie komisch, ein Türke mit blondem Haar und graublauen Augen.« Er wurde ganz verlegen, verabschiedete sich nach ein paar sehr höflichen Worten und stieg rasch in seinen Wagen. Als die Pferde anfuhren, wendete er den Kopf und sah mich mit einem bezaubernden Lächeln an. »Der gefällt mir«, sagte ich zu meinem Bruder.

Am nächsten Abend war ein großer Ball in den Festsälen

des Theresianums, zu dem die hübschesten Mädchen der höchsten Gesellschaft Wiens erschienen. Alle Theresianer der oberen Klassen trugen ihre Galauniformen. Die jungen Paare wiegten sich im Walzerschritt, tausendfaches Kerzenlicht spiegelte sich auf schimmernden weißen Schultern. Unter dem wohlwollenden Blick der Kaiserin Maria Theresia, die aus ihrem breiten, goldenen Rahmen auf die festliche Gesellschaft herabsah, trat mit bezauberndem Lächeln und einer einladenden Geste Prinz Abbas Hilmi auf mich zu. Alles ringsum versank im schwebenden Rhythmus des Tanzes; ich sah nur mehr zwei große, graublaue Augen und ein berückendes Lächeln.

Ich fuhr zurück nach Waasen, begleitet von diesem Lächeln. Bald darauf hörte ich, daß der Khedive von Ägypten, Mohammed Tewfik Pascha, gestorben sei und daß Prinz Abbas Hilmi nach Kairo zurückberufen wurde, um den väterlichen Thron zu besteigen.

Nach Jahren erst sah ich den jungen Herrscher in Paris wieder. Ich kam vom Blumenmarkt an der Madeleine, den Arm voll Rosen, und ging in die Halle eines großen Hotels, wo ich mich mit einer Freundin treffen wollte. Als ich mich nach ihr umsah, stand plötzlich der junge Khedive vor mir. Sein Gesicht war reifer und ernster geworden, aber die graublauen Augen hatten das gleiche unbeschreibliche Leuchten, als strahlte aus ihnen die ganze Sonne Ägyptens. Vor Verwirrung ließ ich meine Rosen fallen, und wir mußten beide lächeln. Das erste Wort, das er zu mir sagte, war: »In Ägypten sind die Rosen noch viel schöner.«

Wir setzten uns in eine stille Ecke, und er erzählte mir, wie anders sein Leben geworden sei, seit wir uns in Wien gesehen hatten – der Tod seines Vaters, die große Verantwortung für das Glück seines Landes, die schwierigen politischen Verhältnisse zwischen den Großmächten, die er immer wieder mit Takt überbrücken mußte. Dann schwieg er einen Augenblick und sagte ganz leise vor sich hin: „Ich glaube, Sie würden mir Glück bringen."

Die Tage, die er noch in Paris blieb, waren im offiziellen Programm nicht vorgesehen, aber sie entschieden über mein Leben. Aus dem Sonderzug, der ihn nach Triest brachte, schrieb er mir drei Briefe, die er an den verschiedenen Stationen zum Erstaunen seines Gefolges selbst in den Briefkasten warf. Im letzten stand: „Bezauberin, Du wirst kommen, und wir werden glücklich sein." ...

Einige Wochen später kam ein Brief aus Kairo nach Schloß Waasen. Darin schrieb der junge Khedive, daß alle Vorbereitungen für meine Reise getroffen seien und mich bei der Ankunft in Alexandrien ein Pascha erwarte, um mich nach Kairo zu geleiten.

Ich nahm Abschied von Schloß Waasen und all den Erinnerungen meiner Kindheit. Auf meiner Reise nach Ägypten war mir trotz der unendlichen Freude, den Geliebten wiederzufinden, das Herz schwer. Ich dachte an das neue, fremde Leben, fern der Heimat, und ob es mir wohl gelänge, dem jungen Herrscher Ägyptens soviel Glück zu bringen, wie er es erhoffte. Als dann das Schiff in Alexandrien anlegte, waren aber alle meine Zweifel und Ängste geschwunden. Ich sah dem Kommenden mit Zuversicht und wie einem Märchen aus ›Tausendundeiner Nacht‹ entgegen – überzeugt, daß dieses Wunder auch unser beider großes Glück einschloß ...

Aber nicht alles schien noch so einfach und gut zu sein, wie es der Khedive für uns gewünscht hatte. Gleich bei unserer ersten Umarmung fühlte ich seine Unruhe – fühlte, daß ihn etwas quälte. Auf meinen forschenden Blick hin strich er mir über die Stirn und sagte: „Mein Kind, jetzt nur nicht denken, erst einmal glücklich sein." ...

Noch in der gleichen Nacht, im Schloß von Montazah, vertraute mir Abbas Hilmi seine Sorgen an. Er erzählte mir, er habe jahrelange und schwere Differenzen mit seiner Mutter gehabt, die mit Mühe und Not jetzt beigelegt seien, und daß es ihm schwer fiele, ihr jetzt schon seinen Entschluß, eine Europäerin zu heiraten, mitzuteilen. Die Walde Hanum, die „Mutter-Herrin", wollte ihn nur mit einer ägyptischen Prinzessin verheiratet wissen.

„Warum müssen wir heiraten?" sagte ich, „ist es nicht die Hauptsache, daß wir glücklich sind?"

Er war aber mit meiner Auffassung nicht einverstanden. Da schlug ich ihm einen Ausweg vor: „Können wir nicht heiraten, ohne daß irgend jemand davon erfährt?"

Und so wurde ich in Anwesenheit von zwei Scheichs als Gräfin Török mit Abbas Hilmi heimlich getraut. Das war im Jahre 1900. Viele Jahre später wurde ich nach tiefster innerster Überzeugung Mohammedanerin. Der Khedive war auf seiner Pilgefahrt in Mekka. An Effendina, den »Herrn der Herren«, denkend, saß ich am Fenster meines eigenen Palais von Musturut. Vor meinen Augen lag der blühende Rosengarten, dessen Duft mich an die Rosen erinnerte, die ich vor Jahren in jener Pariser Hotelhalle fallen gelassen hatte, als ich zum erstenmal Abbas Hilmi tief in die Augen sah. Es war sehr still um mich. Und in den Abend hinein tönte die weithin klingende Stimme des Muezzin, der vom Minarett der Moschee zum Abendgebet rief:

„Allahu ikbar ... Allah ist groß."

In diesem Augenblick fühlte ich mit untrüglicher Sicherheit, daß ich schon lange – ohne es zu erkennen – den Glauben Mohammeds in meiner Seele trug.

Ich berief an diesem Abend zehn Scheichs, die eine ganze Nacht hindurch in der großen Halle von Musturut abwechselnd Gebete sprachen. Sie kauerten im Kreise auf dem mit Teppichen belegten Boden. Die große, handgeschmiedete Kupferampel, deren unzählige brennende Kerzen durch farbige Gläser schimmerten, warf von der Kuppel der Halle ein gespenstisch flackerndes Licht auf den murmelnden Kreis der Betenden.

Am nächsten Tag erschien im Palais von Musturut Seine Exzellenz der Großmufti von Ägypten, vor dem ich das mohammedanische Glaubensbekenntnis sprach.

Und als der Khedive von seiner Pilgerfahrt als Hadji Abbas Hilmi zurückkam, empfing ihn in den Haremsgemächern des Palais von Abdin, dem offiziellen Palais des Herrschers in Kairo, eine verschleierte Frau, die nicht mehr die Gräfin May Török war, sondern Zubeida Djavidan.

Die Schöpfer des Harem

Das türkische Wort »Harem« stammt aus dem Arabischen. Das arabische Verbum, welches dem Substantiv »Harem« zugrunde liegt, ist »haruma« und enthält in seiner Bedeutung: verboten, unerlaubt, ungesetzlich sein, aber auch zugleich heilig, gefeit, unverletzlich sein. Harem ist die Kaaba und das ganze heilige Gebiet. Jeder, der sich innerhalb dieser Zone befindet, ist geschützt. Er kann nicht verfolgt, nicht ausgeliefert und nicht gefangengenommen werden. Innerhalb des Harems, des Weih- und Schutzgebietes, darf während der Pilgerzeit nichts, auch nicht das kleinste Lebewesen, getötet werden. Vor der Eroberung Mekkas durch den Propheten Mohammed hatten die Nomadenstämme ein Anrecht auf Harem. Dieses Schutzrecht wurde ihnen durch Mohammed genommen, welcher einzig und allein der Kaaba und dem heiligen Gebiete das Recht der göttlichen Zuflucht und des göttlichen Schutzes zusprach: »Jeder, der in den Bereich der Kaaba eintritt, ist gegen jegliche Gefahr gefeit.«

Kein Wort ist begrifflich so mißbraucht worden wie das Wort »Harem«, als man es später zur Benennung desjenigen Teiles des Hauses oder Palastes verwendete, in welchem die Frauen wohnten. Jetzt hatte der Besitzer des Hauses den Harem. Dieses Gebiet wurde unantastbar. Es war keinem Gesetz, keiner Kontrolle, keiner Nachforschung mehr zugänglich und unterstand der willkürlichen Herrschaft und den persönlichen Bestimmungen des jeweiligen Herrn. Der Ausspruch Mohammeds »Die Männer sind zum Schutze der Frauen da und die Frauen zum Schutze der Männer« (2. Sure), fand keinen Einlaß mehr durch die versperrte und von Eunuchen bewachte Türe, welche in den Frauenharem führte. Unter dem Deckmantel falsch und willkürlich ausgelegter Religion entstanden Sitten und Gebräuche, die mißtrauische, eifersüchtige und grausame Herrscherlaunen erfanden, die nicht nur den Aussprüchen Mohammeds ursprungs- und wesensfremd sind, sondern im schärfsten Widerspruch zu allen seinen Lehren stehen. Jetzt gewährte der persönlich-männliche Harem den innerhalb dieses Gebietes sich befindenden Frauen nur soweit Schutz, um sie schutz- und rechtlos zu machen. Zu Mohammeds Zeiten gab es keine abgesonderten, verschleierten und eingesperrten Frauen. Sie waren frei, den Männern gleichberechtigt. Sie nahmen an öffentlichen Versammlungen teil und beteten gemeinsam mit den Männern. Die Gebetstätte bestand zuerst nur aus vier unüberdeckten Mauern. Man betete auf dem Sand. Für Regentage erließ Mohammed den Befehl, daß alle zu Hause ihr Gebet verrichten sollten. Es gab keine Gebetsteppiche. Trotzdem wurde später die Art der Teppiche, welche man zum Gebet gebrauchen durfte, eine Quelle religiöser Polemik. Die Verwendung von Seidenteppichen zu diesem Zwecke wurde von den Geistlichen in Ägypten verboten mit der Begründung, daß sie auf den Betenden durch ihre geschmeidige Weichheit einen sinnlichen Reiz ausüben könnten, der dann die Wirksamkeit des Gebetes zerstören würde. Mohammed erwähnt Seide nur in bezug auf Männerkleidung, und zwar im fünften Hadith: »Allah verbietet den Männern Goldgeschmeide und Kleidung aus Seide.« Was aber die spätere Geistlichkeit nicht hinderte, lange seidenrauschende Gewänder und Mäntel zu tragen.

Das getrennte Gebet wurde von Mohammed erst eingeführt, nachdem eine Abordnung von Frauen zu ihm gekommen war und sich darüber beschwert hatte, daß die Männer beim Gottesdienst immer rücksichtslos nach vorne drängten, sie ganz hinten stehen müßten und daher keine Fragen mehr an Mohammed richten könnten, wenn ihnen etwas unverständlich blieb. Da bestimmte Mohammed, daß an zwei Tagen in der Woche, Montag und Donnerstag, ein Gottesdienst für Frauen sein würde, wo ihnen für alles, was sie wissen wollten, Antwort und Erklärung zuteil werden sollte. Später war jede Auslegung verboten, trotzdem in der 17. Sure steht: »Was ihr nicht ganz genau versteht, braucht ihr nicht zu befolgen.« Jeder hatte ein Anrecht auf Erklärung, jedem stand das Recht zu, Fragen zu stellen. Mit dem Herzen und dem Verstand sollten die Lehren Mohammeds erfaßt und nicht bloß mit den Lippen, des Sinnes unkundig, nachgesprochen werden, wie es später oft der Fall war. Da der Koran auf altarabisch geschrieben ist und eigenes Sprachstudium erfordert, verstanden all jene, die nur türkisch sprachen, kein einziges Wort. Mohammed betete auf zwanzig verschiedene Arten. Die äußere Form des Gebetes, auf die man später das Hauptgewicht legte, war für ihn nebensächlich.

Mohammed war zu seiner Zeit der einzige, der mehrere Frauen hatte. Religiös festgelegt ist das Anrecht auf vier angetraute Frauen, wogegen der erlaubte geschlechtliche Verkehr mit Sklavinnen sich nur auf eigentumsmäßige, das heißt ererbte, selbstgekaufte und zum Geschenk erhaltene beschränkt. Sämtliche Kinder sind legitim, und die Kinder der Sklavinnen haben die gleichen Rechte wie die Kinder der angetrauten Frauen. Ein Verbot der Ehe mit Andersgläubigen hat Mohammed nie ausgesprochen. Bei einer Eheschließung mit einer Christin oder einer Jüdin bestimmte er nur, daß diese hübsch oder reich sein müsse. Im Falle einer Scheidung bei verschiedengläubigen Ehepartnern entschied Mohammed: Das Kind gehört dem besten Teil. Die Frau hatte das gleiche Recht auf Scheidung wie der Mann. Scheidungsgründe für beide Teile waren unheilbare Krankheit, Trunksucht, Impotenz, Sterilität, Gottesverleugnung, Ehebruch, Beischlafsverweigerung und wenn ein Teil für den anderen keine Liebe mehr empfand.

Die Frau hatte noch einen Scheidungsgrund mehr: wenn der Mann für sie und die Familie nicht sorgen konnte. In späteren Zeiten hatten die Frauen überhaupt kein Recht auf Scheidung. Bei einfachen Leuten trachtete manchmal ein Scheich zu vermitteln, wenn die hilflose Frau sich in ihrer Not an ihn gewandt hatte. Diese Vermittlung bestand gewöhnlich darin, Nachsicht und Verzeihen als Allah wohlgefällige Tugenden zu rühmen, erstreckte sich vielleicht auch noch auf einige Ermahnungen, welche er dem Mann zuteil werden ließ. Das war aber auch die einzige Hilfe, welche die Frau erwarten konnte. Bei vornehmen Leuten wäre jede fremde Einmischung eine Unmöglichkeit gewesen. Das Recht auf Scheidung hatte einzig und allein der Mann – selbst wenn er gegen alle Gebote des Islam verstieß. Daß Mohammed die Liebe als ein Fundament der ehelichen Gemeinschaft ansah, ist aus folgendem überlieferten Falle klar zu ersehen.

Zu Medina sah Mohammed, wie Kaiss seiner angetrauten Frau Berida nachlief, auf sie einsprach, sie aber nichts mehr von ihm wissen wollte. Da ließ Mohammed beide rufen. Zuerst versuchte er, der Frau gütlich zuzureden, bei ihrem Mann zu bleiben. Berida aber sagte, daß sie kein Gefühl der Liebe mehr für ihren Mann habe. Da erklärte Mohammed dem Kaiss, daß es nutzlos und widersinnig sei, eine Frau halten zu wollen, die keine Liebe mehr für ihren Mann empfindet, und daß er sie nicht zwingen dürfe, die Ehe fortzusetzen. Dann sprach Mohammed selbst die Scheidung aus.

Der Religion nach konnte der Mann sich von seiner Frau zweimal scheiden lassen. Nach diesen zwei Scheidungen durfte er ohne weiteres seine Frau wieder heiraten. Nach der dritten Scheidung mußte die Frau erst einen anderen Mann heiraten und sich von ihm scheiden lassen, um ihren ersten Mann wieder heiraten zu können. Diese Bestimmung sollte den Mann vor unbedachten Worten warnen. Bei einer Eheschließung mußte der Mann seiner Frau eine Mitgift festsetzen, die dem Stande der Frau und den Verhältnissen des Mannes entsprach. Im Falle einer Scheidung lautete die in der 2. Sure festgelegte Bestimmung: »Und den Geschiedenen sei eine Versorgung nach Billigkeit festgesetzt.«

Die Frauen hatten ein Bestimmungsrecht über ihren Körper. Auch der Sklavin stand das Recht zu, sich zu verweigern, gleichviel, ob sie erbeutet, ererbt oder gekauft war. Alle diese menschlich klargelegten und unumstößlichen Fundamente des islamischen Glaubens wurden mit der Zeit durch gewissenlose Scheichs und andere Geistliche nach Wunsch und Willen der sie besoldenden Herren oder Herrscher spitzfindig verdreht und verzerrt, so daß aus der ursprünglichen Lehre Mohammeds eine falsche und ungerechte Religion entstand. Aus diesem Wirrsal von Verboten, Unerlaubtem und Sünden, aus diesem Labyrinth von Sitten, Gebräuchen und Aberglauben führte kein Faden mehr zu dem festgelegten Ursprung. Von Kopfbedeckung, vom Verbergen der Haare und des Gesichts hinter dem Schleier ist keine Spur in den Aussprüchen Mohammeds zu finden. Die Sitte, die Haare zu verdecken, wurde erst später von den Mullahs eingeführt und das Verschleiern des Gesichts von eifersüchtigen Sultanen. Mohammed gebot den Frauen, ihre Körper zu verhüllen, da sie zu seiner Zeit nur mangelhaft mit einem Tuche bedeckt und mit bloßen Brüsten herumgingen. Wenn ihre Gesichter verschleiert und ihre Haare verdeckt gewesen wären, so hätte sich Mohammed wohl nie in die schöne Zenab, die Frau seines Adoptivsohnes Zeid, verliebt. Mohammed kam eines Tages zu Zeid und fand dessen Frau allein zu Hause. Sie war mit dem Kämmen ihrer langen schwarzen Haare beschäftigt. Ihre Schönheit machte auf Mohammed einen so großen Eindruck, daß er die Worte sprach: »Gepriesen sei Der, dessen Offenbarungen uns verwirren, weil wir seine Göttlichkeit nicht deuten können.«

Daß Mohammed die Liebe als eine göttliche Offenbarung betrachtete, geht aus der 33. Sure klar hervor: »Und du in deiner Seele verbargst, was Allah offen kundtun wollte, und die Menschen fürchtetest, wo Allah mehr verdient, gefürchtet zu werden.« In dieser Sure gesteht Mohammed sein Unrecht ein, als er, von seinem Adoptivsohn Zeid über seinen Ausspruch zu Zenab befragt, ausweichend antwortete »Behalte deine Gattin für dich und fürchte Gott«, anstatt seine Gefühle für Zenab gleich offen einzugestehen. Zenab wurde nach ihrer Scheidung von Zeid die Frau Mohammeds.

Mohammed war zu seiner Zeit der einzige Verkünder der Religion. Nur wenn er verhindert oder krank war, schickte er einen Wali als Vertreter. Noch lange nach Mohammed wurde jeder religiöse Beruf unentgeltlich ausgeübt, denn alle Verkünder der Religion hatten eine Anstellung oder Beschäftigung, die sie ernährte. Ihre Pflicht war es, alle Mißstände öffentlich zu besprechen und zu rügen. Erst unter Muawijäh, dem fünften Kalifen, wurden die Geistlichen fest besoldet. Jetzt standen sie unter dem Befehl ihrer Brotherren und ihrer Wünsche. Jede Anklage gegen Mächtige und Einflußreiche wurde unterdrückt. Die Verkünder der Religion wurden zu willigen Werkzeugen in den Händen der Machthaber. Später bestimmte sogar ein Gesetz in Konstantinopel, daß entweder der Sultan selbst oder nur ein von ihm persönlich dazu gewählter Mann den Gottesdienst abhalten sollte.

Mohammed trachtete mit allen Mitteln und unter Verhängung der schwersten Strafen, die damalige grausame Sitte der Kindertötung auszurotten, und verbot die Fruchtabtreibung. In der 6. Sure heißt es: »Verloren sind diejenigen, welche ihre Kinder mordeten und welche verwehrten, was Allah ihnen bescherte.« Man tötete die meisten weiblichen Kinder gleich nach der Geburt oder begrub sie lebendig.

Dies geschah aus Armut, und derselbe Grund veranlaßte viele Familien, ihre Söhne zu Eunuchen zu machen. Man wollte sie der späteren Sehnsucht nach einer Frau entheben, da ihre Mittellosigkeit ihnen nicht gestatten würde, für eine Familie zu sorgen. Diese unmenschliche Verstümmelung bezeichnet Mohammed in der 4. Sure als »Eingebung des Satans«. Aber diese verbrecherische Verstümmelung blieb nicht nur unausrottbar, sondern ihre Entfaltung hielt gleichen Schritt mit dem Aufstieg des Harems, und die Kindertötung, die bei den Arabern aus Armut entstanden war, pflanzte sich in der Zeitfolge durch andere Gründe fort. Herrschsucht, Habgier und Eifersucht waren die Motive, die in den späteren Harems zu dieser Tat führten, bis schließlich sogar das Brudermordgesetz – als unruheverhütender Rivalitätsschutz von der Geistlichkeit religiös gestattet – unter den Sultanen zum Staatsgesetz wurde.

Mit welcher Berechtigung deckte man eine Institution, die gegen alle religiösen Gebote und Vorschriften verstieß, mit der Benennung und dem Recht, welches Mohammed allein dem heiligen Gebiet und der Kaaba gegeben hatte? Harem: Zuflucht, unantastbar, gefeit! Man hätte ihn anders benennen müssen: Mahalla scharara, der Ort des religiösen Unrechtes!

Mohammed wäre erstaunt gewesen, hätte er die späteren Stätten gesehen, die, mit dem Schutznamen Harem versehen, der gefeite und bedrohte Aufenthalt der Frauen wurden. Zu seiner Zeit war die Wollust noch keine ausschließlich festgelegte In-door-Beschäftigung, auch hatte sie sich noch nicht von der Liebe abgesondert. In primitive Hütten und Zelte wehte der Sandwind, es wurde dort gekocht und gebacken, und die Ausdünstung des Knoblauchgeruches überwog den Rosenduft. Der Regen drang abkühlend und situationsstörend hinein, auch waren die Häuser noch nicht geeignet, eine künstlich gezüchtete und gebrütete Sinnenschwüle umschließend zu beherbergen, geschweige denn, sie zu erzeugen. Damals war noch die Leidenschaft stärker, besitzergreifender, festgelegter, so wie in allen Epochen, wo Fehde und Kampf die Eigentumsmarke auf jeglichen Besitz aufgedrückt hatten. Herrschte Frieden, äußerte er sich nicht als sichere Ruhe, sondern als leicht veränderbares Stadium. Dieses ständige latente Bereitsein stärkte die Instinkte, die Triebe, und erhielt ihnen ihre Selbständigkeit. Man erkriegte und ersiegte sich Frauen als Beute, die dann auch als eroberte Sklavinnen in die Liebe einen Kriegsnachgeschmack brachten. Alle diese gefühlsbestimmenden Einflüsse waren nicht danach angetan, im Manne den Wunsch nach einer substantiellen Massenwirkung der Frau auszulösen, auch traute sich das männliche Selbstgefühl noch die Möglichkeit zu, nicht betrogen zu werden. Niemand dachte an Absonderung und Einsperren:

Man lebte ein gemeinsames Leben. Die Sinnenwünsche wurden dem Manne nicht atmosphärisch zugeschoben, aufgedrängt; bewußt packte er mit der nehmenden Hand dort zu, wo das Objekt selbst die Begierde auslöste.

Die vier ersten Kalife – Abu Bekr, Omar, Osman und Ali – werden Raschidun genannt, »die den rechten Weg Gehenden«, womit man sie als Rechtmäßige, im Gegensatze zu den Widerrechtlichen, die nach ihnen folgten, bezeichnen will. Starke Fäden verbanden sie mit der Entstehung der Religion, und sie waren sich ihrer weiter fundierenden und verbreitenden Pflicht bewußt.

Der erste Kalif und erste Muslim, Abu Bekr, war der Schwiegervater Mohammeds – seine Tochter Aischa war die Lieblingsfrau Mohammeds. Als derselbe sich zum mohammedanischen Glauben bekennen wollte und Mohammed ihm das Glaubensbekenntnis »Es gibt keinen Gott außer Gott, und Mohammed ist sein Prophet« vorsagte, wurde er bedenklich und meinte, das erste, daß es keinen Gott außer Gott gäbe, das wäre er bereit zu bezeugen, weil er davon überzeugt sei, aber ob Mohammed Gottes Prophet sei, das wisse er nicht. Worauf Mohammed antwortete, daß die Bezeugung »Es gibt keinen Gott außer Gott« genüge, um ein Muslim zu werden, das andere, was ihn, Mohammed, angehe, könne er ruhig weglassen. Abu Bekr, der erste Kalif, schätzte alle weltlichen Dinge sehr gering. Er sagte, das Gebet bringe uns auf halben Weg zu Gott, das Fasten führe uns an die Türe seines Palastes, aber die Almosen verschafften uns erst den Zutritt. Er bewies, daß er seiner Überzeugung nach gelebt und gehandelt hatte; seine ganze Hinterlassenschaft betrug nicht mehr als fünf Dirhem (ein Dirhem entspricht etwa sieben bis acht Reichsmark). Als sein Nachfolger Omar von dieser beweiskräftigen Erbschaft hörte, soll er gesagt haben: Der Seele Abu Bekrs soll Gott gnädig sein, aber er ist seinem Nachfolger ein Vorbild gewesen, das nur schwer nachzuahmen ist. Diese Nachfolge wurde aber keine schwere. Eine verbindende seelische Verwandtschaft schien das Erbe bestimmt zu haben, denn die gütige Gemütsart Abu Bekrs war derjenigen Omars so ähnlich, daß die Araber diese Kalife »Omaran« oder »die beiden Omare« benannten. Das schönste menschliche Erbe, welches Omar hinterließ und das bestimmt konkurrenzfähig mit der Fünf-Dirhem-Erbschaft Abu Bekrs war, ist das Verbot, eine Frau als Sklavin weiterzuverkaufen, wenn sie ihrem Herrn ein Kind geboren hatte. Zu den bezeichnendsten Aussprüchen Omars gehört folgender: »Die Herrschaft der Araber wird dann zugrunde gehen, wenn der Herrscher, der das Land leitet, sowohl von der Frömmigkeit der Muselmänner als auch von der Freigebigkeit der Heiden entblößt sein wird.« Er konnte sich auch die heidnische Freigebigkeit erlauben, denn unter seiner Herrschaft wurde der Reichtum des Kalifats, dessen Verwaltung dem Kalifen anvertraut war, unermeßlich. Trotzdem ernährte er sich fast ausschließlich von Gerstenbrot, ließ sogar oft das würzende Salz weg, welches er schon als überflüssige Üppigkeit empfand. Alle halfen an dem großen Bezwingungs- und Eroberungwerk mit. Die Gefühle von Männern und Frauen strömten ihm gleichermaßen ungeachtet ihrer Geschlechtsbestimmung zu.

Ein einziger Gedanke schien jeden zu beseelen: erkriegen, erkämpfen, ersiegen. Schon unter Abu Bekr werfen Frauen Pfeile, rächen ihre Männer, schießen christlichen Kornetts die Standarte aus der Hand, teilen alle Kriegsgefahren und Mühen. Bei den Kämpfen vor Damaskus beweisen sie ihre Kaltblütigkeit und ihren Mut. Von dem Anführer der griechischen Infanterie, Peter, – der Anführer der Kavallerie hieß bezugnehmend Paul – werden alle Kinder und Weiber weggeschleppt. Unter ihnen befinden sich viele Frauen aus dem Stamme Hamzar, die nach Art der alten Amazonen zu Pferde sitzen und mitfechten. An ihre Anführerin, die schöne Kawlah, die Schwester des Feldherrn Derar, verliert Peter sein kriegsentflammtes Herz. Seine Annäherungsversuche haben jedoch keinen anderen Erfolg, als daß sich Kawlah mit der ebenso mutigen Ofeirah an die Spitze der gefangenen Frauen stellt und mit zusammengerafften Zeltstangen ihn und seine Leute angreift. Die Liebe Peters geht in Haß über; er gibt Befehl, die arabischen Amazonen niederzusäbeln. Die Hilfe Derars kommt jedoch noch zur rechten Zeit.

Auch unter dem zweiten Kalifen, Omar, kämpfen die Frauen weiter. Bei der Stadt Yermouk stellt man sie dicht hinter den Angreifern auf, sie sollen den rückzugverhindernden Wall bilden. Jeder, der sich der Flucht zuwendet und den Frauen sein Angesicht zeigt, wird von ihnen derartig empfangen, daß er den bösesten Feind dieser aggressiven weiblichen Behandlung vorzieht. Dreimal werden die Muselmänner zurückgedrängt, aber von den Frauen unbarmherzig wieder nach vorne geschoben. Den erfolgreichen Ausgang dieser Schlacht bestimmt der weibliche Mut. Während des Kampfes wird Kawlah von einem Griechen verwundet, Ofeirah eilt ihr zu Hilfe und schlägt dem Angreifer prompt den Kopf ab.

Osman, der dritte Kalif, konnte es trotz größter Wohltätigkeit nicht verhindern, daß der Schatz des Kalifats nach seinem Tode mehr als achthundert Millionen Dirhem enthielt. Diese ungeheure Summe konnte sich mit den fünf Dirhem Abu Bekrs nicht mehr messen.

Osman zerstört zu Sanaa, der Hauptstadt des Yemen, den Tempel Beid Ghomdan. Über diesem Tempel stand die Aufschrift: »Ghomdan! der so dich zerstöret, soll erschlagen werden!« Und dieser dritte Kalif wird beim Koranlesen erschlagen.

An demselben Tage wird der vierte Kalif, Ali, zu seinem Nachfolger gewählt. Unter seiner Herrschaft will Aischa, die Witwe Mohammeds, das Kalifat an sich reißen. Als ehemalige Lieblingsfrau des Propheten und »Mutter der Gläubigen« genannt, besitzt sie großen Einfluß und viele Anhänger. Sie sammelt ein Heer, welches sie befehligt, und bei Khoraiba kämpft eine Frau gegen den Kalifen. Trotzdem ihre Truppen an Zahl stärker sind, werden sie doch von den Truppen Alis, die sich an Kriegsgeschicklichkeit weitaus überlegen erweisen, zerstreut und bezwungen. Das zeltartige Gehäuse auf dem Kamel Aischas, in welchem sie sich während der Schlacht von einem Teil ihrer Armee zum andern bringen läßt, ist so gespickt mit Wurfspießen und Pfeilen, daß es einem Stachelschwein ähnlich sieht. Als dann endlich ihr Kamel gelähmt am Boden liegt und das Treffen zu Ende ist, läßt der Kalif sie durch seine zwei Söhne in einem prächtigen Gefährt galant heimwärts geleiten. Er findet es aber ratsam, dafür zu sorgen, daß sie sich nicht mehr in Staatsgeschäfte mischt.

Der Kalif Ali hatte zu Lebzeiten Fatimas, der Tochter Mohammeds, keine andere Frau. Bezeichnend für seinen Mut, für seine Weisheit und für seine Menschlichkeit sind die Beinamen, welche ihm gegeben wurden. Die Araber nennen ihn den »siegreichen Löwen Gottes«; die Schii, seine Anbeter: Faid el Anwar, der »Austeiler des Lichts«; und in Persien heißt er: Schach Mordman, der »König der Menschen«. Er hinterläßt denkwürdige Verse und Sprüche, wovon einer lautet: »Will ein Mensch reich sein ohne Mittel, mächtig ohne Untertanen und untertänig ohne Herrn, so entsage er allen Sünden und diene Gott, so wird er gewiß diese drei Dinge finden.« Auf seinem Siegel steht als Inschrift: »Das Königreich gehört dem allein mächtigen Gott.« Sein Sohn Hassan wurde zum Kalifen gewählt, aber er verzichtete auf das Kalifat.

»Das Kalifat wird dreißig Jahre nach mir dauern, dann wird ein Königreich entstehen«, lautete die Voraussagung Mohammeds. Genau dreißig Jahre nach seinem Tode verzichtet Hassan auf das Kalifat, Muawijäh ernennt sich widerrechtlich selbst zum fünften Kalifen und ersten Sultan und setzt die Erbfolge des Kalifats ein, beides im Widerspruch zum religiösen Gesetz, welches bestimmte, daß ein Kalif gewählt werden müsse.

Muawijäh macht Damaskus zu seiner Residenz, gründet das erste Serail und legt damit den Grundstein des Harems. Im grünen Palast El Kadra entsteht jetzt das streng abgesonderte, den Frauen bestimmte Gebiet, wo die Lust innerhalb des Palastes ein eigenes, weites Reich beherrscht. Die Geistlichkeit, ihre Rangordnung und feste Besoldung wird eingeführt. Eine neue Ära entsteht. Muawijäh, mit dem ägyptischen und persischen Prunk vertraut, übernimmt denselben und unterstellt seine Herrschaft dem Glanz. Die verweichlichende, moschusgetränkte Atmosphäre der Frauenwirtschaft findet auf diesem Nährboden eine rasche Entwicklung. Jetzt wird mit dem Schatz des Kalifats freigebig geschaltet. Muawijäh beweist seine Kennerschaft in Geschmeiden, indem er Aischa ein Armband für hunderttausend Dinar übersenden läßt. Sein Herz läßt sich durch klingendes Versmaß und Liebe bewegen. Ein junger Mann, der seine Verzweiflung in Form eines Gedichtes äußert, findet bei ihm Gehör: Der Gouverneur von Kufa hat ihm seine schöne Frau geraubt, ohne die er nicht leben kann. Der Kalif befiehlt dem Gouverneur, die Frau sofort freizugeben. Dieser ist aber von ihren Reizen derart entzückt, daß er den Kalifen bittet, ihm den unvergleichlichen Genuß dieser Frau nur noch auf ein Jahr zu gestatten, nach welcher Frist er sich seinen Kopf bereitwilligst vor die Füße legen lassen würde. Muawijäh findet die Verse des unglücklichen Ehemanns schöner als diese verliebte Todesbereitschaft, läßt die Frau abholen und gibt sie ihrem Manne zurück.

Sein Sohn Jazid I. hat nur für Sängerinnen, Gelage, Schlemmereien und Trinken Sinn. Äußerliche Wohlgerüche genügen ihm nicht, er verstärkt die Wirkung der Weine und der Sinne durch Zutaten von Moschus, die seine Küsse den Weibern begehrenswerter erscheinen lassen. Er ist der erste Kalif, der öffentlich Wein trinkt und seidene Gewänder trägt. Durch künstlich gezüchteten, stimulierenden Rausch, durch verwirrende Dünste verstärkt sich die verderbliche Atmosphäre des Harems und führt zu Schwelgerei und Ausschweifung.

Es gibt Perioden, wo das Gewissen wiederersteht. Der Nachfolger Jazids, Muawijäh II., sucht im verbergenden Dunkel Stille und Zuflucht vor dem unrechtmäßigen Kalifenerbe. Verzichtet auf Regierung, Macht und Verantwortung, verbringt nach seiner Abdankung den Rest seines Lebens eingeschlossen in einem finsteren Raum, allein dem Gebet ergeben. Er wird Abu Leilah, »Vater der Nacht«, genannt. Ein männliches Gewissen verzichtet und flüchtet zum Gebet, ein weibliches schickt mit bewußter Entschlossenheit den geliebten Sohn in den Tod. Unter dem Kalifen Abdalmalik nimmt der Heerführer Abdallah Ebn Zobeir den hoffnungslosen Kampf gegen eine unbezwingbare Übermacht auf. Seine Mutter verwehrt ihm den schützenden Panzer, der sein Ende nur verzögern kann, und stirbt nach seinem Tode selbst aus Leid über den Verlust ihres Kindes. Als stolze Tochter Abu Bekrs dünkt ihr jedes Sich-Ergeben schmachvoll. Die mütterliche Liebe stärkt noch die Sinne des Todgeweihten durch einen Bisamtrank und beschwichtigt das einzige Bedenken ihres Sohnes, dem vor der späteren Schändung seines Leichnames graut, mit den Worten: »Wenn ein Schaf tot ist, empfindet es keinen Schmerz mehr, wenn man ihm die Haut abzieht.« Im erbitterten Kampfe, aus zahllosen Wunden blutend, sagt der Sterbende noch arabische Verse: »Das Blut aus unseren Wunden fällt auf unsere Füße, aber nicht auf unsere Fersen ...« In dieser Feststellung offenbart sich die stolze Genugtuung, daß er seinen Feinden niemals den Rücken zuwandte. Der verstümmelte und geschändete Leichnam, an ein Kreuz genagelt, verbreitet dann noch tagelang einen betäubend starken Wohlgeruch, die letzte Gabe einer Mutter.

Das cholerische Temperament Walids I. tobt sich zwischen Verbindungen und Scheidungen mit dreiundsechzig

Weibern aus. Auf ihn folgt ausgleichend »der Schlüssel der Gütigkeit«, der Kalif Soleiman. Nach Jähzorn und Güte kommt die Liebe zu Wort. Die Herrschaft Jazids II. bestimmt eine Tänzerin. Er kauft noch unter dem Kalifat seines Bruders Soleiman eine Sklavin, die schöne Habbaabah, »die Geliebteste«. Seine große Liebe zu ihr erregt das Mißfallen des Kalifen, der ihn zwingt, sie wegzugeben. Als Jazid Kalif wird, fragt ihn seine Gemahlin Saada, die sich seine Gunst sichern will, ob er jetzt, nach seiner Erhebung auf den Thron, noch einen irdischen Wunsch habe. »Die Habbaabah!« antwortet er. Saada läßt den Spuren der Tänzerin nachforschen, die an einen Ägypter weiterverkauft wurde. Sie findet sie, erfüllt ihrem Gatten den Wunsch und schenkt ihm seine Geliebte zurück. Aber die große Liebe des Kalifen sollte ihr Tod werden. In einem Garten am Jordan, einer wollüstigen Liebesstätte, wirft Jazid nach einem erlesenen Mahle eine besonders schöne Weinbeere spielend der Habbaabah zu. Sie fängt sie auf, schluckt sie und erstickt. Sieben Tage lang verwehrt der Kalif das Begräbnis. Er kann sich von der Toten nicht trennen. Kaum ist sie begraben, gibt er Befehl, das Grab zu öffnen: Er muß sie noch einmal sehen. Eine Woche später stirbt er ihr aus Sehnsucht nach.

Den Kalifen Hischam trifft das ausgleichende Schicksal der Geizigen. Der Hauptzweck seines Daseins besteht darin, daß er alle seine Schätze und Besitztümer selbst versperrt und versiegelt. Er ist der erste Kalif, der unzählige gefüllte Kleiderkammern besitzt, die niemand außer ihm betreten darf. Nach seinem Tode findet man Hunderte von Kästen mit Möbeln, Kleidern und Leinwand gefüllt, Tausende von Hosen und Hemden liegen verborgen hinter seinem verschließenden Siegel. Sein Nachfolger, Walid II., begründet den Ruf seiner Freigebigkeit, indem er aus diesen Schätzen wahllos alles verteilt. Er ist der verschwenderischste aller Kalifen. Musik und Frauen sind seine größte Leidenschaft; sie inspirieren ihn zu den erotisch schamlosesten Versen. Seine Gedichte läßt er überall offensichtlich herumliegen, in der Hoffnung, daß sich ein illegitimer Vater seine Werke aneignen und sie veröffentlichen würde. Er möchte sich selbst gerne lesen – eine Schwäche, die nicht zum Kalifenstand paßt. Aber dieser Kalif schien Vertändnis für die räuberischen Schwächen der Schriftsteller zu besitzen, denn er wurde in seinen Erwartungen nie betrogen. Seine unwahrscheinliche Stärke verfolgte ihn bei Tag und Nacht. Er konnte sie nirgends verstreuen, nirgends unterbringen, was er auch immer von ihr abgab, schien in doppeltem Maße zu ihm zurückzukommen. Nichts wollte seinen Körper schwächen. Durch einen Sprung in den Sattel reißt er den stärksten Pflock, der an seinem Fuße befestigt ist, aus dem Boden. Unter glühender Sonne durchstreift er stundenlang die Wüste, und sein Stoßgebet zur Macht der Wollust äußert sich in dem Wunsche, daß die Frauen zu Löwinnen werden sollten, damit er seine unbezähmbare, nie erlahmende Kraft an der ihren messen könne.

Kalifen begründen auch den Ruf der Tiere. Der Mut der mesopotamischen Esel, der unvergleichlich sein soll, ist durch die Bezeichnung, die Merwan II. von seinen Untertanen erhielt, auf ewig festgelegt. Man nannte ihn Merwan Himar al Yezirah – Merwan, der Esel von Mesopotamien. Er hatte aber nicht nur den Mut der Esel, er besaß auch ihre Klugheit, welcher ein Nonnenkopf zum Opfer fiel. In Ägypten erregt eine Nonne sein besitzverlangendes Gefallen. Durch das Geschenk einer unverwundbar machenden Salbe hofft sie, ihre Keuschheit bewahren und sich von seinen Gelüsten loskaufen zu können. Als sie ihm das Gefäß mit dem Wunderbalsam überreicht, will der Kalif gleich seine Wirkung ausprobieren. Er bestreicht den Nacken der Nonne mit der Salbe, und mit einem Streich fällt ihr Kopf. Er brachte mit seinem präzisen Säbelhieb die Nonne um die Erkenntnis des Schwindels. Denn als ihr Wissen einsetzen sollte, war sie schon tot.

Sogar einen so starken Kalifen kann Allzumenschliches einen Sieg kosten. Ein gewisser Drang steht eben jenseits von Mut und Tapferkeit. Wenn ein Kalif bei den Gewässern des Euphrats von seinem Pferde steigen muß, dasselbe unbeschwert von dessen Leibesfülle plötzlich einen Koller bekommt und reiterlos zwischen den Truppen auftaucht, so führt dies leicht zu dem Trugschluß, daß sein Herr gefallen sei – und richtet Verwirrung im eigenen Heer an, die sich in Flucht offenbart. So hatte dieser Kalif nicht nur eine unfreiwillige Märtyrerin gemacht, sondern auch eine Niederlage zu verzeichnen. Er beschließt die omajjadische Kalifenfolge.

Die nachfolgenden abbassidischen Kalifen machen Bagdad zur Residenz. Und jetzt wird der Palast, der Sitz des Kalifen, des höchsten Hüters der Religion, in seinem ganzen Umkreis, der ein Drittel des Stadtgebietes einnimmt, mit »Harem«, Weihgebiet, bezeichnet. Wenn auch die Omajjaden zu Damaskus es zur Genüge und weit über ihrer Würde verstanden hatten, der Herrschaft und dem Leben die genußreichsten Seiten abzugewinnen, so hat ihr Tun nur wie ein eröffnendes Tor gewirkt, das jetzt erst in das Bacchanal aller Begierden mündete. Ein quantitativer Sammelwahn ergreift von den Mächtigen Besitz. Die Paläste sind von Weibern, Tänzerinnen, Sängerinnen und Eunuchen zum Bersten angefüllt. Man würgt sich ganze Hammel in den Bauch, säuft sich bis zum Platzen voll und frißt Datteln, bis der Tod abschwellend eingreift. Man übergießt sich mit Wohlgerüchen, teilt scheffelweise Juwelen und Geschmeide an Verschnittene und Favoritinnen aus. Wie verwirrte Stiere taumelt man unter der Sinnenlast von einem Genuß zum andern. Die ständig fühlbare Beschwerung des eigenen Körpers führt aber zu keiner Auswirkung des Genusses mehr, zu keiner Befriedigung; alles will man sich besitzergreifend untertan machen, in allen Lüsten wühlen, sich in alle Leiber eingraben, deren Geschlechtlichkeit sich unter der Sammelbegierde der Sinne verwischt. Und wenn auch hin und wieder ein Strahl der Liebe aufglänzt, dann kann dieses von allen Seiten bedrohte Licht nicht lange standhalten. Es geht entweder durch Tod unter oder wird von dem schwelenden Dunst der zügellosesten Leidenschaften ausgelöscht.

Der erste abbassidische Kalif, Abul Abbas Al Saffal, beweist gleich seine Freigebigkeit und die Fülle des Kalifenschatzes, indem er einem Günstling zwei Millionen Dirhem schenkt, eine Summe, welche die Einzelgenerosität seiner Vorfahren weit übertrifft. Die Preise der Sklavinnen steigen; durch die große Nachfrage werden sie immer höher getrieben.

Sein Nachfolger, Abu Gafar Al Mansur, zahlt für eine schöne Nachtgefährtin hunderttausend Dirhem. Unter dem Kalifat des Muhammed Al Mahdi wird sogar die Pilgerfahrt zu einer Vergnügungsreise. Sie hat nichts Beschwerliches, Gewohnheitsveränderndes mehr, dank der sechs Millionen Dinar, welche ihre Organisation fundieren. Tausende von Kamelen schaukeln in endloser Kette wohlgeschützte Schneemassen durch brennende Sandflächen, die den erlesenen Früchten ihre tauige Frische und dem Trinkwasser die Kühle bewahren. Unter diesem Kalifat spielt wieder eine

Frucht eine todbringende Rolle. Die eifersüchtige Rivalin der bevorzugten Geliebten des Kalifen Muhammed Al Mahdi präpariert eine Birne mit Gift und gibt sie der Frau, die sie aus dem Wege räumen will, auf eine Reise mit. Die schöne Frucht wird ahnungslos von der Geliebten an den Geliebten weitergereicht.

Gift und Dolchstöße umzäumen die Gebiete der Wollust und der Macht. Der nächste Bissen kann schon die Todesqual enthalten, die nächste Handbewegung das letzte Röcheln übermitteln. Aber man denkt nicht viel an diese definitiven Möglichkeiten, und durch die zierlichen, feinen Windungen der damaligen poetischen Sprache hätten sogar diese groben Absichten ihre erschreckende Offenbarung verloren. Über Tod und Gift hinweg wird geschlemmt, gereimt, musiziert. Vielleicht löst gerade die stete Nähe der verderbenbringenden Elemente die Sehnsucht nach rhythmischen Klangmassen aus. Es gibt sogar komponierende Frauen. Olajja, die Tochter des Kalifen Al Mahdi, ist nicht nur die geistreichste Frau der Zeit, sondern auch Dichterin und Komponistin. Sie soll nur einen Fehler gehabt haben, ein Stirnmal, das sie mit juwelengeschmückten Bändern verdeckte. Auch diese komponierende Schönheit scheint die Tafelfreuden nicht verachtet zu haben, was sich in ihrem Ausspruch äußert: »Wer morgens aufsteht, einen kalten Braten im Hause vorfindet und ihn nicht zum Frühstück vertilgt, den soll der Teufel holen.« Nach diesem Ausspruch zu urteilen, muß die Dichterin und müssen vielleicht auch ihre Reime eine satte Fülle besessen haben.

Aus all diesen schwelgerischen Sinnen- und Wollustoasen taucht plötzlich ein Einzelwunsch nach Mühsal und Wüstenwanderung auf: Der Kalif Harun Al Raschid pilgert zu Fuß nach Mekka. Er ist der einzige Kalif, der die Pilgerfahrt zu Fuß gemacht hat. Trotzdem weist sein Leben keine asketische Dürre auf. Unter seiner Herrschaft entsteht ein seltsamer Krankheitsfall, den ein differenzierter Schweißdiagnostiker einwandfrei löst. Er hat eine Frau, deren Hand gelähmt wird. Der Kalif will aber nur Sinnengefährtinnen mit gesunden Gliedmaßen haben und zieht einen Arzt zu Rate, der anordnet, daß die Frau unverzüglich vor dem ganzen versammelten Hofstaat erscheinen müsse. Als dies geschehen ist, geht er entschlossen auf sie zu und schickt sich an, die Schöne von den Füßen aufwärts zu entkleiden. In resoluter Abwehr dieser bloßlegenden Handlung vergißt ihre Hand die Lähmung. Als Ursprung der behobenen Krankheit stellt der Arzt fest, daß bei besonders heftig empfundenem Beischlaf die Frau viel Schweiß abgesondert habe, der sich in eben dieser Hand angesammelt und festgelegt und dadurch die Lähmung herbeigeführt habe. Wie sie nun den ursprünglichen Ort des Übels verteidigen wollte, fand sie die Genesung und der Kalif eine händetüchtige Nachtgenossin wieder.

Es ist nicht verwunderlich, wenn in dieser ganz dem Körperlichen zugewandten Zeit ein animalischer Komplex in einem menschlichen Gehirn sich niederläßt, den Muhammed Al Amin besessen zu haben scheint. Er ist ständig von Legionen von Weibern und Eunuchen umgeben. Die weißen Verschnittenen nennt er seine Heuschrecken, die schwarzen seine Raben. Alle Schiffe, die er bauen läßt, haben tierische Formen. Löwen, Elefanten, Pferde, Geier und Schlangen schaukeln sich, einer Menagerie-Flotte gleich, auf dem Tigris. Sein Nachfolger jagt hundertunddreißigtausend scheckige Pferde in ununterbrochener Folge, mit Säcken voll Erdlasten bepackt, zu einem günstigen Beobachtungsplatz, wo sein Mißtrauen einen alles übersehenden Berg aufschütten läßt, auf dessen Höhe er einen Palast aufbaut. Tel El Mekahri, »Hügel der Zugtiere«, wird der Name dieses Palastes zu Samara. Zuerst wurden hundertdreißigtausend Säcke genäht zum Transportieren der Erde und nachher fünfzigtausend Säckchen, welche die tägliche Nahrung der fünfzigtausend Hofknaben enthielten. Er ist der erste Kalif, welcher den Namen Gottes seinem eigenen anreiht: Bi'llah, in Gott oder durch die Gnade Gottes. Unter diesem göttlichen Protektorat entrollen sich alle erdenklichen sadistischen und masochistischen Manien und Absonderlichkeiten. Der Kalif Gafar Al Mutawakkil hat die appetitreizende Gewohnheit, Töpfe voll Skorpione und Schlangen, Giftpaketen gleich, unter die Genossen seiner Gelage werfen zu lassen. Keiner durfte mit der Wimper zucken, alle mußten sich bekriechen und beißen lassen, denn seine mildtätige Hand verteilte gleich das Gegengift. Er besaß aber keine Salbe zur Entkräftung der Säbelstreiche, denen er während eines solchen Gelages zum Opfer fiel. Türkische Sklaven, empört über sein Treiben, lassen sich durch die gefeite Bezeichnung »Weihegebiet« nicht verblüffen, dringen in den Palast ein und schlagen ihn nieder.

Einen allgemeinen Reinigungsversuch des verseuchten Palastes unternimmt der Kalif Muhammed Al Muktadi. Er merzt wieder alles aus, was der Koran verboten hatte. Er verbannt von seinem Hofe Sängerinnen, Wahrsager, Gaukler, Possenreißer, Löwen und Hunde, erleichtert die Tribute und gestattet, daß an zwei Tagen der Woche alle Untertanen ihm ihre Beschwerden melden. Über Arbeitslosigkeit wird er sich wohl nicht zu beklagen gehabt haben. Aber die moralischen Säuberungen, die er durchführen wollte, blieben nur ein achtbarer Wunsch, denn die verderblichen Fluten der damaligen Zeit konnte keiner mehr eindämmen. Eunuchen, vom Islam verboten, spielen eine große Rolle. Um das religiöse Verbot zu umgehen, werden sie von den Mohammedanern nur gekauft, ihre Beförderung in den Eunuchenstand wird Juden und Christen überlassen. Sie sind nicht nur Diener, Wächter, Spione und Lustknaben, sondern auch Feldherrn, Staatsmänner und Gouverneure.

Unter dem Kalifen Gafar Al Muktadir ist ein Eunuch, der General Munes, der beste Befehlshaber, und der Dirne Yamek wird die letzte Entscheidung bei den schwierigsten gesetzlichen Fragen von den Richtern ernsthaft zugeschoben. Munes war trotz seiner Geschlechtslosigkeit ein ganzer Mann, und bei der Yamek hatte die horizontale Linie noch nicht die Kopflinie verdrängt. Das Gebiet des Palastes wird von siebzigtausend schwarzen und weißen Eunuchen äußerlich und innerlich bewacht, denen noch die Zahl von achthundert Türhütern untersteht. Die Leibwache des Kalifen besteht aus hundertsechzigtausend Mann. Im großen Prunksaale des Palastes steht ein hoher achtzehnzweigiger Baum aus edelstem Golde. Auf seinen Zweigen schaukeln sich edelsteinbesetzte Vögel, die flügelschwingend Melodien singen. Abgesandte des griechischen Kaisers stehen sprachlos vor diesen Wundern und der verblüffenden Pracht, mit der jeder Raum ausgestattet ist. Das Treiben des Kalifen, der den Frauen und Eunuchen unumschränkte, willkürliche Herrschaft über seine Untertanen gewährt, empört den Eunuchen Munes, der, unterstützt von der Miliz, rächend und plündernd in den Palast eindringt, sich des Kalifen bemächtigt und ihn, samt seiner ganzen Familie und allen Beischläferinnen, als Gefangenen in sein eigenes Haus führt. Woraus zu ersehen ist, daß Eunuchen zu leben und zu wohnen verstanden. Um alle Beischläferinnen eines Kalifen unterbringen zu können, mußte man mehr Raum haben als für einen

Weekend-Besuch. In den darauffolgenden Tagen entsteht ein rascher Szenenwechsel. Kaher, der Bruder des gefangenen Kalifen, wird erhoben, abgesetzt, und Gafar Al Muktadir, der frühere Kalif, wieder eingesetzt. Es erfolgt eine brüderliche Versöhnung, aber der Eunuch Munes fühlt, daß sein Leben gefährdet ist. Er verläßt später den Hof, zieht nach Al Mawsel, sammelt dort Truppen und greift Bagdad an. Der Kalif wird besiegt und geköpft.

Was mag wohl die Seele des Eunuchen dazu bestimmt haben, in unendliche Trauer zu versinken, als man ihm den abgehauenen Kopf des Kalifen brachte? Er sorgte aufs strengste, daß keinem Mitglied der Familie und keinem Dienenden etwas zuleide getan wurde und verbot diesmal bei Todesstrafe jede Plünderung.

Der zwölfjährige Sohn des geköpften Kalifen findet keine Anhänger, weil alle befürchten, daß die Regierung dieses Kindes nicht von Männern, sondern wiederum nur von Eunuchen und Frauen bestimmt werden würde. Obgleich Munes das grausame und geizige Wesen des zum Kalifen vorgeschlagenen Muhammed Al Kaher Bi'llah kennt, wird er schließlich doch dazu bewogen, dieses neue Kalifat durch seinen mächtigen Einfluß zu stärken. Unter der Regierung des Al Kaher Bi'llah wird eine Gegenpartei niedergeschlagen, die Abu Ahmed zum Kalifen einsetzen wollte. Al Kaher läßt ihn zu sich berufen und in einer Abteilung des für die Frauen bestimmten Palastteiles an die Wand nageln. Damals war die Aufseherin über Favoritinnen, Beischläferinnen und Sklavinnen nicht nur Oberhofmeisterin. Sie hatte auch die Verantwortung für hohe und gefährliche Staatsgefangene, welche man ihrer Obhut unterstellte. Aus diesem Grunde führte sie den Titel Kahrama, die Frau der Rache. So lernten die damaligen Strafgefangenen die Bedeutung des Harems, »Zuflucht, Gefeitsein«, kennen. Al Kaher war der grausamste und gierigste Kalif. Er ließ seine eigene Mutter, die er vorher ihrer ganzen Besitztümer beraubt hatte, zu Tode foltern, nur auf die Aussage zweier Zeugen hin, die behaupteten, sie habe noch einige Schmuckstücke beiseite geschafft. Auch den Eunuchen Munes ließ er zum Danke für das unterstützte Kalifat hinrichten. Es ist schon eine bechwerende Sache, wenn ein Mann einem anderen Manne zu Dank verpflichtet ist, aber einem Eunuchen zu Dank verpflichtet sein, dem man sich allein schon männlich überlegen fühlt, kann kein Gefühl von Dauer bleiben, um so weniger in einer Zeit, wo es keine Dauer- und keine Gefühlswerte mehr gab. Nachtgefährtinnen verdrängen die Lebensgefährtinnen, die Scharen verschnittener Lustknaben besetzen die Plätze der Freundschaft, Dirnen tragen die Verantwortlichkeit des Gesetzes, der höchste Hüter der Religion foltert wegen einiger Edelsteine seine Mutter zu Tode, und der Bereich, der Umkreis, in welchem alle diese Laster, Sünden und Morde verübt werden, ist dem heiligen Gebiet der Kaaba gleichgestellt an Benennung: Harem!

Vor dem Tore zur großen Moschee von Bagdad steht Al Kaher, der abgesetzte Kalif, seine Hand sammelt Almosen. Abgesetzt, eingesperrt, geblendet und freigelassen. Jetzt ist er selbst in das Dunkel gehüllt, in welches er so viele Menschen stieß.

Die Macht des Kalifats und der Glanz von Bagdad sind gefährdet. Ländereien, Provinzen fallen ab, lösen sich los von der weltlichen Herrschaft des Kalifats, ordnen sich Emiren, Fürsten, Gouverneuren, deren Besitz sie werden, unter. Die große Hungersnot bricht aus. Mütter braten und verzehren ihre Kinder, Leichen schaukeln auf den Wogen des Tigris. Es sind die entmenschten Weiber, welche sich an ihren Kindern sättigten und zur Strafe ertränkt wurden. Jetzt kommt der letzte Kalif, der selbst den Gottesdienst in der Moschee verrichtet, und ihm folgt der letzte Kalif, der die Truppen kommandiert und den Schatz verwaltet. Auf dem unendlichen Schachbrett der muslimischen Geschichte ist der höchste Hüter der Religion nicht mehr der Unbezwingbare, trotzdem die Kalifen gute Schachspieler waren. Jetzt können weder die geschicktesten Züge das Spiel der Bestimmung aufhalten, noch der Größenwahn der Gottähnlichkeit des letzten abbassidischen Kalifen, Al Mostazem Bi'llah, das Schicksal verblüffen. An der Torschwelle seines Palastes liegt ein Stein, den die Gläubigen mit derselben Ehrfurcht küssen wie den schwarzen Stein der Kaaba zu Mekka. Über diesem parodierenden Stein hängt ein schwarzes Stoffstück, welches die Stirnen und die Lippen der Gläubigen mit derselben Demut berühren wie den schwarzen Damast, der über dem Stein der Kaaba hängt, im heiligen Gebiet zu Mekka.

Harem! Dieser usurpierte Name scheint dem letzten, abschließenden Glied in der langen Kalifenkette auch den

Wahn der Gottähnlichkeit gegeben zu haben. Sein Gesicht dünkt ihm so göttlich, daß es von keinem Menschenblick profaniert werden darf. Und wie auf alten Zeichnungen das Gesicht Mohammeds gewöhnlich mit einem Tuche verdeckt wurde, so versteckt jetzt der Kalif sein Gesicht auf die gleiche Art. Verläßt Al Mostazem Bi'llah seinen Palast, so ist sein Antlitz mit einer Maske oder einem vorhangähnlichen Tuche bedeckt. Und das Volk staut sich zu dichten Mauern in den Straßen, die für diese andächtige Fülle zu eng werden. Alle Fenster und Türöffnungen sind besetzt, alle Dächer von den ehrfurchterschauernden Untertanen belagert. Der durch Jahrtausende ausgespielte und nie versagende Trick der Absonderung beweist seine Macht. Je betonter und augenfälliger der Unterschied zwischen den Auserwählten und den Jammerbeladenen, um so eher glaubt man den ersteren ihre Berechtigung, die sich schon in ihrer Namensbezeichnung beglaubigend offenbart: »Im Namen Gottes«! Der Hochmut dieses Abbassiden hat keine Grenzen. Die Mächtigsten und Vornehmsten gelangen nur selten bis zu ihm. Aber sein schleierloses, maskenloses Leben hat nichts Göttliches und nichts Menschliches. Elendester Geiz verzehrt ihn, trotzdem er das Feuerwerk des Prunkes als verhüllenden Mantel um seine Residenz aufflammen läßt. Er, der Kalif, der höchste religiöse Machthaber, der allmächtige Hüter der Religion, vergreift sich an fremdem Eigentum und verwehrt die Rückgabe von Millionen werten Juwelen, die das Vertrauen eines Gläubigen ihm übergab. Die Stimme des Gewissens ist ihm fremd. Er hört nur die Stimmen seiner Singvögel und seiner Favoritinnen. Er ist taub für die Pflichten seines Amtes, taub für den Orkan, der anschwellend näherkommt, keiner Warnung zugänglich, denn er fühlt sich als ein Gottgeweihter, den keine Erdenmacht aus dem abgeschlossenen Gebiet seiner Residenz verdrängen kann.

Der mongolische Tatarenfürst Hullaku weckt ihn aus seinen Wahnträumen. Der Kalif erwartet ihn, vor goldenen Schüsseln sitzend, die bis zum Rande mit Edelsteinen gefüllt sind. Er vertraut diesen leuchtenden Schätzen, der Macht ihres Wertes, dem alles verdunkelnden Zauber ihres Besitzes. Siehst du nicht, o Kalif, wie deine glänzenden Steine schwinden, wie sie sich auflösen, wie sie zerrinnen, wie sie zu Menschentränen werden? Und weißt du denn nicht, daß Tränen wertlos sind? Was haben Tränen bei dir erkaufen können? Konnte ihre Bedeutung durch deine Maske, durch dein verhülltes Angesicht zu deinem menschlichen Erfassen dringen? Wen hast du so barmherzig geschont, auf daß du jetzt auf Feindesschonung rechnest? Fühlst du denn nicht, daß andere Werte vor dir liegen müßten, damit du ein Anrecht auf »Gefeitsein« erhoffen dürftest? Deine Schüsseln sind aus Gold – aber in ihnen ruht ungestillter Hunger, unerlöste Qual, ungetilgtes Leid. Es ist kein leuchtender Reichtum, der sie bis zum Rande füllt, es ist kein sprießender Segen, der aufgeht und wächst und blüht und gedeiht. Dürr und kalt sind deine toten Steine, sie glänzen nur aus Schadenfreude, daß du, der Mächtige, das Opfer ihres flimmernden Truges wurdest. Und sie staunen, daß deine Augen so trüb, daß dein Herz so hart und daß deine Seele so verschlossen war, daß du das nicht ersehen, nicht erfühlen und nicht aufnehmen konntest, was als wahrer Segen auf deinem Wege lag.

Vor goldenen Schüsseln, die bis zum Rande mit Edelsteinen gefüllt sind, erwartet der Kalif Al Mostazem Bi'llah den siegreichen Tataren in der Überzeugung, daß Werte, für deren Vermehrung er sich sogar zum Diebe gemacht hatte, auch andere bestechen und bestimmen werden. Aber diese unermeßlichen Schätze lösen im Tataren Hullaku nur eine spendende Geste aus: Er läßt sämtliche Juwelen unter den Anführern seiner Armee verteilen. Jetzt ist nur mehr ein gefangener Kalif im schützenden Weihgebiet. In derselben Nacht werden alle Frauen des Kalifen und seiner Söhne – über tausend an der Zahl – mit fünfhundert Eunuchen, die sie bedienten, in das Tatarenlager vor das große Zelt des Hullaku geführt. Welcher Zufall bestimmt Einzelschicksale? Vielleicht das Aufleuchten eines Blickes, vielleicht eine erinnernde Ähnlichkeit, vielleicht eine aufflammende Begierde. Oder hatten diese Frauen in ihrer entwürdigenden Ansammlung auf den Tataren nicht mehr Wirkung als die angehäuften Juwelen, die er anderen überließ? Das Schicksal des Kalifen entschied sich nicht gleich. Aber als es sich entschied, war es schrecklich. Er wurde in einen ledernen Sack genäht und durch die Straßen von Bagdad geschleift.

Hinter einer Maske hatte der letzte abbassidische Kalif sein Menschenangesicht versteckt, dessen Todesgrauen ein Sack verhüllte. Geplündert und verwüstet bezeugte das gefeite Weihgebiet die bittere Ironie seiner Benennung, unter derem lügnerischen Namensschutz man Menschen vertierte, Gefangene folterte, Frauenseelen nur mehr als ständig bereites Wollustbett betrachtete, und das Mißtrauen der alles bestimmenden Sinne Scharen von verstümmelten Wesen schaffen ließ, nur um entwertete Werte zu bewachen. Harem ... Zuflucht ... gefeit ...

Wenn man in das Leben und Treiben der osmanischen Sultane, der späteren Träger des Kalifats, forschend eindringt, so kommen einem die »modernen« Harems wie paradiesische, seligmachende Gefilde vor, deren Sitten und Bestimmungen, im Gegensatz zu den früheren, die verlockende Süßigkeit des Halwas haben. Es könnte fast der Wunsch entstehen, sich wieder dieses beleimende Zuckerwerk um den Mund schmieren zu lassen.

Denn der Grundstoff der Sultanatsvitamine ist nichts weniger als süß. Er besteht aus Würgen, Köpfen, Hängen, Vergiften, Ertränken und Einsperren. Dieses Fundament scheint die Herrschaft und die Macht zu sichern, schafft auch eine gewisse Relativitätstheorie des Mordens: Man hofft, daß die Erfüllung der eigenen Mordgelüste andere, konträrwirkende zum Schwinden bringt. Wie war es nur möglich, daß es damals Frauen gab, die Kinder gebaren in dem Wissen, daß sie jeder Wahrscheinlichkeit nach Strick- oder Giftopfer wurden, die sie geduldig neun Monate lang eben dieser Bestimmung entgegentrugen? Wie konnte es sein, daß es damals Liebesküsse und Liebesworte gab, wo doch um jede gefühlsmäßige Verbindung die Schatten des Verderbens flatterten? Wie kam es zustande, daß man um Günste buhlte, die leicht zu Toren des dunklen Schweigens führten?

Machten denn Wunschtriebe die Trägerinnen so hörig, daß sie blind und taub wurden? Oder hatte die damalige Zeit eine eigene Art von Frauen gezüchtet, deren Leben immer nur in dem einen gegenwärtigen Tage lag, von jeder gedanklichen Zukunft abgeschnitten? Denn das Morgen war schon die unberechenbare Zukunft; Welten voll Grauen konnten sich in dieser kurzen Spanne auswirkend erfüllen. Vielleicht herrschte der Größenwahn des Körperlichen, so daß jede Frau in dem Reize ihres Körpers, in der Weichheit und der schimmernden Glätte ihrer duftenden Haut, in dem Aufleuchten ihrer untermalten Augen, in der schwellenden Rosenhaftigkeit ihres Mundes die gewährleistende Sicherheit empfand, daß sie – aber auch nur sie allein – gegen alle Gefahren gefeit und behütet war. Diese Frauen, deren Selbstbewertung sich von jeglicher vergleichenden Verbindung mit der Gemeinheit absondern mußte, die Einzelchancen, Einzelschicksale für bewilligt hielten, die, jede nur für sich, die regelbestätigende Ausnahme mit Beschlag belegten, diese Frauen müssen eine eigene Ich-Vorstellung gehabt haben. Die Seelen schliefen vielleicht hinter dem Vorhang eines schweren Traumes, dem Körper die leere Bedenkenlosigkeit gestattend, weil er jung, straff und blühend war, weil er sein kurzes, gedrängtes Leben haben wollte und weil seine einzige Bestimmung nur darin bestehen sollte, Begierde zu entzünden und Begierde zu sättigen. Aber aus erfüllten Begierden entstanden Kinder, Nachkommen, vielleicht Gefährder des Sultanats.

Der Sultan Bajezid I. gab das Vorbild zum Brudermord, welches bis Mohammed II. automatische Nachahmung fand. Erst unter diesem Sultan wurde der Brudermord zum Reichsgesetz und bildete das Fundament der »Thronbesteigungsfeierlichkeit«. An dem gleichen Tage, da ein neuer Sultan den Thron bestieg, wurden alle seine Brüder getötet, laut einer erlassenen Fetwa, deren Begründung und rechtmäßige religiöse Unterlage sich eines Ausspruches aus dem Koran bediente: »El-fitnet eschedd min el katl«, Unruhe ist verderblicher als Totschlag. So wurde der Mord durch den Koran sanktioniert.

Die damaligen Sultane waren nicht nur Brudermörder, sondern auch Enkel- und Neffenmörder. Alle männlichen Kinder der Sultanstöchter mußten gleich nach der Geburt – durch die offenbleibende Nabelschnur – den Tod finden, und sämtliche männlichen Nachkommen der Sultansschwestern und -brüder wurden ebenfalls ermordet. Diese gesetzmäßige Grausamkeit hat in der ganzen Geschichte nicht ihresgleichen und war von dem Mufti der Religion untergeschoben worden. Das arabische Sprichwort »Es gibt keine Verwandtschaft unter Königen« fand seine gesicherte Bestätigung. Wenn irgendein männliches Mitglied aus dem Kreise der Sultansverwandtschaft – Brüder, Enkel, Neffen – dem Tode entkam, so verdankte er dies nur seiner Flucht, seiner Abwesenheit, seinem sicheren Versteck oder der Tatsache, daß er der einzige Nachkomme war. Und zu diesem Zwecke sollten Frauen Kinder gebären, liebend betreuen und großziehen?! Oft wartete man die Geburten gar nicht erst ab, sondern warf schwangere Sklavinnen einfach in den Bosporus. Dieses Verfahren ersparte Zeit und Arbeit.

Das religiöse Gesetz des Brudermordes wurde erst vierhundert Jahre später unter Sultan Abdul Medjid abgeschafft. Innerhalb dieser Zeit verrichteten Stumme die Henkersarbeit mit würgenden Hanfstricken. Wie konnte es noch Menschen geben, die ihre täglichen fünfmaligen Gebete verrichteten – eben aus diesem Koran, dem man Mordbestimmungen entnahm? Dessen Auswirkung die eigenen Kinder oder Brüder zum Opfer fallen würden oder bereits gefallen waren? Gefährten der Jugend, Spielgenossen des Blutes, schwache Säuglinge wurden plötzlich zu Feinden für denjenigen, welcher zu Macht und Herrschaft kam. Fand denn die verbrecherisch ausgelegte Deutung kein Gegengewicht in dem Hadith: daß man hohe Stellen nur zur Ehre Gottes und im Sinne Gottes bekleiden darf?

Die Kalifen zu Babylon und Ägypten waren vornehme Lehrer und Ausleger der mohammedanischen Gesetzgebung gewesen, deren bestimmender Autorität sich die Türken beugten. Aber mit dem Schwinden ihrer weltlichen Macht schwand auch der Glaube an ihre Unfehlbarkeit, und ihr religiöses Amt wurde dem Mufti übertragen. Den Muftis, Rechtsgelehrten mit Entscheidungsgewalt, den unangreifbaren Auslegern der islamischen religiösen Gesetzgebung, verdankt man die zwei sanktionierenden Fetwa, sowohl für die Rechtmäßigkeit des Brudermordes als auch den gestatteten Eid- und Treubruch zwischen Muslim und Ungläubigen. Welche Schleusen des Wahnsinns haben sich geöffnet? Hanfstricke sausen durch die Luft, ihre Schlingen suchen die Hälse, die sie »religiös« beglaubigt würgen müssen, neugeborene Kinder läßt man verbluten, schwangere Frauen wirft man ins Wasser. Thronbesteigungen, denen diese verübten Greuel als »Thronbesteigungsfeierlichkeiten« dienen, Muftis schänden den Koran, unterschieben Mohammed das Protektorat für Brudermord, für Kinder- und Frauentötung. Aus dem letzten Atemzug Sterbender entstehen Feste – aus welchen wieder gefüllte Gräber entstehen.

Alle diese Geschehen schlingen sich wie giftige Nattern um den Sultansthron, auf dem der Padischah und, seit Sultan Selim I., Padischah und Kalif in einer Person vereint, regiert und wütet.

Auch diese Titel sind ungenügend für soviel menschgewordene Herrlichkeit – der Himmel muß ihm zu Ehren noch geplündert werden. Schatten Gottes auf Erden wird derjenige genannt, der die Schatten des Todes mit freigiebiger Hand verteilt, sobald sie seine schattenhaft-göttlichen Wege verdunkeln oder bedrohen könnten. Grausamste Gewalttätigkeit paart sich mit feigster Furcht; fluchbeladene Lippen sprechen den geplünderten Namen Gottes, murmeln Gebete; Verdammte pilgern, fasten; Eroberer werden zu hörigem Spielzeug ihrer Lust, beugen sich der bestimmenden Herrschaft schöner Knabenkörper, erliegen der entnervenden Vielfältigkeit ihrer aufgesammelten Haremsweiber. Pagenpflanzschulen entstehen: Tausende von Knaben werden aufgekauft – georgische, tscherkessische, rumänische, ungarische, albanische, griechische, bulgarische –, im Serail aufgezogen, unterrichtet und zu Pagen ausgebildet.

Der Eunuch Kapu Aga, Oberhofmeister des Serail, unter dessen Obhut die Pagen standen, hatte kein leichtes Amt. Er mußte alle Verirrungen unter den Zöglingen aufs schärfste bestrafen, trotzdem er ihre Vorherbestimmung schon kannte. Die meisten unter ihnen wurden verschnitten. Diejenigen, auf welche später das Glück einer hohen Liebeswahl fällt, gelangen leicht zu großen Stellungen und Ehren. Ihre Aufstiegsmöglichkeit bestimmt die Intensität des Vorzuges, den sie finden und den sie sich zu erhalten verstehen. Die Erfolgswahrscheinlichkeit war groß, denn die Knabenliebe war nicht nur das Lieblingslaster der Sultane, sondern auch der mächtigen Herren, und der Mißbrauch der Pagen war ein allgemeiner. In diesen Pagenschulen entstanden oft Unruhen. Hysterische Begierden flammten revolutionierend auf, lösten eine entartete Massenerotik aus, gegen die sogar die härtesten Prügel ihre Wirksamkeit verloren.

Schon unter Bajezid I. treten die Pagen ihre Herrschaft an. Sie werden zu Gefährten der Trinkgelage, zu Vertrauten, zu Mitwissern und zu beschenkten Lustgenossen. Muhammed II. fürstet sogar seine Knabenbegierden, schafft eine Aristokratie der Sinne. Seine Hauptfavoriten werden zu Fürsten von Lesbos, von Athen und von der Wallachai. Quantitativ standen die Frauen diesen Begierden nicht nach. Sogar alle Hofangestellten mußten ihre hübschen Töchter beinahe tributpflichtig dem Harem des Sultans zuführen.

Die Schönheit der Körper war bestimmend, nicht ihre Geschlechtlichkeit – manchmal aber auch die Musik. Als Suleiman I. noch Kronprinz war, hörte er eines Tages den Sohn eines griechischen Schiffers Geige spielen, und als er ihn erblickt hatte, da war der Grundstein zur allergrößten Günstlingskarriere gelegt. Der Schifferknabe wurde der unzertrennliche Gefährte des Prinzen, und später bestimmte er die Herrschaft des Sultans als Ibrahim Pascha und Großwesir des Reiches. Er teilt alle Ehren des Padischah, alle Beuten, besiegt für seinen Herrscher Gebiete und Länder, die er als Dank für dessen Gunst und als Beweis, daß er ihrer würdig ist, ihm huldigend zu Füßen legt. Seite an Seite reiten sie, der Sultan und der ehemalige Schiffer, halten Einzug in eroberten Städten; Seite an Seite empfangen sie Botschafter, Abgesandte, gemeinsam lenken sie das Schicksal des Osmanischen Reiches und auch ihr Hochmut und Stolz sind gleich groß. Aber trotz dieser Sultanatsgemeinschaft ist Suleiman I. doch der richtige, erbbelastete Sultan, denn auch in ihm erwacht das Mißtrauen seiner Vorgänger, die Angst um sein Leben, die Furcht vor dem, dessen Macht der seinen gleichwertig ist und ihr bedrohlich werden könnte. Obgleich der Günstling die Sultansgunst königlich entlohnt, weder Vertrauen noch Stellung mißbraucht und die stärkste Stütze des Reiches ist, erliegt der Padischah der feigen Versuchung und läßt den mächtigsten aller Großwesire, Ibrahim Pascha, auf dem Gipfel seines Ruhmes durch sechs Stumme hinterlistig erwürgen.

Gleichzeitig mit dem Aufstieg Ibrahim Paschas geht eine Frau im Harem den Weg zur Macht, schwingt sich von der Sklavin zur Sultanin-Chasseki empor und von der »Innigstbegünstigten« zur einflußreichsten, grausamsten Beraterin. Es ist die Tscherkessin Tschurrem, Roxelane genannt. Ihr Neid hat das Mißtrauen des Sultans gegen seinen Günstling erweckt. Diese schöne Chasseki, deren Reize jetzt der angenommenen Sitte gemäß mit Schleiern verhüllt sind, offenbart ihre weiblichen Tugenden in dem Einfluß, der das Erwürgen zweier Wesire und die Ermordung Mustafas, Sohnes des Sultans von einer Nebenbuhlerin, kaltblütig bestimmt.

Um einen damaligen Harem zur Zufriedenheit des Sultans, der Sultanin-Mutter und der Insassinnen zu beaufsichtigen und zu leiten, gehörte noch mehr Begabung als zur Großwesirschaft. Es war das verantwortungsreichste und das gefährlichste Amt. Die Oberhofmeisterin vom Harem

Murads III. hatte die Oberaufsicht über vierzig Chassekis, hundertzwei Kinder und fünfhundert Sklavinnen. Sie besorgte auch alle Hofstaatsgeschäfte, mußte Sklavinnen abrichten und kümmerte sich auch noch um die äußere Regierung. Sie mußte über alles Bescheid wissen, von allen Geschehnissen unterrichtet sein, denn die Absperrung des Harems war trotz aller Maßregeln und Schleier nur eine körperliche. Verbindende Elemente sichern die Fäden zur Außenwelt, die Protektion von Chassekis erheben Gärtner zu Chodjas, die dann als »Schriftgelehrte« freien Zutritt zum Harem bekommen. Unter Sultan Murad III. standen dem Harem vier geistliche Leiter zu: Sie sicherten allen Haremsbewohnerinnen die Möglichkeit ihrer ehrgeizigen regierungsbestimmenden Einmischungen. Durch Zwischenträger entstehen sogar geheime Korrespondenzen; die Chasseki Refiah, die Venezianerin Baffa, steht im Briefwechsel mit Katharina von Medici und intrigiert zugunsten ihrer ehemaligen Landsleute. Frauen regieren, konspirieren, verurteilen, begnadigen. Sie unterstützten ihre Macht durch Zauberei. Die Gunst des Sultans zu besitzen ist eine herrliche Sache, aber Sultansgunst wendet sich leicht einem neuen verführerischen Objekt zu. Eine Herrschaft, auf männliche Gelüste aufgebaut, ist keine stabile. So kommt die Chasseki Baffa zu dem richtigen Schluß, daß ein Sultan ohne männliche Begierden für ihre Pläne der dauernde Idealzustand wäre. Magische Knoten werden geschürzt, gelöst, besprochen. Als Endergebnis wirft man viele türkische und jüdische Sklavinnen in den Bosporus, denn die Sultanin-Mutter wacht über die kostbare Mannbarkeit ihres Sohnes, und jedes noch so abgetrennte Haremslager ist mit spionierenden, verräterischen Elementen durchsetzt. Großwesire fallen in Ungnade, wenn sie dem Sultan vorschlagen, sich in das Kriegslager zu begeben – in dieser Abwehr sind alle Haremsfrauen solidarisch. Wenn sie auch verschiedene Zwecke verfolgen und konträre Ambitionen haben, so brauchen sie zu ihrer Erlangung die Anwesenheit dessen, den sie beeinflussen und lenken können.

Der Harem rächt sich. Er soll der Wollust, der Laune, dem Vergnügen des Herrschers dienen. Dar Il Seadet, »das Haus der Glückseligkeit«, ist die Bezeichnung der Frauengemächer, aber diese eingesperrte Glückseligkeit hat sich zu einer intrigierenden Macht heraufgeschwungen, vor deren Auswirkung alle zittern und beben, und gerade der, der den Harem zu beherrschen meint, ist das erste ihm verfallene Opfer. Denn alle diese Frauen wissen – mit Ausnahme einer einzigen, der Mutter des zukünftigen Sultans –, daß sie nach dem Tode des Padischah der Einsamkeit und Vergessenheit anheimfallen werden, daß die Erinnerung an Glanz und Pracht dem Dunkel des alten Serails nicht standhalten wird. Solange ihr Herrscher herrscht, sind sie mitbeteiligt an seiner Herrschaft, an seiner Macht und an seinem Reichtum. Sie sind der juwelenbesäte, verherrlichende Beweis seines Prunkes, seiner Mannbarkeit, seiner Lust und seiner königlichen Launen. In ihren liebkosenden Händen halten sie die verwickelten und bestimmenden Fäden, die durch Sinnenhörigkeit zu grausamen Urteilen oder Gunstbezeugungen führen. In ihrer Macht liegt die Beschwichtigung, die Aufreizung, die Bestätigung oder die Eliminierung. Denn den Gefährtinnen des Sultanlagers sichert die eigentumsmäßige Besitznahme ihrer Körper, zugleich die rächende Übermacht, die Vorherrschaft über Wesiren- und Feldherrnbestimmungen. Das Gift der Verleumdung durchsickert Schäferstunden. In nachgiebigen, lustgeweihten Körpern rächt sich der auflehnende Wille für die Kürze der Herrschaft. Vielleicht bringt schon die nächste Stunde die Verbannung. Der Harem des neuen Sultans zieht dann ein in die gleiche Stätte des Prunkes, die sie räumen müssen, um Nachfolgerinnen dieselben Möglichkeiten zu gewähren, die sie selbst besaßen und die doch nicht imstande waren, sie vor dem geplünderten Ende zu bewahren. Die, die von dem Thronwechsel nichts zu befürchten hat, ist die Oberhofmeisterin des Harems, wenn sie ihre Tätigkeit mit diplomatischem Geschick erfüllt hatte und es ihr gelungen war, sich Gefallen und Gunst der Sultanin-Chasseki zu erobern, deren erstgeborener Sohn den Sultansthron besteigt und ihr, der früheren begünstigten Sklavin, jetzt als Sultanin-Mutter den allmächtigen Platz im Harem sichert.

Unter die Herrschaft des Sultans Murad III. fällt die größte Beschneidungszeremonie, die an Glanz und Prunk alle osmanischen Feste übertrifft. Fünfundfünfzig Tage führt der Größenwahn Regie, unterstützt vom Staatsschatz, welchem Millionen nur zu dem Zwecke entnommen werden, um die Erinnerung an ein beschnittenes Hautstückchen auf ewig in der Geschichte der Sultane festzulegen. Die Mächtigen aller

Länder werden von diesem kommenden Ereignis schon ein Jahr früher verständigt. Eine kunstvoll kalligraphierte Beschneidungskorrespondenz mit Königen, Kaisern, Fürsten und Botschaftern entsteht. Dann bereisen Staatskuriere einladend alle Teile des In- und Auslandes, um die Aufmerksamkeit der ganzen Welt auf einen Körperteil zu lenken, der im allgemeinen verschwiegen bleibt.

Der Hippodrom, der zu Suleimans Zeiten den märchenhaften Prunk der schwesterlichen Hochzeitsfeierlichkeit gesehen hatte, wird jetzt in seiner Erinnerung beschämt. Die fassende Weite genügt nicht, es wird umgebaut. Angrenzende Paläste werden erhöht, neue entstehen, alle vorderen Fassaden werden zu Logen gewandelt, die festlichen Wohnräumen gleichen. Galerien werden aufgemauert, die jedem neronischen Wahn genügt hätten. Für die vorhergesehene Dauer des fünfundfünfzigtägigen Beschneidungsfestes soll die Festatmosphäre durch kein Kommen und Gehen unterbrochen werden, die Mannigfaltigkeit der Vorführungen soll in ihrer Wirkung in derselben Umgebung kolonisiert bleiben. Tribünen und Zelte entstehen, die in ihrer verschwenderischen Pracht eher Königspalästen gleichen als einem vorübergehenden Zuschaueraufenthalt. Der Sultan zieht mit feierlichem Gefolge am ersten Festtage in das für ihn bestimmte Serail ein. Dann folgen in Tagesabständen der Kronprinz, die Sultaninnen, der ganze Harem, vom dunklen Meer der Eunuchen umwogt. Hohe künstliche Palmen, die Hunderte von Janitscharen tragen, begleiten den Einzug des Sohns des Sultans. Sie sind das Zeichen der ragenden starken Mannbarkeit, sie symbolisieren die sieben Sphären durchdringende Weltkraft. Ihre Höhe wird durch geblasene farbige Wachskugeln in sieben Abteilungen geteilt, wovon jede einzelne von glitzernden Spiegeln, nachgebildeten Tieren und Früchten umschaukelt und umhängt ist. Gassen werden erweitert, Häuser niedergerissen, Dächer abgetragen, nur um dieser palmig symbolisierten Manneskraft den aufnehmenden Durchgang zu ermöglichen.

Beschneidungsgeschenke türmen sich in den kronprinzlichen Räumen zu millionenhaften Werten. Juwelenbestickte Schabracken, diamantglänzende Zaumzeuge, goldene Staatskleider, Silbergeräte und Juwelen. Die Würdenträger des Landes übertreffen an Großzügigkeit die Geschenke der fremden Herrscher. Jeden Tag entrollt eine neue Zunft ihren feierlichen Aufmarsch, jedes Gewerbe legt huldigend seine kostbarsten Erzeugnisse dem Kronprinzen zu Füßen. In verwirrender, pausenloser Darbietung folgen Derwische, Gaukler, Tänzer, Taschenspieler, Musikanten. Bogen-, Lanzen-, Reiter-, Schatten- und Puppenspiele werden vom lebendigen Brüllen wilder Tiere oder von zahmen, lebensgroßen Horden aus Zucker nachgebildeter Pferde, Elefanten und Giraffen unterbrochen. Alle zuckergefügten Wesen symbolisieren die Süßigkeit der Frauen, im Gegensatz zu den stärkebekundenden Palmen. Der wirbelnde Staub wird von Hunderten von Schlauchträgern gedämpft, die dann mit den entleerten Röhren auch für ordnungschaffende Schläge sorgen.

Um die sultanliche Gunst buhlen täglich Hunderte von drängenden Glaubensaspiranten, die mit erhobenem Finger um die Gnade bitten, beschnitten zu werden. Ihre Wünsche werden sofort bewilligt. Jeden Abend, wenn die Schauarbeit des Tages bewältigt ist, wenn der Hippodrom mit seinen angrenzenden Palästen, Zelten, Galerien und Tribünen im hellsten Strahlenscheine erglänzt, deren tausendfältige Lampen die ganze Stadt überleuchten, dann ist die Stunde der Armen gekommen. Und auch ihre Speisung wird zu einer aufregenden Schaustellung. Die ganze Fläche des Hippodroms wird mit Nahrung bedeckt. Ochsen, Herden von Hammeln, in ihrer ungeteilten Beschaffenheit gebraten, Tausende von reisgefüllten Schüsseln, Berge von Broten – alle diese Anhäufungen werden von hungrigen Horden verschlungen. Legionen von Sklaven säubern dann die splitter-, hufe- und hörnerbedeckte Kampfstätte der menschlichen Sättigung. Nach allen diesen Tagesaufregungen beginnt dann ein pompöses Zeremoniell gegenseitiger Besuchsabstattungen – ein beifallspendendes, anerkennendes Hin- und Herwogen in der gedrängten, dichtbevölkerten kleinen Stadt, die nur zu einem Feste geschaffen wurde und deren Bewohner sich nur in diesem millionenraubenden Prunk trafen, um einen Beschneidungsakt zu einem geschichtlichen Ausnahmeereignis festzulegen.

Nach der Heilung des beschnittenen Patienten war es Sitte, daß man ihm als Belohnung für seine ausgestandenen Leiden gleich eine schöne Sklavin zuführte, wenn er bereits die Mannbarkeit erreicht hatte, die bei den Osmanen oft noch Kinderschuhe trug. Bei diesem Prinzen, der durch sein Beschneidungsfest eine geschichtliche Prunkbedeutung erhalten hat, wurde das Geschenk der Einzelsklavin – der Vielseitigkeit der vorangegangenen Zeremonie entsprechend – gleich zu einem üppigen, wohlausgestatteten Harem. Sein leidenschaftliches Temperament gab die Gewähr, daß er den an ihn gestellten Anforderungen gewachsen sein würde, denn seine Liebe hatte nicht nur Lust, sondern auch schon den Tod geschenkt. Als er eines Nachts in das Frauengemach des mütterlichen Harems mit Gewalt eindringen wollte, verwehrte der Eunuch ihm den Zutritt. Der Prinz erstach sofort den Pflichttreuen, denn seine Liebe zu einer Sklavin war leichenfest. Sie mußte aber für solche Bevorzugung büßen. Trotzdem, oder vielleicht gerade weil sie schon kronprinzliche Folgen sicherte, ließ die Sultanin-Walide als ruheliebende Mutter die Sklavin den nächsten Tag ins Meer werfen. Ein Nachfolger mehr oder weniger spielt keine Rolle, wenn man von einem Vater stammt, der hundertundzwei Kinder zeugt und dann die Glaubwürdigkeit seiner Enthaltsamkeit in einem asketischen Werke überliefert: ›Futuhatussiam‹, »die Eröffnung der Fasten«!!! Der Titel hat einen yoschiwaraartigen Klang – aber der Inhalt bewahrte wahrscheinlich den großmächtigen Sultan Murad III. davor, das angefangene zweite Hundert zu vervollständigen. Auf alle Fälle ist er der einzige Sultan, der ein asketisches Werk schrieb und damit den Beweis lieferte, daß man sehr wohl ein Schriftsteller sein kann, ohne dazu berufen zu sein.

Die nächsten Sultanatsträger bewegen sich in den von ihnen festgelegten Grenzen der schablonenhaften Grausamkeiten und Verirrungen; erst bei Murad IV. steigt wieder die Fieberkurve des Terrors. Dieser zwölfjährige Thronbesteiger bewirkt schnell die Verbreitung einer zeichenhaften Taubstummensprache, die aus der Furcht entsteht. Keiner wagt mehr, die Stimme als Verständigung zu gebrauchen. Er ist der Feind der Fröhlichkeit. Als er einmal auf einer Wiese Frauen gewahrt, die singen und lachen, läßt er sie alle ertränken. Er verbietet allen weiblichen Wesen den Besuch des Marktes, weil er ihre feilschenden Stimmen beim Vorüberreiten hörte. Er läßt alle Tabak- und Kaffeehäuser niederreißen, um die Orte der Ansammlungen und konspirierenden Möglichkeiten zu zerstören – nur einzeln dürfen die Barbierstuben ihre Klienten bedienen. Auch Frauen dürfen nicht zusammenkommen. Eine Stunde nach Sonnenuntergang müssen in den Häusern die Lichter gelöscht werden. Er terrorisiert die Frauen, beugt sich aber der Herrschaft seiner Mutter im Harem. Obgleich ihm seine Lieblingssklavin nur sieben Mädchen schenkt, will er den »leuchtenden Stern« zur Sultanin machen, was aber seine Mutter verhütet.

Weibliche Nachkommenschaft sichert weder Ansehen noch begünstigende Titel, nur söhnegebärende Sklavinnen werden zu Chassekis. Als ihm später von anderen Beischläferinnen Söhne geboren werden, verliert sich die Laufbahn des »leuchtenden Sterns« im mädchengebärenden Dunkel. Sein Nachfolger Ibrahim I. übt keinen Terror aus; er wird nur von seinen eigenen Sinnen tyrannisiert. Weiche Ruhelager, mit duftenden Zobelfellen bedeckt, sind seine Lieblingsaufenthaltsorte, auf denen er sich nie einsamen Träumereien hingibt. Frauen, Knaben, Wohlgeruch, Blumen, Pelzwerk, Juwelen, Wein, Spiel – alles, was zu den Sinnen spricht, liebt er mit gleicher Stärke. Einem Südseebewohner gleich, steckt er sich Blüten hinter das Ohr und an Stelle des Reihers Blumen auf den Turban. Seine Hauskleidung ist ein weiter, doppelseitiger Zobelmantel, mit Ambradüften getränkt, seine Staatskleider sind mit Juwelen übersät, und sogar im Barte befestigt er sich lose Edelsteine. Unter diesem wollüstigsten aller Sultane füllen unzählige Frauen den Harem. Wenn diese Institution auch der Wollust dient, muß sie sich den übernommenen und selbst angenommenen Formen fügen.

Von den vielen Frauen Ibrahims I. führten sieben den Titel Chasseki, welches die »Innigstbegünstigte« bedeutet. Sie waren die Trägerinnen und Repräsentantinnen seiner Huld und hatten Prinzen geboren. Jede besaß ihren eigenen Hofstaat, ihre eigene Chiaja, Verwalterin des Harems, Sklavinnen, Eunuchen und das Einkommen einer Statthalterschaft, welches als Bassimlik, »Pantoffelheld«, bezeichnet wurde. Auch juwelengeschmückte Wagen, Pferde und goldene, edelsteinverzierte Zaumzeuge. Unter den Sklavinnen waren Schekerpara, »Zuckerbissen«, und Schekerbulli, »Zuckerknödel«, seine Lieblinge. Die Wollust ließ ihm keine Ruhe. Innerhalb von vierundzwanzig Stunden wechselte er ebensooft die Gefährtin. Er führt eine neue Sitte ein, leitet das Hofzeremoniell bis an sein zobelbedecktes, duftendes Lager. Jeden Freitag begleiten die Wesire und Würdenträger die neuerwählten Sklavinnen zum Bette des Sultans. Dieses offizielle coucher unterstützte vielleicht noch seine Macht.

Nachts durchstreift er bei Fackelbeleuchtung die Stadt, um sich plötzlich in wilder Eile ins Serail zurückzubegeben. Bei einem Ritt erblickt er einmal einen Körperteil von ausnehmender Größe. Bei diesem Anblick entsteht in ihm die begehrliche Vorstellung, daß der Größenumfang die Stärke des Genusses potenzieren könnte. Er gibt Auftrag, nach der allerdicksten Frau zu fahnden. Die ganze Stadt wird nach aufgehäuften weiblichen Reizen abgesucht, abgetastet und durchwühlt. Die Dicksten erscheinen den Beauftragten noch nicht den Wünschen ihres Herrn zu entsprechen. Endlich findet man eine Armenierin, die an Leibesfülle alle Hoffnungen übertrifft. Es scheint, daß die potenzierte Größenvorstellung des Sultans doch ihre genußreiche Bestätigung fand, wenn man aus der hohen, nachhaltigen Gunst, die der Armenierin zuteil wurde, eine Schlußfolgerung ziehen kann. Sie bekam die Statthalterschaft von Damaskus, die sie nach eigener Fett-Intuition verwaltete. Hofärzte fallen sofort in Ungnade, wenn sie für die Gesundheit des Sultans verderbliche Folgen fürchten und zur Mäßigung ermahnen. Ibrahim geht unter dem Joch seiner Sinne unbekümmert die zahlreichen verschlungenen Wege seiner erotischen Leidenschaften weiter. Zu Favoritinnen gesellt sich noch ein Favorit, der Mosaybb Jussuf, welcher zu hohen Ehren gelangt. Ein schöner Jüngling, der die unbeschränkte Gunst seines Herrn besitzt.

Der heiße Wind der Wollust scheint auch in die Einsperrung des Harems Lücken geblasen zu haben, so daß Gemüseverkäufer zu Vertrauten von Haremsdamen werden und Spinat und Zucker sich finden und vereinen. Die schöne Sklavin »Zuckerstück« kostet einen mutigen und feurigen Spinathändler den Kopf.

Auch im damaligen Harem bekriegten sich die Frauen, Ehrgeiz und Herrschsucht belebten ihre Tage. Der Sultanin-Mutter war ein behäbiger Dorn ins Auge gefallen: in Form der Armenierin, deren Einfluß – ihren Körperformen entsprechend – immer mehr zunahm. Sie lädt die Favoritin ein und läßt sie während des Essens erwürgen. Zu einer Zeit, da der Oberlandrichter des Sultans den bezeichnenden Beinamen Oglan-Pesewengi, »Knabenkuppler« führt, kann man auch von den Frauen keine zarteren Eliminierungsformen verlangen. Die Wollust war der Mittelpunkt, um den sich alles drehte. Aus ihr entstanden Haß, Tod, Macht und Herrschaft. Jeder mußte sich vor ihr beugen. Der Sultan hielt den Wert der Wollust höher als die Vornehmheit der Sultansfamilie, denn seine Schwestern mußten die Favoritinnen bedienen und alle ihre Launen ertragen.

Der arme Sünbüllü, der »Hyazinthenreiche«, Kisler-Aga – Oberhofmeister – des sultanlichen Harems, hatte ein schweres Leben. Zwischen allen diesen hochmütigen, erhobenen und gedemütigten Frauen mußte er vermitteln, vorbeugen, versöhnen, vertuschen. Sein abgenutztes Eunuchengehirn, das schon unter drei Sultanen die Haremsverantwortung getragen hatte, war nicht mehr elastisch genug, um die Auswirkung der Wollustsprünge seines Herrn mitzumachen und zu besänftigen. Und nicht einmal sein eigenes Heim war ein friedliches, denn seine hohe Stellung verpflichtete ihn, einen repräsentativen Harem zu halten. Ein Eunuch gewährt schon gewisse Sicherheiten, aber ein Eunuch, welcher noch einen eigenen Harem hält, ist über jeden Zweifel erhaben. Der arme »Hyazinthenreiche« hatte Pech, als er eines Tages »seine Frauen« durch den Ankauf einer neuen Sklavin vermehrte. Er hatte sie der Sitte gemäß als Jungfrau gekauft. Die Absichten Sünbüllüs wurden aber weder von dem Sklavenhändler noch von der sklavinnenuntersuchenden Frau ernst genommen, und so geschah es, daß die Jungfrau, kaum im Hause ihres neuen Herrn angelangt, ihm einen Knaben gebar. Der »Hyazinthenreiche« verlor nicht den Kopf und trachtete, auch aus diesem Ereignis einen Vorteil zu ziehen.

Dem Sultan Ibrahim war von einer Chasseki eben ein Sohn geschenkt worden: So brachte er kurz entschlossen seine schöne Sklavin mitsamt dem Kinde in das Serail, um sie als Amme bei dem Sultanssohn unterzubringen. Er hatte Glück und Unglück zugleich, denn das Kind der Sklavin gefiel dem Sultan besser als sein eigenes und auch die Eunuchensklavin fand Beifall. Dadurch zogen sich Amme und Kind den Haß der Prinzenmutter zu. Als der Sultan sich eines Tages nach seiner fröhlichen Art im Garten mit seinen Frauen und Kindern vergnügte – das Vergnügen bestand darin, daß er Frauen und Kinder abwechselnd in ein mit Wasser gefülltes Bassin warf –, fing die Prinzenmutter an, auf Sünbüllü, die Sklavin-Mutter und das fremde Kind zu fluchen. Wütend über diesen feindlichen Ausbruch riß ihr der Sultan seinen Sohn aus den Armen und warf ihn ebenfalls ins Wasser. Das Kind wurde vor dem Ertrinken gerettet, aber jetzt empfindet Sünbüllü seine Stellung als gefährdet. Er bekommt plötzlich die religiöse Sehnsucht nach einer Mekka-Pilgerung, die ihm gewährt wird. Der schwarze »Hyazinthenreiche« besteigt ein Schiff – mit »seinem« Sohn, mit seinem ganzen repräsentativen Harem und mit den unschätzbaren Reichtümern, die er unter der Herrschaft dreier Sultane gesammelt hat. Aber das Unglück, das ihn seit dem Ankauf der Sklavin verfolgt, wirkt sich noch weiter aus. Unterwegs wird er gewarnt, die Reise fortzusetzen, gefährliche Seeräuber sind gesichtet worden. Der sultanliche Obereunuch ist mutig, er hat die Furcht in ständiger gefahrdrohender Frauennähe verlernt. Er fährt weiter. Maltesische Galeeren verfolgen das Schiff, greifen es an, überwältigen die Mannschaft. Kämpfend, mit dem Schwert in der Hand, stirbt der Haremswächter. Alle Frauen und Schätze fallen in die Hände der maltesischen Piraten. Das Schicksal des Eunuchenkindes wendet sich von Sultansgunst zu Himmelsgunst: Als repräsentativer osmanischer Prinz wird der Knabe von den Maltesern erzogen – als Dominikaner in die Priesterwürden eingekleidet. Unter dem Namen Padre Ottomano lebt dann der Sohn des Eunuchen Sünbüllü, der Sohn der jungfräulichen Sklavin, das bewegte Leben eines Abenteurers.

Unter Muhammed IV. steigt ein Pagenschicksal zu begünstigter und verherrlichter Höhe, denn die Pagenkammern sind auch die vorbereitenden Vorratskammern für die unwahrscheinlichsten Möglichkeiten. Der Sultan gibt Befehl, daß seinem Günstling, Hassan Aga, die gleichen Ehrenbezeugungen geleistet werden müssen wie ihm, dem Padischah. Er ist gleichsam als ergänzendes Duplikat der Sultanswürde anzusehen. Um die innerliche Verbindung auch äußerlich zu bestätigen, war die Kleidung der Vereinten vom gleichen Schnitt, aus dem gleichen Stoff; sie ritten gleichfarbige Pferde mit dem gleichen Zaumzeug. Um sich die Gunst des Sultans zu sichern, verherrlichen ihn die Poeten. Die Art seiner Macht wird als »aufgehende Sonne«, »Abgott des Reiches« und »Glückseligster« in Reimen festgelegt. Juwelen fließen ihm zu. Der Sultan selbst fordert hohe Würdenträger zu Geschenken für seinen Sinnenerwählten auf.

Im Harem herrscht Verwirrung ... Die weiblichen Einflüsse müssen siegen! Sie wollen sich nicht verdrängen lassen – sie wollen auf das Vergnügen, überall mitgeschleppt zu werden, nicht verzichten. Wie ein Kometenschweif des Haremsprunkes ziehen Hunderte von weibergefüllten, silberbeschlagenen Wagen dem Sultan nach, wenn er seine Residenz im weißen, brillantenbesteckten Brokatpelz verläßt, um in palastähnlichen Lagerzelten die Kunde von neuen Eroberungen zu empfangen. Günstlinge bedeuten mehr Gefahr als Nebenbuhlerinnen – sie stehen der Rache entfernter. Die Mutter des Sultans, die Chassekis, die Sklavinnen und der obereunuchliche Kislar-Aga vereinen sich zu einer Konspiration gegen die »aufgehende Sonne«, deren glutige, versengende Herrschaft sich immer mehr steigert. Aber das einzige Ergebnis dieser Haremsrevolution bewirkt nur, daß der in seligen Banden sich wohlfühlende Sultan den Kisler-Aga zum Tode verurteilt. Die Macht der Sultanin-Walide reicht knapp aus, um das Todesurteil in Verbannung zu verwandeln. Die Sonne glüht weiter, ihre Strahlen erwärmen nicht nur seinen Erschaffer, sondern überzeugen von ihrer angenehmen Wohligkeit auch das Volk, welches schon immer für diese Abart von Strahlen sehr aufnahmefähig war. Der »Abgott des Reiches« nimmt sogar dem Wesir seine Macht, der es mit ansehen muß, daß der Sultan alle Geheimnisse und Staatsangelegenheiten mit seinem Günstling bespricht. So überschwengliche Ehrungen verdrehen dem »Glückseligsten« den Kopf. Der Mosayb – auch oft mit Chasseki-Mosayb bezeichnet, obgleich der Titel in diesem Falle keine männliche Nachkommenschaft bedeutet – wird noch anspruchsvoller, noch selbstsicherer. Er vergißt, daß er trotz der gleichen Kleidung nur im Protektionsschatten des Sultans steht, der wiederum nur der »Schatten Gottes« auf Erden ist. Sein Hochmut beschleunigt den Fall, der ihn vor eine Türe wirft, die er künftig als Kapudschi, als einfacher Türhüter, bewachen muß.

Als Muhammed IV. den damaligen Dichter Fehmy befragt, ob es wohl einen Genuß gäbe, welcher dem Sultan unzugänglich sei, bejaht der Dichter: das unaussprechliche Vergnügen, sich von vier rechtmäßig angetrauten tyrannischen Gemahlinnen auf einmal scheiden zu lassen. Diese unerreichbare Freude bliebe der Neid der Könige, Kasretul muluk. Denn die osmanischen Herrscher hatten der Regel nach keine angetrauten Gemahlinnen. Der Titel Sultanin gebührte nur der Mutter, der Schwester oder der Tochter eines Sultans. Jeder Sultan mußte seine Gunst im voraus erwägen, denn die Wollust war für ihn kein billiges unverpflichtendes Vergnügen, in ihrer Bezeugung lag bereits eine bestimmende, erhöhende Auswirkung, wogegen die Gunst der Eunuchen keine Rangtitulatur schuf. Ihre unverbindliche Verpflichtung lag abseits von Vermählung und Scheidung – auch oft abseits vom weiblichen Geschlecht. Abdarrachman Pascha, der Kisler-Aga von Muhammed IV., war der Besitzer eines Knabenharems. Solche verschobenen Begriffe schienen aber das Ansehen eines hochmögenden Kisler-Aga nicht zu schädigen, dem das Hofzeremoniell den Vortritt vor dem Großwesir des Reiches sicherte und dem alle andern Wesire die Hand küßten. Und die Anrede, mit der man ihn betitelte, »Herr Sohn«, Oglüm Sultanüm, sollte ihn vielleicht für Dinge entschädigen, die er nicht mehr erreichen konnte.

Zu einer Zeit, da man zweijährige Kinder verheiratete, war nichts erstaunlich. Sultanstöchter wurden oft in diesem Alter vermählt. Den Ehegemahl dieses Prinzessinnenpüppchens bestimmte die Vernunft. Man sicherte damit dem Sultanat und dem Reich einen Beglückten, den diese große Auszeichnung zu gleichwertigen Diensten verpflichtete. Außerdem war man sie los, Töchter standen als fortlaufend gelieferte Dutzendware in keinem hohen Ansehen. Fiel der Damad, der sultanliche Schwiegersohn, in Ungnade, so erfuhr er höchstens ein gemildertes Sturzschicksal, und die Prinzessinnenhand wanderte weiter. So konnte es geschehen, daß bis zu dem Zeitpunkt einer richtig vollzogenen Ehe die Sultanin bereits mehrere Männer hinter sich hatte. Kein Damad war zu beneiden, denn im Harem blieb er der Diener seiner Frau, die durch die nahe Verbindung zum Thron sein Schicksal willkürlich bestimmen konnte.

Es ist auch nicht verwunderlich, daß osmanische Sultane wie die wilden Tiere auf den Thron zusprangen und sich auch weiter wie solche benahmen, wenn man bedenkt, daß sie durch Dunkel und Stille jahrelang in künstlicher Isolierung wie ein Stier zu einem Stierkampf präpariert wurden. Die jeweiligen Kronprinzen unterlagen einer fast noch strengeren Absonderung und Bewachung als die Frauen. Innerhalb des sultanlichen Haremsgebietes hatten sie ihren eigenen Harem, einen kleinen Kerker innerhalb eines großen Kerkers, den sogenannten »Prinzenkäfig«. Dort verbrachten sie ihr Leben – oft über ein halbes Jahrhundert – bis zu dem Tage, an welchem das Sultanat sie befreite, oder der Tod.

Jeder, der ohne Bewilligung des Sultans zu ihnen gelangen wollte, wurde getötet. Ihre vollkommene Absperrung sollte Verbindungen, Beeinflussungen und parteiliche Konspirationen verhindern. Trotzdem dieses Schicksal kein begehrenswertes war, weigerte sich der Kronprinz oft, wenn man die Türe seines Kerkers aufmachte, ihn zu verlassen. Eine Intrige konnte leicht erneuten Sultanswechsel herbeiführen, und dann erwartete den Freigelassenen nicht der Thron, sondern der Tod. Es gab Fälle, in denen man den Leichnam seines Vorgängers als beruhigenden Beweis vor die offene Türe legen mußte, bevor der Prinz den Mut fand, in die Freiheit zu treten. Für Tragik hatte man damals wenig Verständnis. Zu einer Zeit, wo die Roßschweife des Großwesirs oft an der Hohen Pforte ausgesteckt waren – als Zeichen, daß man wieder ins Feld zog –, belastete man sich nicht mit menschlichen Erwägungen, aber man züchtete Blumen ... Es gab alle möglichen Arten von Festen, – auch naive, blühende Tulpenfeste. Die Farbwirkung jeder einzelnen Tulpe wurde noch durch eine leuchtende Lampe verstärkt. Der Sammelglanz dieser Blumenbeete erfreute den Sultan und seine Frauen und ward bestimmend für die Züchtung der Tulpen, deren türkische Exemplare alle andern Landesschwestern in den Schatten stellten. Als ein Niederländer sie in sein Land verpflanzte, bekam die Gattung einen vom Turban hergeleiteten Namen.

Neue Feste gaben die Möglichkeit zu neuen Würden, und unter dem Sultan Achmed III. gab es einen eigenen »Blumenmeister«, Schüküfedschibaschi, der quasi die Oberherrschaft über alle Blumen und Blumenbestimmungen hatte. Ihm wurde ein kunstvoll gezeichnetes Diplom ausgestellt, dessen Ende in blumenreicher Sprache zu folgenden Blütenpflichten ermahnte: »Daß alle Blumenerzeuger den Vorzeiger als sultanlich beglaubigtes Oberhaupt jeglicher Blumen anerkennen mögen. Sie müssen seinem bestimmenden Wort das geöffnete Auge der Narzisse entgegenbringen, das dufthörige Ohr der Rose. Die Zehnzüngigkeit der Lilie dürfen sie ihm gegenüber nicht in Anwendung bringen. Auch müssen sie darauf achten, daß die unschicklichen Reden der ragenden Granatapfelpflanzen nicht ihre Zunge beschwere, sondern sie mögen mit geschlossenem Munde, der Rosenknospe gleich, seine Befehle anhören und befolgen und nicht wie die frühzeitig blauende Hyazinthe zur Unzeit sprechen.

Dem Veilchen gleich sollen sie sich bescheiden und demütig neigen und sich seinen Anordnungen nicht widerspenstig erweisen.«

Unter der Herrschaft Achmeds III. entsteht eine Blumenepoche, die sogar auf Teppiche übergreift und sie mit hochgestickten Rosen bestreut, deren Tau Diamanten bilden. Bei prunkvollen Empfängen verlieren sie nichts von ihrer Frische, wenn rotbestiefelte großherrliche Füße auf sie treten. Blumen und Stickereien lenken dieses Sultanat in friedliche, beschauliche Bahnen. Von mannigfaltigen Singvögeln umzwitschert, sitzt der Sultan in frauenumgebener, häuslicher Behaglichkeit, verwöhnt und geliebt, und seine Hand zieht gemächlich Faden um Faden in bunter Fülle durch Brokate und Damaste, bedeckt sie mit farbigem Blumenflor: Der Sultan stickt – und der Großwesir regiert. Aber Herrscher können nicht einmal ungestraft sticken – diese traumhafte Beschäftigung kann das gewohnte Würgen und Töten nicht ersetzen. Aus diesem fadenlangen Frieden erhebt sich der Aufruhr, den Ruhe- und Blumenliebenden weht der Sturm der Empörung von seinem Thron, und es ist kein dankbarer Blütenschauer, dem er weichen muß. Die bösartige Nachfolge Achmeds III. zerstört alles, was ein Mann geschaffen hatte, der für Frauen, Blumen, Feste und stickende Behaglichkeit soviel Verständnis besaß. Die langen Reihen heller Kioske, die, von Blütenbeeten umringt, an den Ufern des Bosporus Aufenthaltsorte zärtlichen Glückes waren, fallen der Zerstörung anheim. Die Verachtung vernichtet auch die Stickerei und ihr Gewerbe – von ihr geht der Haß auf die Frauen über. Alle, die den Zauber ihrer weiblichen Verführungskunst als anerkannten Ruf festgelegt hatten, werden sinnenkühlend ertränkt. Als erstes Opfer wird der formvollendete, liebespendende Körper der schönen Scheitan-Eminesi, der verlockenden Teufelsaufseherin, dem blauschimmernden, verdeckenden Wogenkleide des Wassers anvertraut.

Die gesichtsverhüllenden Schleier verdichten sich, die enganliegenden Oberkleider weiten sich – Blumen und Frauen dürfen nicht mehr bezaubern. Der tyrannische Geist verstärkt sich. Fünfzigjährige Prinzenkerkerhaft hatte nicht nur die Empfänglichkeit für Frauenreize getötet, sondern auch noch eine weibliche Verfolgungssucht entwickelt. Die Absonderung des Harems genügt Osman III. nicht, eine Absperrung von der Straße entsteht, deren Betreten den Frauen nur mehr viermal wöchentlich gestattet wird. Die andern Tage beschlagnahmt er für sich und seinen Haß. Bei seinen Ausgängen darf ihm nichts Weibliches über den Weg laufen. Dennoch birgt ein Harem fünfhundert Insassinnen. Aber auch diese Auserwählten will er nicht ungewollt erblicken. Seine Stiefel sind mit großen, silbernen Nägeln beschlagen – als abwehrendes, fluchtbedeutendes Zeichen. Erschallt dieser schwere, klingende Schritt im Harem, so muß sich alles verstecken und verkriechen. Sein Wunsch wird dann wohl irgendeine von den Geängstigten wieder aus ihrem Versteck hervorgezaubert haben – wenn auch mit geringem Enthusiasmus. Sein erlerntes Handwerk stand nicht im Widerspruch zu seinem Sein – er war Pantoffelmeister. Alle osmanischen Prinzen mußten ein Handwerk erlernen, nach dem traditionellen Beispiel von David und Salomon. Ob dieses erlernte Handwerk – dann später im Herrschen – zu einer läuternden Auswirkung und Hilfe wurde?! Klebte nicht an dem im »Prinzenkäfig« ausgeübten »Beruf« die luftraubende, rachegefüllte Erinnerung an die jahrelange Kerkerhaft? Wirkten diese erlernten Beschäftigungen nicht wie Sträflingsarbeiten? Wie konnte man nach solchen belastenden Zuchthauspräliminarien noch gütige und großmütige Herrschergaben verlangen? Eingeengte, furchterfüllte Gefangenschaft ist nicht das eröffnende Tor zum wahren Thron. Aber wo hat es denn wahrhaftige Throne gegeben? Diese übermenschliche Sitzgelegenheit hat stets ihre täuschende Stabilität nur durch Schwankungen und Schaukelungen mühsam bewahren können, denselben luftklimmenden Zittergesetzen unterworfen wie die nutzlose Höhe des Eiffelturms.

Eroberer und Herrscher!!! Nichts beweist die Unmöglichkeit dieser vereinten Verschiedenheitsanforderungen so bündig wie die osmanische Sultansfolge. Diese beiden verbundenen Wörter klingen beinahe so unüberbrückbar wie »Schiller und Goethe«. Reiht man dem »Eroberer« und »Herrscher« auch noch »Kalif« an, so ist die Drei-Uneinigkeit vollständig. Bei einer derartigen einheitlichen Abnormität muß man gleich mit dem Versagen rechnen. Aber soviel entsagende Philosophie konnte Untertanen nicht zugemutet werden, daher mußte man ihnen etwas vormachen. Unrecht wurde zu Recht, Mord zum Gesetz und die Religion zum kupplerischen Deckmantel jeglichen Übels.

Das Übel wiederum zur unbezwingbaren Stärke, zum Symbol der unantastbaren Berechtigung. Durch solche niederschmetternden Offenbarungen züchtete man eine grottenolmige, blinde Untertanenschaft, die einer Sultansherrschaft die einzig mögliche Unterlage bot. Mord und Terror sicherten vor Auflehnung, und die Macht bewilligte sämtliche Möglichkeiten.

»Gebt dem Kaier, was des Kaisers ist« wäre zu biblisch und zu unsicher gewesen. Wer ist schon der Narr, der freiwillig etwas geben will! Den verständlichen Mangel an Geberlaune kannten schon die alten Sultane. Ihre Harems wären leer geblieben, wenn sie auf freiwillig geschenkte Seligkeit gewartet hätten. Gar nicht erst zu erwägen, was mit dem Eunuchengeschlecht geworden wäre! Und freiwillig hätten weder Säuglinge noch Prinzenbrüder den Atem bis zum thronbefestigenden Todeseintritt zurückgehalten. Soviel überzeugende Kraft konnte die koranbestätigte Fetwa des friedliebenden Muftis nicht auswirken. Brudermordgesetz klingt ja verwandtschaftlich aufmunternder als bloß ein nacktes Mordgesetz, die brüderliche Gemeinschaft gaukelt verpflichtende Blutsbande vor. Es gibt aber auch weniger definitive Blutsbandentribute als den Würgetod. Außerdem bezahlte man den Tribut nicht dem Bruder, sondern dem Sultan, und der Thron ist keine verbindende Wiege. Der Thron ist nicht aus familiärem Holz geschnitzt, er hat nichts Anheimelndes, nichts Gemütliches. Seine größten Stützen waren die Stummen, die sich in steter Mordbereitschaft an ihn lehnten – in höriger Stummheit auf Würgebefehle lauernd, die das erste Klingelzeichen zum Anfang der neuen Thronbesteigungsfeierlichkeiten waren. Dann folgte eine kleine dramatisierte Szene, mit mehr Routine als Glaubwürdigkeit gespielt: Der Sultan betete an den Gräbern seiner ermordeten Brüder, wahrscheinlich für ihr Seelenheil, welches jetzt für ihn keine Konkurrenzgefahr mehr bedeutete. Dann erst empfing der neue Padischah die Huldigungen, die ihm gebührten ...

Mittlerweile lief das »Großreinemachen« im »Orte der Glückseligkeit« – im sultanlichen Harem. Jetzt wurde keine Rücksicht auf Rang, Titulatur oder schwer zu bewegende Körperrundung genommen; es nützte auch nichts, wenn die Haremsinsassinnen demonstrierend alle Fensterscheiben zerschlugen und so laut jammerten und schrien, daß das

Volk es hörte. Schleunigst heraus! war die Parole, denn das Serail mußte für den weiblichen Anhang des neuen Padischah geputzt und gelüftet werden. Die alte, abgetane Wollust muß der neuerstehenden weichen. In Scharen werden die Weiber, deren Glanzzeit vorüber ist, ins alte Serail getrieben, aus welchem frohlockend die neuen Machtmöglichkeiten drängen. Und der früher allmächtige Kisler-Aga führt jetzt beschämt und zitternd die ihm jahrelang anvertraute Frauenhorde in das muffige Dunkel der Vergessenheit. Vielleicht ist dieses balancez vos dames die letzte haremliche Quadrillenummer, die er anführt – denn beim Sultanswechsel unterliegen alle Köpfe einem lockeren Schwankungsgesetz. In langen Reihen ziehen die »Begünstigten«, die »Günstlinginnen« und alle ihre obskureren Wollustschwestern weinend den Weg zum alten Serail, wo sie, ausrangierten Zirkusgäulen gleich, sich im ausgeleierten Kreise der Erinnerung bis zum Ende ihres verschütteten Daseins drehen werden. Alle wußten, daß ihre Bestimmung so enden, daß der Glanz und die beglückendste Gunst dorthin führen würde, und daß weder Zauber noch Schönheit den Gang des Schicksals aufhalten könnte, der in den Weg zum alten Serail mündet. Und so nahmen sie immer von der Gegenwart, was ihre juwelengeschmückten, rosenduftenden Hände nur erreichen konnten; schmeichelten, streichelten, küßten und buhlten sich zur lockenden Höhe der Wollustbestätigung hinauf; intrigierten, konspirierten, vergifteten; räumten alles aus dem Wege, was ihre Laufbahn gefährden konnte; waren genauso grausam und mitleidslos wie der Herr, dessen Sinnenlust und Zeitvertreib sie dienten.

Die Zeit war kurz – und hinter dieser Kürze wartete das lebende Grab. In diesem Wissen wurde auch das Erreichte wertlos. Nichts sicherte vor dem dunklen Abschluß, dessen Schatten sich schon vorwirkend auf golddurchwebte Brokate, auf leuchtende Edelsteine, auf jeglichen gleißnerischen Prunk und Glanz legte. Der Haß und die Furcht waren auch im Reiche der Frauen bestimmend gewesen, deren Auswirkungen ihnen das nahe Sultanat übermittelte. Dieses Sultanat, welches von einer Minute zur anderen wechseln konnte, dieser schaukelnde, trügerische Thron, die Mordbestimmungen, die mit ihm zusammenhingen, die er auslöste, denen er diente ... Eine atemlose Jagd nach bestätigter Machtherrschaft entstand dort im Reich der Sinne – im Reich der festgelegten buhlerischen Titel, Würden, Anerkennungen und Rangordnungen. Jeder neue Thronbesteiger brachte den gleichen schauerlichen Szenenwechsel. Jeder osmanische Prinz mußte nach der ersten Unterrichtsstunde, die in Anwesenheit des Sultans und unter großem Zeremoniell stattfand, die Hand seines ersten Lehrers, des Muftis, ehrerbietig küssen. Die Hand eines ebensolchen Muftis hatte seinerzeit die religiös bestätigte Bewilligung zum Brudermordgesetz erlassen, dem vielleicht der Sultanssohn einst verfallen wird. Und die Unterrichtsstunde begann mit einem gläubigen Gebet – denn der Religion stand eben auch das Recht des Mordes zu. Derartig hohe, sanktionierende Instanzen müssen richtig ausgenützt werden – zum Ruhme Gottes und zur Sicherheit einer Dynastie.

Das Band der osmanischen Sultansfolge läuft weiter – nähert sich immer mehr dem abschließenden Machtplateau, auf dessen gauklerischer Höhe Großsultan Abdul Hamid Chan thront.

Yildiz

Abdul Hamid, das letzte große Rätsel des Orients. Ein bleiches, blutloses Gesicht, in dem dunkle, unstete Augen glühen. Ein schmaler, schwacher Mensch mit dem Willen eines Titanen, mit der zähen Beharrlichkeit eines Verirrten, dem ein todbringender Absturz droht, wenn er auch nur einen Schritt zurücktreten würde von dem Weg, den er eingeschlagen hat. Wer kann im Labyrinth der dunkelsten Taten und Gefühle den weisenden Faden finden, der zu dem Sein dieses Mächtigen, Furchtsamen und Einsamen führt?

Dieser Mann, der von Dämonen besessen schien, der keine Ruhe, keine Rast kannte, dem die ständige Angst vor Gift jeden Bissen vergällte, der sich einem Verfolgten gleich nie sicher wähnte, der keine Nacht in demselben Raume schlief aus Angst vor Meuchelmord – dieser Mann trug den Namen »Schatten Gottes auf Erden«. In den Moscheen beim Freitagsgebete hallte dieser Name, Fillulahi Filgalem, von den Lippen der Chatib. Er schlug an die Wände an, prallte von den vergoldeten Koraninschriften ab, stieg zur Kuppel hinauf – der Raum war zu eng für diese Bezeichnung und der, dem sie galt, war Abdul Hamid, der Kalif. Fühlte er sich als Schatten Gottes sicherer vor dem Tode? Oder war es gerade dieser Name, der seinen Körper belastete? Der seine schmalen Schultern beugte? Wie muß er die Menschen verachtet haben! Die, welche ihn zum göttlichen Schatten proklamierten, und jene, die diese Gottamalgamierung widerspruchslos hinnahmen. Die Diener der Religion, seine selbst gewählten und bezahlten Kreaturen, erhoben ihn, den Kalifen, in den Ewigkeitsstand.

In der weißen Stadt, in Yildiz, dem »Stern«, lebte der »Schatten Gottes«, von hohen Mauern umgeben, von Wachen und Wächtern beschützt. In seinen Händen liegen jegliche Fäden des ränkegesponnenen Netzes zusammen, in welchem alle seine Untertanen rettungslos gefangen waren. Aus dem engmaschigen Gewebe gab es kein Entrinnen. Da war nicht die kleinste schadhafte Stelle, wo man durchschlüpfen konnte. Einem elastischen Gefängnis gleich, dessen Grenzen nach der jeweiligen Willkür der leitenden Hand vergrößert oder verkleinert wurden, legten sich die widerstandsfähigen Fäden um das ganze Land. Alles wurde die unbestrittene Beute des unheimlichen Fischers, der sein durch Gott verbrieftes Recht mit dem Kalifat bewies. Diejenigen, die die Hüter der Religion hätten sein sollen, waren seine Werkzeuge. Denn er, der Kalif, erließ eine Verordnung, daß entweder der Sultan selbst oder nur der von ihm gewählte Geistliche den Gottesdienst abhalten darf. Nicht nur Land und Leute hatte das Netz verschlungen, sondern auch die schlanken Türme der Minarette und die schimmernden Kuppeln der Moscheen.

Mullah, Immam, Chatib, Mufti, Kadi, Alim – sie alle sahen nicht mehr zu Gott empor. Ihre Blicke gingen in erblassender Furcht nicht höher als zu dem menschlichen Sterngefüge von Yildiz. Die wahren Sterne sah keiner mehr. Es war, als hätte das engmaschige Netz auch über der Erde eine Grenze gezogen, dem Auge nur so eine Art Kulissenhimmel gestattend, in welchem er, der Padischah, die Plätze vergab, je nach geleisteten Diensten und Taten. Auch ein Himmel muß richtig ge-managed werden, soll er menschlichen Zwecken dienen. Das Kalifat war der Freibrief Gottes, der den Gläubigen die Gewähr gab, daß jegliches zur Erhaltung, zum Schutze und zum Ruhme des Islam geschah. Weil es die Pflicht der Gläubigen war, den Befehlen des Kalifen zu gehorchen, entstand durch diese religiöse Deckung eine Immunisierung des eigenen Gewissens gegen die Mittel, die man anwenden mußte, um eben diesen Befehlen nachkommen zu können. Der Schatten Gottes auf Erden war allwissend, allhörend und allsehend. Für diese göttlichen Eigenschaften sorgte ein Heer von Spionen, das Tag und Nacht auf der Lauer lag. Nichts war bedeutungslos. Keiner war zu mächtig oder zu gering, um der Aufmerksamkeit zu entgehen. Skorpionen gleich nistete sich diese hochgezüchtete Brut in alle Häuser und in alle Paläste ein. Sie waren überall. Wie eine bedrohliche Wolke lasteten sie über Islambul, der Fülle des Islams. Der leuchtendste Glanz der kaiserlichen Gnade konnte sie nicht verscheuchen. Und wen ihr giftiger Stachel preisgegeben hatte, dessen Chancen waren verwirkt. Es gab einen tiefen, stummen Bosporus, eine sinnvolle Brükke, die sich brav auftat, wenn das Gewicht der Menschen, die sich auf ihr befanden, zu belastend war, und es gab einen wundervollen, aromatischen Kaffee, welcher denen, die hoch in Würden und Ansehen standen, in Yildiz selbst kredenzt wurde, mit dem gastfreundlichen Zeremoniell, welches die Kaffee-Etikette verlangte.

Die kleine Beimischung von Gift war mit genauer Zeitbestimmung für die Wirkung dosiert, dank der langjährigen Erfahrung, die man auf diesem Gebiete hatte. Die nach Yildiz Befohlenen wußten genau nach der Art, wie und wann ihnen diese außertourliche Einladung zukam, was ihnen bevorstand. Da es kein Entrinnen gab, so fügten sie sich mit vorbildlichem Anstand und fatalistischer Ruhe in diese Einladung. Oft regelten sie früher ihre dringendsten Angelegenheiten, nahmen Abschied von ihrer Familie, schmückten sich mit der goldstrotzenden Uniform, an der sie zum letzten Male die diamantenblitzenden Orden befestigten, die die Gunst des Padischah ihnen verliehen hatte.

Seit jeher galt es als die ehrenvollste Auszeichnung, durch die Hand oder durch den Befehl des Sultans zu sterben: Diese Todesart sicherte die Seligkeit – in der nächsten Welt. Kara Mustafa Pascha, Großwesir unter Sultan Muhammed IV., von Auszeichnungen und Würden erdrückt, hatte nur mehr einen innigen Herzenswunsch, nämlich die allerletzte definitive Glückseligkeit zu erlangen: auf Befehl des Sultans zu sterben. Die ewige Seligkeit wirkt seit jeher verlockend. Und für den, der sie freigebig in Aussicht stellt und als gewährt sichert, bedeutet sie nur ein kontrolloses und kostenloses Geschenk, ohne jede Verantwortlichkeit. Vielleicht ist es auch leichter, bedenkenlos und seelenzerstörend ein Leben lang herumzuwüten, vielleicht bedarf es auch einer geringeren Disziplin, den Hals dem seligmachenden Strick oder dem Schwert in einer schnellen Bewegung entgegenzustrecken, als ein ganzes Dasein paradieserwägend zu gestalten. Es gab aber Skeptiker, die ihren Kopf behalten wollten, wenn sie sich auch dadurch die Gewähr auf Glückseligkeit verscherzten. Ein behauptetes Unrecht ist sicherer als ein kopfloses Glück. Außerdem ist es verständlich, daß man das behalten will, was man hat, wenn es auch nur ein Kopf ist. Manche dachten auch so realistisch und vernünftig.

Passavan Oghlu, der spätere Pascha von Widdin, verweigerte jahrzehntelang mit hartnäckiger Schädelbeharrlichkeit dem Sultan Selim III. sein irdisches Leben. Jedes Ferman, das seine Seligkeitsverurteilung bestätigte und ihm vom Henker übergeben wurde, behielt er als kostbares Andenken. Nur bei jeder neuen Wiederholung dieser Auszeichnung eignet er sich durch Geiseln und Bezwingungen immer mehr angrenzende Ländereien an, und es wurde ihm ungeschickterweise so oft der Tod angeboten, daß er schließlich eine lebenskräftige Macht wurde, die über achtzigtausend Mann verfügte und zehn Jahre siegreich gegen die ausgeschickten Truppen des Großherrn kämpfte. Durch seinen Mangel an Seligkeitsbedürfnis hatte er sich ein ganzes Land untertan gemacht. Da ließ man ihn schließlich in Ruhe. Der Sultan schloß Frieden mit ihm und warf seinem gestärkten Leben noch die drei Roßschweife der großen Paschawürde nach. So starb dieser Unselige eines widersinnigen, beschaulichen Todes, ganz bürgerlich als erhobener Pascha von Widdin – und als Nichtzubekehrender. Als ehemaliger Sohn eines Nachtwächters zog ihn wahrscheinlich eine erbliche Belastung zur nächtlichen Finsternis. Manche Menschen wollen sich nicht retten lassen – auch nicht von Kalifen.

Unter Abdul Hamid hätte so etwas nicht geschehen können. Wenn er jemandem eine so hohe Auszeichnung zugedacht hatte, zwang er sie ihm auch auf. Er fühlte sich für die Seelen seiner Untertanen derartig verantwortlich, daß er sie mit gewissenhafter, väterlicher Seelsorgerstrenge bis zum nächsten Welttore führte. Dort ließ er sie stehen – Allah ist groß! Es wirkt nur befremdend, daß dieser überzeugte Kalif, als man ihm seine Thronabsetzung durch eine beweiskräftige Fetwa des Muftis überbrachte, sehr unkalifenmäßig um sein Leben zitterte und bettelte, auch nicht der gläubig verübten Morde gedachte und sie nicht als Beweis seiner gerechten Herrschaft anführte. Wenn es auch zu viele waren, um einzeln aufgezählt zu werden, hätte die Angabe einer großzügigen Pauschalzahl genügt.

Aber der Kalif durchsuchte jetzt, als es ihm an den Hals ging, sein schreckerstarrtes Hirn nach wirklichen Verdiensten und nicht nach überirdischen. Und nach vielem Wühlen und Suchen war das einzige, was er zu seiner Entlastung fand und an das er sich schutzsuchend und lebenssichernd anklammerte, keine gewährten Seligkeitstode, sondern nur armselige zwei unverübte Morde. Als Abdul Hamid die einzigen negativen Tugenden gefunden hatte, wiederholte er immer wieder, daß man ihm sein Leben lassen müsse, da er seine zwei Brüder, Murad und Reschid, nicht getötet habe. In diesem Augenblick bedachte er nicht mehr, daß er sie mit dieser Verschonung um die sicher gewährte Seligkeit gebracht hatte. Begriffe und Überzeugungen verschieben sich, wenn der eigene Tod in greifbarer Nähe auftaucht. Viele ziehen es ja auch vor, durch eigenen Willen in der Hölle, als durch fremden in der Seligkeit zu landen. Was man anderen verdankt, ist nie vollwertig. Das Geben unterliegt auch einer weit geringeren Sicherheit als das Nehmen. Der »Schatten Gottes« aber konnte sein irdisches Reich anstandshalber nicht gut auf Nehmen fundieren, so wurde dieses Nehmen in Geben umgewandelt. Er gab die Seligkeit, indem er den Tod gab; daß er dabei ein Leben nehmen mußte, ließ sich leider nicht umgehen. Manchmal waren die Schrecken auch weniger definitiv: Verbannung oder Einsperrung.

Fünfunddreißig Jahre hat Abdul Hamid seinen Bruder Reschad Effendi eingesperrt gehalten, der ein Gefangener in seinem eigenen Palast war, von Wachen und Spionen umlagert. Jedem, der es wagte, sich Reschad Effendi zu nähern, drohte Gefahr. Eine deutsche Ärztin, Doktor Marie Siebold, die in den Harem Reschad Effendis gerufen wurde, um eine todkranke Frau zu behandeln, traf sogleich die rächende Strafe der Ausweisung. Auch Ausländer konnten sich der Macht von Yildiz nicht entziehen, die sich durch fremde Staatsangehörigkeit nicht abschrecken ließ. Interventionen von zuständigen Botschaften und Konsulaten besaßen selten die Kraft des Rechts- und Eigentumsschutzes. An den hohen Mauern, die Yildiz in dreifachem Kreise umgaben, prallte jegliches verbriefte und gesicherte Recht wirkungslos ab. Dort war aus Unrecht das Fundament entstanden, auf welchem die weiße Stadt aufgebaut wurde, die mit ihren siebentausend Wachen und sechstausend Insassen sich einem befestigten Gefängnisse gleich von Land, Untertanen und Menschlichkeit abgesondert hatte.

Yildiz gewährte den Ausblick auf den Bosporus, auf Skutari, auf die Prinzeninseln und auf einen Teil von Stambul. Chalets und Kioske waren in unzähligen Größen und Möglichkeiten auf allen Übersicht gewährenden Punkten aufgebaut. Starke Teleskope versahen diese Gebäude mit weitblickenden Späheraugen. Die breiten, einsäumenden Terrassen sicherten den erprobten Wächtern ständige Schutzmöglichkeit. Die herumirrende Furcht des Padischah schlug oft ihr Nachtlager in irgendeiner dieser improvisierten Schlafzufluchten auf, und nur die Vertrautesten wußten um das Geheimnis dieses nächtlichen Aufenthaltes. Innerhalb seines befestigten Reiches zog die Unruhe des Sultans von Palast zu Palast, keiner Mauerstärke, keinen Toren und keiner Bewachung vertrauend. Um sich von jeder gefährlichen Einklammerung und Nachbarschaft zu befreien, hatte Abdul Hamid viele Häuserstraßen niederreißen lassen, die früher an Yildiz grenzten. Er hatte seiner kalifatlichen Festung auch alles gesichert, um sie vollkommen unabhängig von jeglichem äußeren Kontakt, von jeglicher auswärtigen Belieferung zu machen. Alles wurde innerhalb dieses Gefängnisses gebaut, gezüchtet und geerntet. Arbeiter und Angestellte, die diesen Betrieb im Gange hielten, waren durch die einschließenden Mauern genauso abgesondert von der Außenwelt, genauso eingefangen wie der »Schatten Gottes auf Erden«, der sich nicht einmal durch die Höhe und die Dichtheit aneinandergereihter Steine vor dem Meuchelmorde sicher wähnte.

Zur Ablenkung der ständigen Angst täuschten äußerliche Hilfsmittel Vergnügungsbedürfnisse vor: lächerliche Motorbootpartien auf einem künstlichen Teich, Vorstellungen und Konzerte in eigenen Theatern und Sälen, wo es gewöhnlich nur einen lustlosen Zuschauer und nie verbindenden Applaus gab; wo jede Kunst in ihrer Auswirkung versagen mußte, weil die ausübenden Künstler schon im Hotel von der Angst getroffen wurden, die Yildiz ausstrahlte. Vor abgesandten Offizieren und Spionen mußten sie sich rasieren, waschen und anziehen; jede ihrer Handbewegungen wurde mißtrauisch verfolgt, gleichviel, ob sie Orden an den Frack befestigte oder ein Taschentuch in die Tasche steckte. Dann wurden die Künstler, Gefangenen gleich, ihrer Kunstbestimmung zugeführt. Und auch das großartigste Honorar wirkte nur erkältend, wenn es nach einer beifallslosen Vorstellung in Form eines goldgefüllten Seidensackes überreicht wurde. Orden hatte ja schließlich auch ein anderer Herrscher zu vergeben, und die verdeckte Anwesenheit Abdul Hamids wirkte nicht beehrend stimmungsvoll. Wenn man vielleicht ein Eunuch gewesen wäre, so hätte das gewohnte Vertrauen Abdul Hamids sogar geklatscht. Denn innerhalb von Yildiz schien jede Männlichkeit die Gefahren eines Wesens noch zu verstärken. Das Mißtrauen des Padischah, an ständige Eunuchenumgebung gewöhnt, duldete auch nur verschnittene Tiere in seinem Umkreis. Sogar jeder Hahn mußte das Krähen verlernen. Seine Hoheit der Obereunuch war der einzige, dem der Sultan vertraute; er war bei allen Empfängen anwesend, war der Übermittler aller Befehle, der Auserwählte, der immer Zutritt zum Padischah hatte. Welche Pein muß der allwöchentliche zeremonielle Selamlik und das freitagliche Sammelgebet in der Moschee für diesen Furchtverfolgten gewesen sein! Aber seine Macht reichte nicht aus, um dieser Qual zu entgehen. Kein Sultan durfte sich dieser vorgeschriebenen Pflicht entziehen; denn wenn er dreimal nacheinander beim öffentlichen Freitagsgebet fehlte, so verlor er das Sultanat.

Mit den Jahren verkroch sich Abdul Hamid immer mehr in seine Angst, nur notgedrungen gewährte er den Ministern Audienz, immer seltener gönnte er ihnen seinen Anblick. Seine Herrschaft bewegte sich schon längst auf der abschüssigen Bahn, auf der jeder Ratschlag und jede Warnung nutzlos wurde. In seinem dunklen Reich konnte nur mehr sein lichtloses Auge neue Möglichkeitskonturen erfassen. Wenn er in seinen Gärten spazierenging, so schob er eine Schar Eunuchen zwischen seine schlotternde Gestalt und die sonnenbeschienenen Wege. Als stete Mahnung der Angst folgen ihm schießbereite Wachen. Die Furcht regiert: Sie ist das einzig Starke und Lebendige in dieser Schatten- und Todesatmosphäre. Ihre Macht zwingt dem Padischah täglich den Revolver in die Hand. Stundenlang übt er sich im Schießen, setzt seinen Namenszug, in dichten Kugeln aneinandergereiht und kunstvoll verschnörkelt, in das Ziel. Jeder neue Schuß wird von angstgeöffneten Eunuchenaugen verfolgt. Jetzt schießt der Padischah auf eine harte Holzwand, aber seine blutlose Hand würde genauso sicher Menschenköpfe treffen. Die Furcht bestimmt ihn, keine Speise aufzuessen. Was von jedem Gang übrig bleibt, gelangt als mißtrauische Aufmerksamkeitshuldigung in den Harem – in die »Zuflucht«, in das »Gefeitsein« –, auf den Tisch der zeitweilig Auserwählten. Die Todesfurcht bestimmt ihn, jede aufschnellende Körperbewegung niederzuschießen, auch wenn es nur ein Gärtner ist, der in gekrümmter Stellung einen Busch beschneidet und beim Anblick des Padischah sich respektvoll zur ganzen Höhe aufrichtet, damit die erdenberührende Verbeugung noch tiefer ausfallen soll. Die Todesfurcht bestimmt ihn, sein eigenes Kind zu erschießen, das einen auf dem Tische liegenden Revolver aufhebt. Diese kindlich spielerische Handbewegung könnte von einer Frauenrache eingegeben sein. Der Padischah weiß am besten, daß kein Werkzeug zu schwach und zu gering ist, um das Verderben zu übermitteln. Die allumfassende Angst hat sich in seine flackernden Augen gebohrt, sie wühlt sich in Magen und Gedärme ein, schaukelt sich in jedem Schlucke Wasser, liegt in der Nahrung jedes Bissens. Sie dringt in den behüteten, bewachten Harem, entsinnlicht durch ihre Berührung die Bestimmung der Tausenden von Frauen und nimmt auch dem kürzesten Rausch das vergessene Lustgefühl. Die Angst, die stete Wachbereitschaft bestimmen die ständige Veränderung des Beischlafobjektes und kämpfen verlockendes, gewohnheitssicherndes Gefallen schon im Keime des Verlangens nieder. Einsam muß derjenige bleiben, dessen Wege unmenschlich sind. Für ihn bedeutet Menschennähe Gefahr. Allen Gefühlen, die verbinden, die Sicherheit vortäuschen, die Vertrauen vorgaukeln, muß er aus dem Wege gehen.

Nur solche Kreaturen, die er selbst zu einer Höhe gezüchtet und die er durch fortlaufende Mord- und Giftbefehle jahrelang gestählt und erprobt hat, stellen sich nicht störend zwischen ihn und seinen Wahn. Denn diese Geschöpfe sind keine Menschen mehr. Sie besitzen kein eigenes Hirn, keinen eigenen Willen, keine eigene Kraft – es sind nur präzis funktionierende, hörige Werkzeuge eines dunklen Betriebes, dessen gewaltiger Herr er ist. Dieser Betrieb muß vor jedweder Kontrolle gesichert werden. Abdul Hamid läßt aus allen großen Moscheen die religiösen Gesetzgebungen entfernen, die festlegen, was von einem Kalifen verlangt wird und welchen Anforderungen und Einhaltungen er entsprechen muß. Er traut also seinen Geistlichen kein religiös gefestigtes Gedächtnis zu und keine Kenntnis der eigenen Religion. Mitten in dieses Chaos von Vaterlandsverrat, blutwütigem Despotismus, Landesverwüstung, Gottesschändung und Todesfeigheit setzt die Konstitution ihre abwehrende Faust. Der Hofastrologe, ein Mann, der das mystische Vertrauen Abdul Hamids besitzt, wird dazu erwählt, ihm den Beschluß der höchsten religiösen Instanz, der Fetwa Hane, zu überbringen, die dem Lande die Konstitution zugesichert hat. Der Kalif schwört auf den Koran, daß er die Konstitution respektieren wird. Und der Kalif belügt den Koran. Aber Männer lassen sich nicht mehr belügen und betrügen, sie fühlen die verantwortende Last des Vaterlandes, und der

Scheich Ül-Islam zerbricht den letzten großen Pfeiler eines morschen, wurmstichigen Baues, enthebt Abdul Hamid des Kalifats, des Sultanats und des verpflichtenden göttlichen Schattens. Der Sektretär Abdul Hamids will die Überbringer der niederschmetternden Botschaft warnend abhalten, zum Padischah zu dringen, weil er furchtbebend an die zielsichere Hand seines Herrn denkt. Aber wenn es Männern schon gelungen ist, einen Sultan abzusetzen, so will sich keiner um das Vergnügen dieser Mitteilung bringen lassen. Schwarze Eunuchen umringen die Botschaftsüberbringer. Abdul Hamid, seinen Sohn Abdurrachman Effendi an der Hand haltend, hört sein Urteil, hinter dem er ein Todesurteil vermutet.

Und dieser noch vor einer Stunde so Mächtige, Gefürchtete klammert sich jetzt in Todesangst, Stütze suchend, an eine kleine, warme Kinderhand. In fürchterlicher Aufregung wiederholt er immer wieder dieselbe Frage, ob man die Verantwortung für sein Leben übernehme, ob man es schützen werde, ob man es ihm lassen werde. Er klammert sich an seine einzigen Verdienste: daß er seine beiden Brüder nicht gemordet hat. Und dafür müsse ihm sein Leben gewährt werden. Der ans Befehlen Gewohnte äußert noch den Wunsch, daß man ihm gestatten solle, das Palais von Tscheragan zu beziehen. Den nächsten Tag teilt man ihm seine Verbannung nach Saloniki mit: Die Anwesenheit zweier Sultane ist für eine Stadt zuviel. Sultaninnen, Frauen, Kinder, Sklavinnen, Eunuchen und Gefolge begleiten ihn. Der letzte Gedanke Abdul Hamids beim Verlassen von Yildiz gilt einem Tier: seiner Lieblingskatze. Sie ist nicht zu finden. Man beruhigt ihn – sie wird mit dem zahlreichen Gepäck nachgeschickt werden.

Von bewaffneten Soldaten geschützt, fährt am Abend ein Wagen aus Yildiz. Zum ersten und letzten Male fährt Abdul Hamid durch die Stadt – den nahen Tod vor Augen. Er weiß, was Schwüre und Versprechungen bedeuten, er weiß am besten, daß Recht keine Grenze für Macht bedeutet. Und befreit atmet seine feige Furcht erst auf, als er den Bahnhof sieht. Jetzt glaubt er erst an die Verbannung. Diese Verbannung, die zuerst ein Schrecken war, bedeutet ein seligmachendes Geschenk im Vergleich zum Tode. Vielleicht vergißt er in dem befreiten Aufatmen auch alle zurückgelassenen Schätze. Die von den früheren Sultanen streng eingehaltene Sitte der Kasne Oda, des Schatzzimmers, greift bis ins neuzeitliche Yildiz über. Nur daß die Schätze jetzt nicht in einem einzelnen Zimmer verstaut, sondern in unzähligen eingebauten, versteckten Safes, in unterirdischen Gelassen, in eisernen Kisten und silbernen Truhen aufgehäuft sind. Man findet Millionen Pfund in Gold- und Papierwerten und unschätzbare Pretiosen.

Als nach einigen Tagen ein Abgesandter von Konstantinopel nach Saloniki kommt, äußern die meisten Frauen den Wunsch, Abdul Hamid zu verlassen. Die Freiheit lockt. In der vergitterten, eingesperrten Pracht der Haremspalais von Yildiz hatte man den größten Teil seines Lebens, seiner Jugend und seiner Hoffnungen gelassen. Hinter der doppelreihigen Mauer, wo unzählige Gebäude und Gärten nur der Frauengefangenenschaft gedient hatten, wo Legionen von schwarzen Eunuchen nur zu ihrer Bewachung lebten, wo die entmündigten Stunden und Tage in leerer, schwerer Folge zu Monaten und Jahren wurden – dort hatte man die bleierne Schwere des eigenen nutzlosen Lebens stumm und ergeben getragen. Aber die kurze Wagenfahrt zum Bahnhof und die Reise in die Verbannung hatten genügt, um diesen Eingesperrten den Wunsch nach Freiheit einzugeben. Wenn sie auch noch nicht wußten, was sie mit dieser ungewohnten und unbekannten Freiheit anfangen würden, so dachte doch keine zurück an das verlassene Gefängnis. Höchstens mit Schaudern.

Die Eltern waren zu Verrätern geworden, sie hatten das eigene Kind verkauft. Der Sklavenhändler, der dann mit seinen Versprechungen und Verlockungen einsetzte, hatte eine glänzende Zukunft vor den unwissenden Augen entstehen lassen, alle Ausnahmefälle als leicht zu erreichende Karriere in Aussicht gestellt. Jede Sklavin hatte ja die Möglichkeit, eine mächtige Sultan-Walide zu werden, und der Weg zu diesem Glanzgipfel war schon ein beneidetes Favoritinnentum. Wie tote Waren wurden sie besehen, geprüft, untersucht, abgetastet – nur die schönsten Gesichter und die vollendetsten Körper wurden für den kaiserlichen Harem erworben, in Erwägung einer Möglichkeit, die vielleicht nie kommen würde. Es war schon eine große Ehre, wenn man nach abgetaner Lehrzeit als Dienerin dem großen Gefolge einer Sultanin oder Favoritin zugeteilt wurde. Diese Stellung war schon der Beweis, daß man das manierliche Zeremoniell beherrschte, die unzähligen Verschiedenheiten der Anreden, der Verbeugungen und die Differenzierungen des Hand-, Kleidersaum- und Schleppenkusses unterschied. Die Etikette des Harems war strenger als jedes Hofzeremoniell; vielleicht wollte man durch die Starrheit der äußeren Form die innere lockere Bedeutung verdecken. Wenn der Harem auch eine allumfassende Besitzmöglichkeit für den Sultan bot, so bewegte sich die Auswirkung seines jeweiligen Verlangens stets in einem sinnenbürokratisch festgelegten Weg. Die spontane Einfachheit eines gunstbezeugenden zugeworfenen Taschentuches war ein Märchen. Tücher spielten zwar eine mit Gunstbezeugung verbundene Rolle, aber dann flatterten sie nicht leer in der Luft herum; sie enthielten einen bestimmenden Inhalt.

Wenn das Auge des Padischah eine Sklavin erwählte, so überbrachte man ihr ein zusammengelegtes, goldgesticktes Tuch – es enthielt die für diesen Fall vorgesehenen Wäsche- und Entkleidungsstücke. Das zweite Tuch hatte einen moderneren Ursprung. Es enthielt etwas, um junge Prinzen vor belastender Nachkommenschaft zu bewahren, und wurde der Auserwählten in einem feinen, gestickten Seidentuch vom Eunuchen überbracht. Unerwünschte Folgen konnten noch immer durch die vielbeschäftigte Geschicklichkeit der Kanlüebe (in wörtlicher Übersetzung: »die blutige Hebamme«) beseitigt werden. Frauen, die Kinder geboren hatten, Sultanin-Mütter, erließen immer wieder strenge Weisungen an die Haremsinsassen und sorgten dafür, daß das jahrhundertealte Gesetz nicht in Vergessenheit geriet, welches das Offenbleiben der Nabelschnur der Neugeborenen verlangte.

Frauenmacht entschied über Tod und Leben. Denn die mächtigste und bestimmendste im Harem war seit jeher die Mutter des Sultans, die Sultan-Walide. Aber daß sie selbst diese Macht einem Kinde zu verdanken hatte, schien sie vergessen zu haben. Kinder schafften Stellung, im besten Falle auch noch Muttergefühle, aber keine allgemein verstehende Mütterlichkeit. In der allumfassenden Beschlagnahme der Frauenkörper war die Nachfolgeschaft mit inbegriffen. Kinder wurden in erwünschte und unerwünschte Rubriken verzeichnet, entsprechend der doppelten Mord- und Lebensbuchführung des Harems.

Der Harem war ein Schattenreich. So wie der Kalif unter dem deckenden Schatten Gottes auf Erden wandelte, so symbolisierte die Hasnadar Ousta, »die Schatzmeisterin«, den Schatten der gefürchteten Sultan-Walide. Sie folgte ihr dem Range nach; in ihrer Abwesenheit nahm sie ihre Stellung ein, sie verkörperte den Sultaninwillen. Auf ihr lastete die Verantwortung für den ganzen Haremsbetrieb, sie mußte seine komplizierte Rangordnung leiten und beherrschen. Prinzessinnen, Sultansschwestern und Sultanstöchter waren den Favoritinnen untergeordnet.

Der Fall war nicht selten, daß eine Sklavin als Dienerin bei einer Prinzessin ihre Laufbahn begonnen hatte, dann zur Favoritin avancierte und schon beim nächsten Haremsempfang die Prinzessinnen ihr die Hand küssen mußten. Da die osmanischen Sultane keine angetrauten Frauen hatten, nahm die Basch-Kadin den Platz der Gemahlin ein, eine Stelle, die den gesetzlichen vier Ehen entsprechend vierfach bekleidet werden konnte. Die Basch-Kadin war gewöhnlich die, welche als erste dem Sultan einen Sohn geboren hatte. Basch-Ikbal war die Bezeichnung für die Favoritinnen, verpflichtete zu keiner Nachkommenschaftsleistung und sicherte diesen Huldrepräsentantinnen den Vorrang vor den Kadin-Effendis, Sklavinnen, die dem Sultan ebenfalls Kinder geboren hatten. Zwischen diesen festgelegten Rangordnungen schwebten die »Beäugelten«, »Geäugten« oder »Äugelnden«, die Gösde, eine erwählte Auslese von Hoffenden und Erwartenden, die auf dem Sprungbrett des Erfolges des Stoßes harrten, der sie entweder in das Reich der Ikbals oder der Kadins befördern würde.

Jeder dieser Frauenkörper war von einem großen, kostspieligen Anhang umgeben. Jedem war eine eigene Schatzmeisterin, Sekretärin, Garderobierin, Siegelverwahrerin und Obersklavin zugeteilt. Die Aufsicht über Kaffee, Wasser und Sorbets bedeutete auch eine Ehrenstellung, und alle diese ranginhabenden Repräsentantinnen wurden von Sklavinnen, einfacheren Dienerinnen und Negerinnen unterstützt und alle zusammen von Eunuchen bewacht. Der große, allgemeine Harem teilte sich in unendlich viele Separatwelten. Innerhalb der abgeschlossenen, wollusterwartenden Kreise gab es keine Besuche ohne vorherige zeremonielle Ansage, und nur an Ausnahmetagen – Beiram, Thronbesteigung, freitäglichen Selamlik, Verlobungs- und Hochzeitsfestlichkeiten – trafen sich alle diese verschiedenen feindlichen Elemente in einem allgemeinen, großen Zeremoniell. Das waren auch die Tage, an denen der Sultan den Harem offiziell besuchte.

Alle Insassinnen harren, dem Range nach spalierbildend aufgestellt, auf sein Kommen. Am Eingang des Harems geht ihm die Sultan-Walide entgegen. Durch die doppelte Reihe juwelenübersäter Frauen geht der langsame Schritt des Mannes, der auch diesen bereiten, weiblichen Offenbarungen nicht mehr traut. Sein flackernder Blick muß sich bezwingen, er darf dem Zeremoniell nicht vorauseilen, er muß den seidenrauschenden Gestalten die Möglichkeit gewähren, den Boden, den die Herrscherfüße streifen, verbeugend zu berühren. Langsam geht er weiter – erdrückt, wie unter einer Last. Grüßend berührt die blutlose Hand den roten Fez. Aber keine lebendige Verbindung zieht sich von den Frauen zu ihm. Seine dunkle Macht schließt ihn ab von jeder Auslösung, von jeder Übertragung; auch seine Einsamkeit, die er eifersüchtig behütet, damit seine gewohnte Gefährtin, die Angst, immer zu ihm dringen kann. Er ist ihr ausgeliefert, er hat sein Leben der Furcht unterstellt, die er selbst großmütig austeilt, in unendlicher Verschwendung über Land und Untertanen streut. Ihre gesammelte rächende Wucht ist auf ihn zurückgefallen, es ist das einzige lebendige Gefühl, das ihn als wesensverwandt anerkennt und liebt. Wie eine Schattengestalt erfüllt der Padischah die festgelegte Handlung des freitäglichen Empfanges im Harem.

Nach erfolgter Begrüßung machte der Sultan den Prinzessinnen und den Favoritinnen Privatbesuche. Wenn bei dieser Gelegenheit eine anwesende Sklavin das Glück hatte, dem Padischah aufzufallen, so verlangte das Zeremoniell, daß er sich nichts anmerken ließ, denn es wäre äußerst unschicklich gewesen, wenn er vor einer anerkannten Favoritin Anzeichen einer neuen Laune gezeigt hätte. Auch im Harem mußte man sich bemeistern. Die Vermittlerin zwischen seinem Wohlgefallen und der zu Beglückenden war die Oberhofmeisterin, die die Sklavin von der ihr zuteil werdenden Ehre verständigte. Zugleich mit der Verständigung erhielt sie auch die strenge Einschärfung der zu befolgenden Regeln – denn alles war vorausgesehen, jeder Schritt, jede Handbewegung bis zum Ziele des kaiserlichen Lagers vorausbestimmt. Die Sklavinnen umringten freudig die Auserwählte, und das Baden, Parfümieren und Herrichten wurde zu einem Erwartungsfest. Der Sultan hatte innerhalb des Harems eine große

Flucht von Privatgemächern. Wie viele Liebesnovizinnen waren während seiner Herrschaft zitternd und bebend den Weg zu diesen Räumen gegangen! Das Furchtbarste, das geschehen konnte und Schande und Demütigung brachte, war, vom Padischah zurückgeschickt zu werden, ohne daß man die Ehre seiner Begünstigung empfangen hatte.

Das waren Dinge, die man im Harem nicht vertuschen konnte, denn der körperliche Erfolg hätte auch gleich einen anderen Erfolg nach sich gezogen. Diejenige, auf die das sinnliche Wohlwollen des Kalifen gefallen war, durfte keine einfache Dienerin mehr bleiben. Das Rangmenü enthielt genug Möglichkeiten, um neue Elemente anerkennend einzugliedern. Und jede der Befohlenen hoffte, daß der Besuch in den Sultansgemächern ihr Schicksal ändern würde. Es war gleichsam die Eröffnung einer Karriere, und vielleicht würde diese Annäherungsstunde prädestinierend wirken. Man kaufte keine Sklavin, die nicht Jungfrau war, und jede neue Sultanslaune bedeutete eine neue Entjungferung. Die Atmosphäre, die Auswirkungen, die Ansprüche und die Erwartungen des Harems hatten aber diesen Jungfernschaften nur die körperliche Unberührtheit gelassen. Wenn der Sultan schon seine Gunst einer Sklavin schenkte, so mußte diese Gunst auch zu einer Auswirkung führen.

Herrscher sind gewöhnt, daß man ihnen alles mundgerecht zubereitet und vorlegt. Den Gang jeder neuen Jungfrau zu den sultanlichen Privatgemächern begleitete das Ansehen und die Ehre des Harems. In dieser einen Form mußte sich die Berechtigung der ganzen Institution beweisen. Die Unberührtheit wird in der Vorstellung zu einem männlich bestärkenden Sieg. Jedem Siege pflegt ein Kampf vorauszugehen, aber Sultane stehen zu hoch, um sich Genüsse erkämpfen zu müssen. Der Genuß muß ihm quasi schon den kampflosen Sieg anbieten. Die Auswahl der Verlockungs- und Betörungsmittel, die der jungfräulichen Sklavin zu Gebote stand, war gering. Wenn eine Frau auch noch so schön ist, so sind drei tiefe, stumme Verbeugungen, mit denen sie das Brautzimmer betritt, noch keine beredte, sinnliche Verführung. Diese wurden auch meist nicht beachtet, denn der Großherr hatte schon sein Lager aufgesucht.

Wie unendlich lang muß der Sklavin der Weg von den drei Verbeugungen bis zum Lager geworden sein. Die Stummheit schaffte auch keine Verbindung, und wenn sie dann am

Fußende des Bettes angelangt war, mußte sie, den erhaltenen Befehlen gemäß, die golddurchwirkte Seidendecke aufheben und die Füße des Padischah küssen. Eine unangenehme Handlung ... Aber dieses Geschöpf, das zur Liebe da war, durfte sich keines einzigen Hilfsmittels bedienen, das Liebesverbindung schaffen konnte. Sie durfte den Mann, der auf sie wartete, weder in die Arme schließen noch herzen oder küssen, sie durfte ihm keine Liebesworte sagen, sie war, mit einem Wort, als Faktor ausgeschaltet, und man erwartete doch von ihr, daß sie den Verpflichtungen ihres Daseinsfaktors nachkam: der Liebe. Es war kein Gemahl und kein Geliebter, der vor ihr lag, es war der Padischah und der Kalif, der doch jetzt als Mann behandelt sein wollte, ohne ihr dazu die Freiheit zu gewähren. Und dieses halbe Kind, welches, durch vorbereitende Ermahnungen und Befehle unsicher gemacht, sich jetzt die Gunst des Padischah erobern sollte, fühlte die zwiespältige Last dieser schweren Aufgabe auf sich ruhen. Sie war keine wissende Frau, sie war keine zauberkräftige Kurtisane, sie war auch kein Wesen, dem eine sich offenbarende Leidenschaft intuitiv geheimnisvolle, unbekannte Wege weist. Sie war eine Marionette, sie fühlte die Fäden, welche sich von der unterrichtenden Obersklavin zu ihren Händen zogen, und gedachte einer jetzt gestatteten Handlung, die innerhalb des Harems in den verschwiegenen Frauengemächern streng verboten war. Jeglicher Genuß war dem Manne vorbehalten, und diejenigen, welche man bei der »stummen Sünde« ertappte, wurden streng bestraft. Und jetzt blieb nur die Stummheit – die Sünde fiel weg.

Der vorgeschriebene Weg zur körperlichen Nähe des Padischah mußte kriechend, unter der Decke verborgen, langsam aufwärtsstrebend bewerkstelligt werden. Und der Harem wartete ... Mit jeder Minute, die verrann, steigerte sich die Genugtuung der Obersklavin, denn die früheren Fiaskos waren schneller zurückgekehrt. Sie dachte an alle erteilten Ermahnungen, die vielleicht jetzt, in diesem Augenblick, ein Menschenschicksal bestimmten, das ihr das Gelingen zu verdanken hatte. Sie dachte auch an die zufriedengestellten Erwartungen des Sultans und erwog alle sich daraus ergebenden Beschenkungsmöglichkeiten. Die gleichgestellten Mitgenossinnen der Sklavin verband ein aufgeregtes Flüstern im gemeinschaftlichen Schlafraume. Alle beneideten sie, und trotzdem gönnten ihr alle das Glück. Und am nächsten Tage bemächtigte sich der ganze Harem dieses aufregenden Gesprächsstoffes. Es gab ja so wenige Begebenheiten und Ablenkungen, und alles, was mit Gunst und Gunstbezeugungen zu tun hatte, war für diese eingesperrte Welt das Aufregendste und Bedeutsamste. Durch solche Vorgänge wurde man erhoben, beglückt, gestürzt und auch getötet.

Wenn zwei Stunden nach Sonnenuntergang sämtliche Tore und Eingangstüren, die zum Harem führten, von den Eunuchen sorgsam versperrt und verriegelt wurden, da zog die Sehnsucht in dieses abgeschlossene Reich ein. Am Tag täuschte man sich noch Beschäftigungen vor, machte sich gegenseitig Besuche, empfing frühere, verheiratete Sklavinnen, wühlte zwischen Kleidern und Schleiern. Man verbrachte lange Stunden im Bad, man pflegte seinen Körper, von dem man mehr erwartete, als er je zu geben imstande sein würde, man blätterte in französischen Modejournalen, man schlug auf den Klaviertasten herum, und man freute sich, wenn die Stunde einer Mahlzeit eine reelle Beschäftigung brachte. Man betäubte seine Langeweile, und das Bewußtsein der vielen Menschen, die einen umgaben, verwischte die innerliche Leere. Aber wenn die Riegel vorgeschoben wurden und das Ende des Tages bedeuteten, wenn sich alle Eunuchen zurückgezogen und alle Späherohren sich entfernt hatten, wenn in dem weiten, großen Palast nur mehr Frauen verblieben, da brachte die einsetzende Nacht die gemeinsame Sehnsucht. Wenn es auch Nebenbuhlerinnen und Feindinnen waren, Hochmütige und Demütige, Erhobene und Unbeachtete, so waren sie doch alle gleich, hatten gemeinsame Wünsche und gemeinsames Verlangen. Und auch die, welche der äußeren Form nach etwas erreicht hatten, die Begünstigten und Auserwählten, waren genauso arm und hilflos wie die einfachsten Dienerinnen. Die Sprache der Sonnenlosigkeit verwischt Titel, Reichtum und Glanz. Sie dringt erweckend zu dunklen, unerforschten Trieben, deren erwachte Lebendigkeit keine starre Einengung mehr anerkennt. Die versperrte, verriegelte Nacht des Harems deckte unbarmherzig die Leere des hohlen Daseins auf. Das Leben all dieser Frauen lag abseits von eigenen Wünschen, von eigenen Hoffnungen und von persönlichen Zielen. Ihr Dasein enthielt nicht einmal die primitivste weibliche Inhaltsform. Dieser Harem war erschütternd in seiner grausamen

Gleichgewichtslosigkeit. Auf der einen Seite eine zusammengedrängte Welt von Frauen; als Übergang die schwarze Geschlechtslosigkeit der Eunuchen; und in der bestimmenden Gewichtswaage ein Furchtbesessener, ein Angstverfolgter, dessen todeszitternder Organismus die Schwere seiner irreführenden Titel und Bezeichnungen nur mehr im Labyrinth einer unterweltlichen Mordindustrie unterzubringen vermochte.

Eine einzige Fahrt durch die freie Nacht, einige Tage freiheitsschenkender Verbannung hatten genügt, um künstlich erblindete Augen sehend zu machen, um jahrelang zurückgedrängtem Verlangen Lebenskraft zu schenken und um entmündigter Wunschfähigkeit lebensbejahend Wunschkraft zu geben. So wurde die Verbannung Abdul Hamids zur Freiheit unzähliger Frauen. Was dann folgte, war nur mehr die Auswirkung eines verlöschenden Scheines, gleichsam das letzte Stückchen einer langen, schweren Schleppe, deren entschwindende Bewegung einer bereits entschwundenen Gestalt nachzieht. Und was dann kam, war unbeschwerter, gesäuberter, freier Weg.

Harem ... Dieses Wort erweckt noch heute in der männlichen Phantasie des Uneingeweihten eine lüsterne Vorstellung von Bauchtanz, Musik, Wohlgeruch, Wollust, Sinnenrausch und erotischer Höchsterfüllung. Das ist die Auswirkung des Harems in der Vorstellung. Wie war er aber in Wirklichkeit? Und die Sklavin – wie war sie? Wie habe ich sie in jedem ägyptischen Harem – sowohl im größten wie im kleinsten – gesehen, erlebt und erfahren? Als armes, einfältiges, primitives Geschöpf, in den seltensten Fällen hübsch. Der Kleidung nach von puritanischer Einfachheit, jeder geschlechtlich suggestiven Anziehung bar. Denn es gab in jedem Harem einen leitenden und bestimmenden weiblichen Willen, der mit scharfen, unerbittlichen Augen dafür sorgte, daß das Äußere der Sklavinnen möglichst nüchtern und unverlockend wirkte. War der Herr des Harems, der Bey oder der Pascha, noch unverheiratet, so leitete seine Mutter oder eine nahe Verwandte in diesem anti-sinnlichen Sinne den Harem, entweder persönlich oder in enger Fühlung mit der Basch-Kalfa, der Obersklavin, der das ganze Haremswesen und alle Sklavinnen unterstanden. Was man nicht verhindern und nicht ausschalten konnte, trachtete man nach Tunlichkeit zu unterbinden und abzuschwächen, um den »Herrn« vor ernstlicheren Gefühlen oder gar vor Heiratsgedanken mit einer Sklavin zu bewahren. Selbst wenn die Mutter eine frühere Sklavin war, stiegen ihre Eheaspirationen für den Sohn höher.

War der Herr schon verheiratet, so übte die noch wachere Eifersucht seiner Gattin, der Hanum-Effendi, »Herrin-Gebieterin«, einen steten Terror aus. Alle Sklavinnen, die ich gesehen habe, sahen wie frühere vertrauenerweckende, arbeitsfähige Dienstmädchen aus. Sie trugen hochgeschlossene, langärmelige, bis zu den Füßen reichende Waschkleider, Entari, sauber und praktisch, aber wenig verführerisch. Nur an Empfangs- und Festtagen waren die Kleider aus Seide. Die Sklavin war kein sinnlicher Luxusgegenstand, sondern ein Geschöpf, das festgelegte dienstliche Obliegenheiten im Rahmen eines täglichen Pensums zu erfüllen hatte. Sie war eigentlich eine Dienerin ohne Platzwechsel, ohne Kündigungsmöglichkeit. Je vornehmer und reicher die Familie, desto größer die Zahl der Sklavinnen. In einem Harem wurden die kleinsten Handreichungen als »Dienst« bezeichnet, weil es für alles eine bestimmte Form gab: das überlieferte, eingehaltene Zeremoniell, das die Tradition, die Kultur des Harems bewies.

Wie der Kaffee gebracht, ausgeschenkt und dargereicht wurde, wie man Handtücher zum Gebrauch bereit faltete und hinlegte, wie man alle Wäsche und Kleidungsstücke in Tücher gewickelt herumtrug – entweder um sie in die Schränke zu räumen oder gebrauchsfertig auf einen Tisch zu legen –, wie man auch nur ein Glas Wasser präsentierte: Alles war unumstößlich festgelegt. Diese Art der Bedienung erforderte viel Zeit, man konnte Hunderte von Sklavinnen beschäftigen, ohne eine richtige »Arbeit« zu sehen. Ihre Arbeit steckte nur in zeitraubenden, minutiösen Details. Sie räumten keine Zimmer auf, höchstens die Schlafzimmer des Herrn und der Herrin, dazu waren europäische Mädchen angestellt. Die großen Empfangsräume wurden von eingeborenen Dienern, Farrasch, im Stande gehalten, und der Eunuch sorgte streng dafür, daß sie keine Frauen erblickten.

Es gab Tischsklavinnen, Sofradji-Kalfa, die den Tisch deckten und bei den Mahlzeiten bedienten, Kaffeesklavinnen, Kahwedji-Kalfa, die den Kaffee zubereiteten und servierten, Leibwäschesklavinnen, Tschamaschirdji-Kalfa, die für die persönliche Bedienung sorgten. Von diesen Sklavinnen hatte die Hanum-Effendi das meiste zu befürchten, denn ihre Dienstleistungen spielten sich im Badezimmer, im Ankleidezimmer und im Schlafzimmer des Herrn ab, also in einer verfänglichen, ziemlich unbekleideten und bereiten Atmosphäre. War die Hanum-Effendi frühere Sklavin, vielleicht selbst Tschamaschirdji-Kalfa gewesen, so wußte sie aus eigener Erfahrung genug, um mißtrauisch und vorsichtig zu sein. Die Wahl dieser Kalfas mußte mit Bedacht getroffen werden. Man trachtete, sie durch Geschenke und Wohlwollen zu gewinnen, um sich ihre Ergebenheit zu sichern – oder man beherrschte sie durch die Angst. In beiden Fällen war das Ergebnis problematisch. Wenn die Begierde des Herrn zugriff, so fand er zwar in seinem besitz- und eigentumsmäßigen Objekt eine äußerliche Angst, aber eine geschmeichelte innere Bereitschaft. War doch dieses armselige Jungfrauentum, auf dem alle ehrgeizigen Träume ruhten, das einzige eventuelle Atout im Leben einer Sklavin, dessen Verlust Gelingen, aber auch Verderben bringen konnte. Am sichersten war es freilich, wenn die Hanum-Effendi, aus »Liebe« und »Besorgnis« um das Wohl ihres Herrn und Gebieters, selbst seine persönliche Bedienung übernahm, ihm höchsteigenhändig beim Anziehen und Ablegen seiner Kleidung half und die bereitstehenden Sklavinnen nur hin- und herhetzte. Das taten aber gewöhnlich nur frühere Sklavinnen oder in Ausnahmefällen demütige Gattinnen. Hanums aus vornehmen Familien machten ihrem Stolze keine derartigen gefühlsbloßlegenden Konzessionen. Wenn auch dort, in der Intimität der privaten Räume des Herrn, etwas geschehen sollte, so konnte man noch immer mit allen möglichen Maßregeln steuern und bremsen, im gegebenen Falle auch zerstören, vernichten und töten.

Und eine von den Sklavinnen würde ja bestimmt die Verräterin sein, wenn auch nicht aus Ergebenheit, so doch aus Eifersucht und Neid. Denn die nicht übelzunehmende Aspiration, die im Unterbewußtsein jeder Sklavin ruhte, war: durch des Gebieters und Allahs Gnade eine Hanum-Effendi zu werden. Dann würde sie schon wissen, wie man mit Sklavinnen umgehen muß, ihr konnte keine Gefahr von den früheren Mitschwestern drohen. Wenn man ehrgeizig ist, überschätzt man sich und unterschätzt die Gefahren. Dort im Harem wucherten sie wie sprießendes Unkraut. Der Bey oder der Pascha war nur dem Symbole nach der »Herr«. Er wußte von seinem eigenen Harem gar nichts. Er ahnte nichts von den Strömungen und Wirbeln der weiblichen Machenschaften, nichts von ihren grausamen Auswirkungen. Wenn er in den Harem kam, umfing ihn wohlig ein routiniert regissierter Frieden, eine präzis funktionierende Heimatmosphäre, in der die zahlreichen Sklavinnen in gefügiger, wesenloser Dienstbereitschaft wie gute Geister schafften. Und das stete, freudige Empfangslächeln der Hanum-Effendi ließ ihm diesen versperrten, von Eunuchen bewachten Frieden wie eine Segensinsel erscheinen. Er sonnte sich förmlich in dieser meisterhaft gehandhabten Drehbühnenregie, die ihm die falsch ausgelegten Gebote Mohammeds besonders weise erscheinen ließen. Keine Klagen, keine Beschwerden drangen bis zu seinem Ohr. Es wäre auch nutzlos gewesen. Er hätte die Sklavinnen weder schützen noch behüten können, er konnte sie nur in Gefahr bringen. Sein religiös festgelegtes

Herrenrecht gestattete ihm, mit den Sklavinnen, die sein Eigentum waren – selbstgekaufte, zum Geschenk erhaltene oder ererbte –, ein geschlechtliches Verhältnis zu haben. Der Religion und dem Gesetze nach waren die Kinder der Sklavinnen legitim. Sie standen den Kindern der angetrauten Gattin in nichts nach, hatten dieselbe Berechtigung auf Namen, Titel, Vermögen und Erbschaft. Der Religion nach hatten aber trotzdem die Sklavinnen das Recht, ihren Körper dem Herrn zu verweigern. Sie mußten also mit dessen herrenrechtlichem Beischlaf einverstanden sein, durften dazu durch keinerlei Mittel gezwungen und nicht vergewaltigt werden. Der Religion nach war auch jeder Versuch einer Fruchtabtreibung verboten. Das waren die religiösen Gesetze ...

Aber in welchem Harem befolgte man die Religion? In welchem Harem befolgten alle, die bestimmende Faktoren waren, die einen Einfluß, eine Auswirkung ausüben konnten, wahrhaftig die Religion? Wenn auch der Herr im guten Glauben, mit rechtlicher Überzeugung und mit bewußtem Verantwortungsgefühl (wie selten geschah das!) sich die Sklavin körperlich zu eigen gemacht hatte, so genügten alle seine guten Vorsätze noch lange nicht, um der Sklavin das zu sichern, was der Sklavin gebührte. Er, der Herr, hatte sein vorübergehendes Vergnügen gehabt, der entjungferten Sklavin blieb nur die Angst, die sich bei der Wiederholung dieses Aktes ins Unermeßliche steigerte. Irgendeine Frauengestalt, die Gefahr für das arme, ausgelieferte Geschöpf bedeutete, war ja immer da: die Walide-Hanum, die Mutter des Herrn, oder die Hanum-Effendi oder die mächtige Basch-Kalfa. Die Sklavin zählte schreckerfüllt die Tage, die Monate, nur von dem einen Gedanken besessen und verfolgt, daß niemand von den eingetretenen Folgen etwas merken durfte. Sie mußte, wie immer, in gewohnter Demut und Geduld gleichmäßig ihre tägliche Arbeit verrichten, den prüfenden und lauernden Blicken gleichmütig standhalten und durfte, was für sie das schwerste war, sich niemandem anvertrauen.

In den seltensten Fällen gab es ein Wesen, dessen sie sicher war. Die Sklavinnen nannten sich untereinander Hemschirem, »meine Schwester«. Sie waren ja auch Schwestern des gleichen, einförmigen, eintönigen Lebens, noch viel mehr Schwestern der Entsagung, Schwestern des Leides. Sie waren aber auch Schwestern des gleichen Ehrgeizes, des gleichen

Neides, der gleichen Schwäche. Oft verrieten sie sich gegenseitig nur aus Angst. Denn unter der stillen, geräuschlosen, stimmen- und schrittgedämpften Atmosphäre des Harems, unter der lächelnden, liebenswürdigen Formtäuschung lauerte der grausamste, unmenschlichste Terror. Und war der lange, peinigende Tag, während dessen die vielen Frauenaugen die Sklavin zu verfolgen schienen, endlich vorbei und kam die Nacht, in deren verdeckenden Schatten sich jedes wunde Tier verkriechen kann, da setzte für sie eine neue Qual ein. Denn auch in der Nacht war sie nicht allein. In großen, übervölkerten Harems, wo die meisten Räume als Empfangsräume dienten, schliefen mehrere Sklavinnen in dem gleichen Zimmer. Auch hier hatte das Mißtrauen, die perfide Listigkeit die Wahl getroffen. Man verteilte, vermischte die Sklavinnen wie Karten zweier Gegenspieler. Die Karten der Gebieterin: die Sklavinnen der Gebieterin. Die Karten des Gebieters: die Sklavinnen des Gebieters. Und so, sorgsam erwogen und untereinander verteilt, konnte man mit größerer Möglichkeit auf Verrat, auf Denunzierung rechnen. Aber jede vorsichtige und bedachte Maßregel hatte noch eine vorsichtigere Potenz: die scharfen Augen der Basch-Kalfa, die überall waren, die alles sahen. War das Gefürchtete eingetreten, so fing ein neues Martyrium an. Jede Sklavin wurde während der Zeit, in der sie der Religion nach als unrein galt, ihrer Dienste enthoben und auf ihr Zimmer verbannt. War nun die Sklavin in der Hoffnung, so bewog sie die Angst, vorzutäuschen und zu verheimlichen. Jetzt konnte nur Hilfe geschaffen werden, wenn man jemand ins Vertrauen zog. Eine neue Qual. Vielleicht war ein Eunuch mitleidig und verschaffte Taubenblut. Aber die Eunuchen waren keine Sklaven, sie konnten entlassen werden und waren gewöhnlich feige. Vielleicht die kleine, billige europäische Schneiderin, bei der die Sklavinnen ihre zum Geschenk erhaltenen Stoffe verarbeiten ließen. Wieviel Tränen, Kummer und Angst dieses »Vielleicht« auslöste! Diese zitternde Ungewißheit, wann etwas und was geschehen würde! Denn daß etwas geschehen würde, wußten sie. Hatten doch alle von ähnlichen Fällen schon gehört. Was konnte das Verstekken und Vertuschen nützen? Wenn es auch auf kurze Zeit gelang, so würde doch der Tag kommen, da ihre Gestalt das Geheimnis offenbaren würde. War es vielleicht doch das richtige, zum Gebieter zu gehen, ihm die Wahrheit offen zu bekennen? Aber welche Verbindung hatte die Sklavin zum Herrn! Sie hatte ihn immer nur gefürchtet, bedient, und dieser plötzliche, brutale körperliche Überfall hatte ihr den Gebieter als Mann nicht nähergebracht. Die momentan aufflammende Begierde, die aus der dienstlich-intimen Haremsatmosphäre entstand, war nicht verbindend. Sie war ein Sinnenreiz, der gewöhnlich nur à fleur de peau blieb. Wenn eine Frau einem Mann beim Anziehen, beim Ausziehen hilft, ihn dann noch sorgsam zudeckt, nachdem er vor ihr ins Bett gekrochen ist, und der Mann sie nun eines Abends in das Bett mit hineinzieht, so wirkt diese geschlechtliche Geste nicht wie ein Geschehen, sondern wie ein Abschluß der vorangegangenen, verrichteten Arbeit. Gerade Sklavinnen, deren Leben außerhalb der auswirkenden und erfüllten Liebe stand, waren voll dunkler, verworrener, sehnender, triebhafter und sentimentaler Gefühlsvorstellungen. Nun kam plötzlich der definitive Akt: die Entjungferung ohne Erwartung, ohne Vorbereitung, ohne jedwede Werbung. Sie wurde in das Bett mit der gleichen sachergreifenden Handbewegung hineingezogen, als wäre auch sie ein Wäschestück, welches der Herr vor dem Schlafe noch braucht. Und der Gebieter war ihr dadurch auch nicht menschlich nähergekommen. Jetzt sollte sie vertrauend zu ihm gehen? Sie hatte ihn wiederholt nach diesem Abend bedient, nichts hatte sich in seinem gewohnten Benehmen verändert. Mit der gleichen Miene wie früher nahm er aus ihrer Hand die gereichten Kleidungsstücke, war genauso ungeduldig oder geduldig wie früher, aber kein einziger Blick ließ sie fühlen, daß er wußte, »sie« bediente ihn. Sollte sie dennoch ihre Scheu überwinden und zu ihm gehen? Was würde dann geschehen? Was konnte er denn tun? Er, der Herr, war nicht organisch mit dem Wesen des Harems verbunden. Er kannte weder seine Struktur noch die Mechanik seines Funktionierens. Was er zu Gesicht bekam, war nur die glatte Oberfläche, die gleisnerisch die Untiefen verdeckte. Die Oberfläche genügte ihm. Der Harem war für den Herrn meistens nur eine physische Gleichgewichtsreparaturwerkstätte, in welcher er schlief, badete, sich an- und auszog, manchmal seine Mahlzeiten einnahm und je nach Wunsch, Bedarf und Zufall seinen unkomplizierten Liebesappetit sättigte.

Die Hanum-Effendi dagegen wurzelte im Harem, denn Ehen mit Europäerinnen waren eine Seltenheit. Hier war sie aufgewachsen als freie Hanum oder hatte sich als Sklavin eingelebt. Sie war mit den Sitten und Gebräuchen vertraut, kannte die Bedeutung der oft gehörten magischen Formel: Der Gebieter darf nichts erfahren! Denn seine Ruhe durfte nicht gestört werden, war ja gerade diese Ruhe die Hauptexistenzberechtigung des Harems. Er fühlte sich schon wohlig eingelullt, sobald er ihn betrat. Hier waren alle nur für ihn da, dieses ganze komplizierte Heimwerk funktionierte nur für ihn. Hier warteten alle ihr Leben lang auf sein Kommen – oft auch auf sein Gehen. Hier waren alle Wünsche und Hoffnungen auf ihn aufgebaut, alle zitterten um sein Wohl und Wehe. Im Harem konnte er alles Lästige, Künstliche abstreifen, brauchte keine Komödie zu spielen, nichts vorzutäuschen, hier konnte er sich so geben, wie er wirklich war, ohne jedwede Kritik befürchten zu müssen. Sein Niveau war in allen Fällen dem Haremsniveau überlegen, allein schon durch seine stete Verbindungsmöglichkeit mit der uneingesperrten Welt. Aber der Harem hatte einen so fortschrittshemmenden, rückwirkenden Einfluß, daß seine seit Jahrhunderten stillgestandene Atmosphäre, von primitivsten Instinkten und Trieben gesättigt, selbst einen goldstrotzenden und ordengeschmückten Pascha in die knoblauchduftenden Lehmhütten Mohammeds zurückwarf. Wenn er auch bei einem englischen Meisterschneider seine untadeligen Anzüge machen ließ, so konnte er oft im Harem der Sehnsucht nach bequemen, ausgelatschten Pantoffeln nicht widerstehen.

Im Harem durfte er alles. Mit untergeschlagenen Füßen sitzen, den kopferhitzenden Tarbusch abnehmen, was unhöflich und verpönt war, hier konnte er so essen, wie es ihm beliebte, soviel rülpsen, wie es ihm behagte, sich nach den Mahlzeiten zur Erholung von seiner Frau oder einer Sklavin die Fußsohlen kneten und reiben lassen; hier konnte er voll Vertrauen und Herzenslust auf alle Europäer, auf alle A-la-franka-Gebräuche schimpfen, konnte toben und schreien. Mit einem Wort: Der Harem war für ihn der Ort der hemmungslosen Entlastung. Hier fühlte er sich als freier Mensch und als höchste Instanz. Was er sagte, war unantastbare, segenbringende Diktatur: Im Harem war er einwandfrei der Gescheiteste und der allmächtige Herr. So dachte er … Wenn er satt, ausgeruht, frisch gewaschen und umgezogen, an tiefen Verbeugungen vorbei aus dem Harem ging, dann trug er den Kopf unter dem leuchtend roten Tarbusch stolz und selbstbewußt seinem zweiten, äußeren Leben entgegen, welches sich im Selamlik abspielte – jenem dem Herrn reservierten Teil des Hauses oder oft auch ein Gebäude für sich. Im Selamlik gebärdete er sich europäisch. Er war eigentlich der Typus eines Unternehmers, der zwei divergierende Betriebe leiten will. Den ersten, den Haremsbetrieb, hatte er atavistisch und genetisch übernommen. Den zweiten, den Selamlikbetrieb, hatte ihm die fortschrittliche Zeit aufgedrängt. Die Hanum-Effendi dagegen blieb unbelastet von solcher Dualitätsanforderung. Was sich an europäischen Sitten im Laufe der Jahre im Harem eingeschlichen hatte, war nicht weiter belastend. Es waren rein äußerliche Dinge. Pariser Toiletten, kleidsame Haarwellen, luxuriöse Seidenwäsche und allerhand weiblicher Verführungstand. Und was man sich an Wissen umgehängt hatte, war gerade nur so viel, als der äußerlich fortwirkende Schein der A-la-franka-Kleidung erforderte.

Das Wesen der Hanum war das gleiche geblieben. Sie war nur bereiter, im Hinblick auf die männliche Schwäche und Bequemlichkeit, ihr traditionelles Lebensfeld, dem sie ihre Berechtigung verdankte, auch noch durch europäische Mittel zu verteidigen. Sie war für die Freiheit nicht reif. Das äußerte sich schon im banalsten Gespräch mit einer Europäerin in der wohlwollenden und herablassenden Art, die den vornehmen Hanums zu eigen war. Sie faßten ihr Manko an Geist und Würde als Stärke auf, fühlten sich im Innern jeder Okzidentalin überlegen. Die Macht und der Terror, den sie im Harem ausüben konnten, bekräftigten noch dieses Gefühl. Die Gebote Mohammeds hatten sich schon durch unzählige Generationen zu egoistischem Eigenzwecke umgewertet, von der so hochbewerteten Religiosität war nur eine starre Formhülle geblieben. Das menschliche Gewissen war selten, und wenn es zum Vorschein kommen wollte, um ängstlich in dieser Verworrenheit, in diesem verstrickenden Labyrinth Umschau zu halten, so wurde es durch die Macht und die Notwendigkeit des Bestehenden entkräftet. In solchen Fällen gab es auch immer liebenswürdig-bereite Gewissensentlaster, die im Verdrehen und Umdeuten Kapazitäten waren. Der Scheichmantel, der weiße, gewundene Turban, oft um grünen Grund gewickelt, als Zeichen der Mohammed-Abkommenschaft, gaben diesen sophistischen Auslegungen die Beweiskraft der religiösen Wahrheit. Außerdem war das persönliche menschliche Gewissen meist schon abgetötet durch das stupide, starre Formengehäuse, in das man es gepreßt hatte. Der Schein triumphierte, dessen ungeheuerliche, vielfältige Belastung das wahre Sein verschüttet hatte. Die pünktlich eingehaltenen, täglich fünfmaligen Gebete, wenn auch seelenabwesend gesprochen, sicherten die stolze Erkenntnis, daß man ein Rechtgläubiger war. Und selbst ein schlechter Mohammedaner hatte vor Gott noch immer den Vorrang, auch vor dem besten Christen.

Im Harem kannte man alle Möglichkeiten des Verdeckens und Vertuschens, die in allen abgeschlossenen und unkontrollierbaren Institutionen seit jeher florierten, gleichviel ob Harem, Kloster oder Bordell. Wie alle solche Institutionen, so ruhte auch dieses verbrecherische Marionettentheater auf dem festen und erprobten Protektionsfundament, dessen Pfeiler von bewährten, erkauften, verpflichteten und gewissenlos gezüchteten Geschöpfen getragen wurden. Aber alle sich auswirkenden Fäden liefen in den Händen der Hanum-Effendi zusammen. Es hat mich oft gewundert, daß Edelsteine an solchen Frauenhänden noch leuchteten und glänzten.

Die Mauern des Harems waren unerbittlich in ihrer starren Einengung. Jeder Harem war eine Selbstzweckwelt für sich. Das wußte auch die Sklavin, die vom Herrn in der Hoffnung war. Sie hatte genug furchtbare Dinge gehört, vielleicht auch schon mitangesehen, so daß in ihr der Glaube an eine rechtliche Lösung, an ein rechtliches Geschehen gar nicht mehr vorhanden war. Wenn sie sich dem Gebieter anvertraute, so würde er die Verantwortung an die Hanum-Effendi weitergeben, die seine legitime Ruheverwalterin war. Und dann? Die Hanum-Effendi hatte Kinder – die genügten. Wozu das mit anderen teilen, was man allein besitzen kann? Doppelter Haß würde die Sklavin treffen: der Haß der Frau und der Haß der Mutter. Hatte der Herr nicht den Mut, es seiner Gattin zu sagen, und zog er die Basch-Kalfa ins Vertrauen, die gewöhnlich das Geschöpf, das Werkzeug der Herrin war, so würde dieselbe zwar nicht direkt zur Herrin gehen, aus Furcht vor dem Gebieter, aber Mittel und Wege finden, damit sie es erfahre. Denn die Obersklavin durfte sich die Gunst und das Vertrauen der Hanum-Effendi nicht verscherzen. In den allerseltensten Fällen war der Herr sich seiner menschlichen und religiösen

Verantwortung bewußt. Auch dann hatte er gewöhnlich nur den Mut der Feigheit. Um Szenen, unliebsamen Vorwürfen aus dem Wege zu gehen, schaffte er eine nicht mehr zu diskutierende Tatsache, ließ im Geheimen einen Scheich kommen und heiratete die Sklavin. War die Hanum-Effendi schon liebes- und kampfmüde, hatte das ewige Einerlei, die zermürbende Eintönigkeit sie schon gleichgültiger oder weicher gemacht, so konnte es geschehen, daß sie mit einer zweiten Heirat ihres Mannes nicht nur einverstanden war, sondern sie sogar begünstigte, besonders wenn sie keine Kinder hatte und daher keine Benachteiligung fürchtete. In diesem seltenen Falle war weniger das Verständnis für den Gatten die Triebkraft als der egoistische Wunsch, eine Mitgenossin für die Langeweile zu haben, vielleicht auch eine Verbündete. Oder lag im Unterbewußtsein der steril gebliebenen Frau die ungestillte Sehnsucht nach Kindern, und diesen Wunsch sollte ihr jetzt die zweite Frau erfüllen.

Im Harem war alles Allgemeingut. Es war reiner Zufall, wenn die Hanum-Effendi die Gunst des Herrn allein besaß; ein plötzlicher Sinnenkitzel genügte, um dieser luftigen Treue ein Ende zu bereiten. Allein schon dieses Wissen genügte, um eine andere Einstellung zu schaffen. Man mußte umfühlen. Einfluß, Macht und Ehrgeiz wurden zu Hauptfaktoren. Die Vertraute, die Lenkerin des Mannes zu sein hatte mehr positiven Wert, als die geliebte Frau zu sein. Die geliebte Frau! Der Begriff »Liebe« hatte sich vollkommen verschoben. In dieser Atmosphäre konnte keine Liebe mehr gedeihen. Vielleicht früher, vor Jahrhunderten, war es anders gewesen, als alle Triebe noch stark und zwingend waren und man noch ehrlich tötete und mordete. Aber in dem »modernen« Harem, wo man schon Messer und Gabeln benutzte, wo man nicht mehr auf schwellenden Lagern hockte, sondern sich schon den harten, unbequemen und steifen europäischen Sitzgelegenheiten äußerlich angepaßt hatte, aber ohne entspannt und locker auf ihnen sitzen zu können, wo man sich einengte, einzwängte, einmiederte, einschuhte, wo man fortwährend einem andern Zwange unterlag, hin- und hergezerrt zwischen dem Europäisch-Angenommenen und dem Ursprünglich-Übernommenen, wo man eigene Gedächtniszellen haben mußte, vorerst von Vernunft und Verstand sorgsam gereinigt, um diesen törichten Wust von äußerlichen religiösen Vorschriften, Sitten, Gebräuchen, Verboten und Sünden unterzubringen und einzugliedern, wo man sozusagen zwischen zwei Scheinwelten auf dem blanken Boden saß, weil es keine adäquate Sitzgelegenheit mehr für diesen Übergangsaufenthalt gab, der zwischen Vergangenheit und Zukunft schwankte – in dieser unfreien, gehemmten, gemachten, verzerrten und zerstörenden Atmosphäre konnte die Liebe nicht mehr existieren. Die Liebe, deren Ursprung die Wollust gewesen war und die seinerzeit den Harem ohne beschränkte Haftung erzeugt, fundiert und aufgebaut hatte. Jetzt dagegen war der Harem nur mehr eine vortäuschende Institution, die Wollust war längst aus ihm entflohen, und das gefürchtetste Element war die Liebe und alles, was dem Scheine nach mit ihr zusammenhing. Die Sklavin zitterte, wenn der Herr sie geschlechtlich begünstigte, denn das Nachspiel dieser Zufallsliebe endete gewöhnlich unter den unsauberen, wühlenden Händen einer verbrecherischen Hebamme, oft mit Tod oder Siechtum. Im günstigsten Falle, wenn der Körper widerstanden hatte, war aus der Sklavin ein hartes, böses Geschöpf geworden, das nun bereit war, sich in jeder Form und bei jeder Möglichkeit zu rächen.

Und für die Seele, für das Seelenheil der Sklavin war der Religion nach der Gebieter verantwortlich. Die Sklavin hatte sozusagen keine eigene Seele, war quasi unbelangbar vor Allah. Sie war also körperlicher und seelischer Besitz des Herrn, kein eigenes, selbständiges Sein, denn ihre Sünden, Fehler und Tugenden wurden ihm angerechnet. Er war an ihren Missetaten und an ihren Verdiensten mitbeteiligt, denn er hatte dafür zu sorgen, daß ihr Leben ein gottgefälliges blieb, mußte sie leiten und führen und ihr vor allem ein gutes Beispiel geben. Nahm man Sklavinnen auf die Pilgerfahrt nach Mekka mit, so befreite man sie gewöhnlich vorher, damit die Pilgerfahrt, eines von den fünf islamischen Grundgeboten, ihr angerechnet werde. Befreite man die Sklavinnen nicht vor der Pilgerfahrt, behielt man ihren Sklavenbrief und gab ihn ihr nicht zurück, so hatte der Herr oder die Herrin, je nach der Zahl der sie begleitenden Sklavinnen, den Hadj vollzogen. Man konnte also, wenn es die Vermögensverhältnisse gestatteten, bei einmaliger Pilgerfahrt auch schon fünfzigfacher Hadji sein.

Ich habe oft darüber nachgedacht, daß eigentlich gar keine Gewähr dafür bestand, daß alle Sklavinnen Mohammedanerinnen waren. Man kannte in den seltensten Fällen ihre Heimat, ihren Ursprung oder gar ihre Familie. Die Händler, die die Harems »belieferten«, hatten wiederum ihre Agenten, die für sie Mädchen aufkauften; folglich wußte auch der Händler nicht, woher sie stammten. Oft waren es noch Kinder, die selbst keinerlei Angaben machen konnten. Lesen oder Schreiben war nicht einmal ein Begriff; sie sprachen oft Sprachen, die keiner verstand. Man übernahm sie in einem verstörten Urzustande und mußte sie erst erziehen, ihnen die notwendigsten Begriffe von Reinlichkeit und Manieren beibringen. War man mit dem Händler über den Kaufpreis einig, so übergab der Händler dem Käufer den »Sklavenbrief«, auf dem irgendein Vorname stand, welcher gewöhnlich nach Geschmack des Herrn oder der Herrin umgeändert wurde. Der Kaufpreis für eine Sklavin variierte zwischen vierhundert und tausend ägyptischen Pfund, je nach Alter und Aussehen. Kinder waren billiger im Preis, die erwachsenen Mädchen teurer; mit ihnen hatte man weniger Mühe und konnte sie schon nach kürzerer Zeit für Dienstleistungen verwenden.

Früher wurden in ganz großen, reichen Harems die gekauften Kinder gleichsam als »Nachwuchs« herangezogen, wogegen später, als es die ganz luxuriösen und Vermögen verschlingenden Harems schon vereinzelt gab, gewöhnlich nur mehr erwachsene Mädchen gekauft wurden. Eine prinzeßliche Walide-Hanum hatte in ihrem Harem noch eine Anzahl solcher Kinder, deren einzige Beschäftigung darin bestand, der hoheitlichen Frau die Zigaretten anzuzünden. Jeden Monat untersuchte eine Zahnärztin, die man in den Harem kommen ließ, den Mund und die Zähne der Kinder. Das Leben dieser vereigentumten, armen Wesen bestand also einzig in der steten Konzentrierung auf die zigarettenfordernde Bewegung einer ringgeschmückten Hand, einer Frauenhand, der diese despotische Grausamkeit gar nicht zum Bewußtsein kam und die oft diese Kinder für eine verzögert oder schlecht angezündete Zigarette damit bestrafte, daß sie der Schuldigen die Zigarette mit dem brennenden Ende an den Mund hielt. Von zartem Frauentum, von weiblicher Güte war im Harem wenig zu sehen. Eine Ausnahmeerscheinung war eine Hanum, die menschliches Verständnis für ihre ausgelieferten Mitschwestern besaß. Der Hochmut, der Despotismus, der auf Sklaverei eingestellte Befehlsgeist hatte ein terrorisierendes, größenwahnsinniges

Ich-Bewußtsein geschaffen, das fortlaufend durch bodenberührende Verbeugungen und wohlklingende, verherrlichende Segenssprüche genährt wurde.

Gleich nach ihrem Eintritt in den Harem bekam jede Sklavin ein bestimmtes Monatsgehalt. Über dieses Geld konnte sie nach eigenem Belieben verfügen. Dieses »Gehalt«, Ajlik, fing bei Kindern mit einem Pfund an und steigerte sich nach Dienstleistung und Jahren. Das Monatsgehalt einer brauchbaren, geschickten Sklavin betrug zwischen fünf und fünfzehn Pfund, das Gehalt einer Obersklavin zwanzig bis einhundert Pfund. Zu Zeiten Ismail Paschas waren alle Gehälter weit höher, gar nicht zu sprechen von den Ajlik im Harem Abdul Hamids, wo eine Kalfa bis zu dreihundert Pfund monatlich hatte.

Der Eigentümer der Sklaven war verpflichtet, für alle ihre Bedürfnisse zu sorgen. Mit der Zeit hatte sich in den Harems aus dieser willkürlichen Zufälligkeit und aus organisierten Ausgabeerwägungen eine angenommene, festgelegte Zahl der zu liefernden Wäsche- und Kleidungsstücke ergeben, die natürlich je nach der Größe des Harems sowohl an Zahl als an Beschaffenheit variierten und differierten. Für die Sklavinnen eines Mittelstandsharems waren folgende Kleidungsstücke für den jährlichen Bedarf vorgesehen: ein schwarzseidener Tscharschaf, ein Seidenrock und ein mantillenähnlicher Umhang, den man oft der Bequemlichkeit halber über das Kleid anzog, der dazugehörige Gesichtsschleier, der in Ägypten weiß war und die Augen unbedeckt ließ, wogegen in der Türkei ein dichtgewobenes, schwarzes Seidentuch das ganze Gesicht bedeckte. Für Ausfahrten und Besuche: ein langer schwarzer Seidenmantel, Färadje, der die ganze Gestalt verhüllte. Dann kleine, toqueähnliche Hüte, Hotos, meistens aus farbigen, künstlichen Blumen gemacht, deren Farbwirkung mit einem weißen Schleier überzogen wurde. Die Hotos komplettierte ein dünner, weißer Gesichtsschleier, der die Augen frei ließ. Färadje und Hotos konnte man nie auf der Straße zum Gehen anziehen. Die Garderobe bestand aus zwei Seidenkleidern für Empfänge und aus sechs waschbaren Hauskleidern. Diesem zugesicherten Bedarf reihten sich noch Wäsche, Strümpfe und Schuhe an. Von der persönlichen Geschicklichkeit und Beliebtheit der Sklaven hing die Möglichkeit ab, ihre Garderobe dann ins Ungezählte zu steigern. Von ihrem Monatsgehalt kauften sich die

Sklavinnen nur Parfüms, Schminke, Puder und Süßigkeiten. Eine große Rolle spielte das Sürme, ein feines, aus Antimon zubereitetes Pulver, welches mit einer Nadel kunstvoll durch die halbgeschlossenen Augenlider gezogen wird und dem Auge ein verheißendes Feuer verleihen soll. Schminke und Wohlgerüche waren für Sklavinnen keine äußerlichen Dinge, es waren die Hoffnungsreserven ihrer Seele, die vielleicht durch ihre magische Anziehungskraft das Herz des Herrn betören würden. Unter den scharfen Augen der Hanum-Effendi waren die verdeckenden und betonenden Farb- und Puderschichten maßvoll beschränkt, das schwelgerische Plus behielt sich die Herrin selbst vor. Wollte es aber das gütige Schicksal der Sklavinnen, daß ihnen einmal das Glück zufiel, den Pascha allein begleiten zu dürfen, wenn auch nur für beschränkte Stunden, und waren sie aus dem Bereiche der kontrollierenden Augen der Herrin entschwunden, so griff jede Hand gläubig und vertrauend nach diesen wundersamen Farbvortäuschungen. Daß Männer unberechenbar sind, das wußte sogar und besonders jede Sklavin. Vielleicht entstand ein Sehnen im Herzen des Herrn, vielleicht kam diesmal das Kismet, vielleicht kam diesmal das Gelingen. Und sie vergaßen, was sie gehört, gesehen, vielleicht schon selbst erlebt hatten. Alle grausamen, erschrekkenden Dinge ließ ihre Erinnerung im Harem zurück, denn sie hatten für kurze Zeit die Wahnvorstellung der Freiheit. Wenn der Herr dann seine Sklavinnen in ihrer werbenden, übertünchten Aufmachung erblickte, regte sich doch etwas wie Dankbarkeit in seinem Herzen, daß er für diese demütigen, dienenden Frauenseelen der einzige Hoffnungsstrahl war. Dankbarkeit ist seit jeher die schädlichste Verführerin. Aus ihrem totgeborenen Edelmut kann höchstens blasses Mondenlicht schimmern. Aber den ersten, leuchtenden Sonnenstrahlen muß es weichen.

Sklavinnen hatten für mich etwas unendlich Rührendes. Die vielen jungen Frauenleben, die man nutzlos mit Beschlag belegte, nur um seiner Bequemlichkeit und Gewohnheit eine jahrelange unabsehbare, gleichmäßige Stabilität zu sichern, deren Leben man einfach hinnahm, nur um das eigentumssichere Gefühl zu haben, daß einen diese Geschöpfe nie verlassen können. War es nicht eine rührende Naivität, daß die Sklavinnen gerade diesen Dauerdruck als erhebende Ehrung empfanden? Und eben dieses Gefühl verhinderte, daß sie ihre Stellung als dienende einschätzten. Für eine Sklavin war nur diejenige eine Dienerin, der man kündigen konnte. Frühere Sklavinnen von Ismail Pascha, die vor Jahrzehnten an Minister und hohe Würdenträger verheiratet worden waren, fuhren mit einer selbstbewußten Pünktlichkeit am Anfang jedes Monats in ihren vornehmen Equipagen zu der Privatkassenverwaltung, Daira Khassa, des Khediven Abbas Hilmi, dessen Großvater ihr Herr gewesen war. Sie holten sich stolz, dank ihrer früheren Sklavenschaft, den Ajlik bis an ihr Lebensende. So verwob sich auch die goldklingende Erinnerung an frühere Pracht und Herrlichkeit nachwirkend mit ihrem frei gewordenen Dasein.

Zu Zeiten Ismail Paschas hatte das Haremsleben einen viel weniger egoistischen und ausnützerischen Anstrich. Geld war in Hülle und Fülle da, wenn auch nur auf Kosten des Landes aufgetriebenes und geborgtes, da wehte ein großzügiger Wind immer neue Elemente in und aus dem vizeköniglichen Harem. Da dachte noch keiner daran, Frauen haremswirtschaftlich auszunützen. Da man einer Sklavin bei ihrer Verheiratung eine Mitgift – gewöhnlich in Höhe der für sie seinerzeit entrichteten Kaufsumme – dem religiösen Gesetze nach geben mußte, die Verheiratung aber vom Willen des Herrn abhing, so schob man später aus finanziellen Rücksichten diesen Zeitpunkt – wenn man ihn überhaupt ins Auge faßte – gewöhnlich so lange hinaus, bis die Sklavin schon Großmutter hätte sein können und als jungverheiratete Frau gleich die ihrem Alter und ihrer Erfahrung zukommende Rolle als mütterliche Freundin und Beraterin ihres Mannes übernahm. Sie führte dann in ihrem Heim die erlernten und gewohnten Sitten ein, ihr Mann ließ sie in allem gewähren, stolz auf die Umgangsformen und das »Wissen« seiner Frau. Durch sie fiel gleichsam auch auf ihn ein geläuterter Abglanz der früheren vornehmen Umgebung. Hohe Angestellte, Minister, Paschas, Beys fühlten sich nur geschmeichelt, wenn man ihnen eine gewesene Sklavin aus einem vornehmen Harem zudachte. Sie wußten, daß ihre Häuser dadurch an Ansehen gewinnen würden, und wenn der Harem, aus dem die Frau »stammte«, sehr einflußreich oder gar prinzlich gewesen war, so winkte bestimmt noch außer der Frau etwas Erfreuliches: ein Orden, ein Avancement, ein Titel oder ein anderer Vorteil.

Die Sklavin mußte zuerst gefragt werden, ob sie mit einer

Heirat einverstanden sei. Das Objekt war bedeutungslos, sie konnte es ja weder sehen noch sprechen. Es handelte sich also nur um das Prinzip. Wenn man eine Sklavin verheiraten wollte, so galt das als eine hohe Auszeichnung. Es war der Beweis, daß man ihre treuen, langjährigen Dienste belohnen wollte, indem man ihr quasi vor Torschluß noch die Möglichkeit eines eigenen Lebens gab. Wenn der Zeitpunkt auch ein bißchen verspätet war, so lockte doch die Aussicht, endlich eine Hanum-Effendi zu werden, wenn sich auch dieser langgehegte Traum anders verwirklichte, als man es sich ursprünglich gewünscht hatte. Denn in dem Harem, den sie verließ, hatte die Sklavin ihre Jugend gelassen, und was sie ihrem unbekannten Manne in die Ehe brachte, waren wiederum nur äußerliche Dinge, deren Opfer sie selbst war.

So bildeten alle diese Äußerlichkeiten eine unendliche Kette, deren verblaßte Glieder in alle Harems führten: welke Menschen, welke Hoffnungen, welke Seelen, vergeudete Kräfte. Und wenn endlich die Freiheit kam, dann war sie wertlos geworden. Weil die Freiheit kein Notausgang ist, sondern gleich der Eingang zum lebendigen Leben sein muß. »Wir verheiraten gewöhnlich Sklavinnen erst dann, wenn sie keine Kinder mehr bekommen können ...«, lautete ein grausamer Haremsausspruch. Ich habe selten etwas Verwerflicheres gehört. In ihm lag auch eine unheilvolle Selbstüberschätzung des besitzenden Gebieters. Mohammed sagt: »Kein Gläubiger darf nach meinem Tode eine meiner Frauen ehelichen.« Aus dieser Überlieferung heraus war diese unmenschliche Bestimmung entstanden. Hatte der Herr des Harems mit einer Sklavin geschlechtlich verkehrt, auch ohne sie nachher zu ehelichen, so war in seinen Augen ein Abglanz seiner Herrlichkeit auf sie gefallen, und seinem größenwahnsinnigen Gefühl nach wäre es eine doppelte Entweihung seiner Person gewesen, wenn nach seiner Beglückung ein anderer Sterblicher von dieser Frau ein Kind bekommen hätte. So verschlang dann der Harem das Leben dieser Frauen, verschüttete es langsam und unwiderruflich mit seinen kleinlichen, quälenden und meist so unnötigen tagtäglichen Pflichten, machte aus blühenden, starken, gesunden Geschöpfen leere, verblaßte Automaten, die nicht eine einzige lebendige Erinnerung als Gegengewicht für diese unnötige Opferung behalten hatten. Vielleicht ruhte vergraben in ihrem Schrank irgendwo ein Schmuckstück, das der Herr ihr heimlich zugesteckt hatte und das sie genauso geheimhalten mußte wie den Ursprung der Gabe. Manchmal freilich kamen diese Dinge zutage, besonders, wenn der Herr an impulsiven, quasi jähzornigen Sinnlichkeitsanfällen litt, die sein Bewußtsein derart verschütteten, daß er die Möglichkeit vergaß, daß Türen geschlossen werden können. Das war natürlich Pech, aber manchmal mußte so eine kleine Sensation schon geschehen, sonst wäre es zu eintönig gewesen. Eine befreundete Hanum klagte mir ihr selbstgeschautes Leid. Wahrscheinlich war ihr dieses Leid schon oft widerfahren, aber sie hatte es nicht mit eigenen Augen im übernehmenden Erinnern gebucht. Sie hatte ihren Mann mit einer Sklavin in einer unverkennbaren Situation angetroffen. Ich kannte auch die Sklavin. Sie war ein ganz nettes Geschöpf, nicht hübscher als ihre Mitschwestern und auch nicht anziehender als ihre Herrin. Man war nicht verwöhnt im Harem; schließlich mußte man nehmen, was da war und was eben »dazu« da war. Als die Hanum ihren Gatten in enger Verquickung mit der Sklavin erblickte, da tat sie das Klügste, was sie tun konnte: Sie drehte sich um und verließ das Zimmer, in dem sie keinesfalls eine derartig offenbare Überraschung erwartet hatte. Da dies Stückchen gestörter Erotik ohne Folgen blieb, war die Rache der Herrin keine gewaltige, und auch sie wurde aus einem gewissen wirtschaftlichen Prinzip heraus in den Bereich des Nützlichen verlegt. Nicht nur die ehemalige deutsche Hausfrau hatte für die unnütze Anhäufung von »Hauswäsche« aufstapelndes Verständnis; ähnlicher Sammelwahn war auch oft bei Hanums zu finden, die frühere Sklavinnen waren. Vielleicht weil sie jahrelang mit dem Falten, Ordnen, Einräumen und Instandhalten belastet worden war, hatten diese Dinge eine gewisse beschlagnehmende Macht über sie gewonnen. Und so mußte jetzt die ertappte Sklavin tage-, wochen- und monatelang feinen weißen, durchsichtigen Tüll in endlosen Nähten zu einer zeltartigen Form zusammennähen, die dann als Schutz gegen Moskitos verwendet wurde. Allein in ein Zimmer verbannt, mußte die Sklavin jetzt nähen und nähen. Ein Moskitonetz nach dem anderen entstand unter der scharfen Kontrolle der Hanum-Effendi. Die Geduld der Gedemütigten wurde mitleidslos erprobt. Der Stoff wurde ihr oft wütend aus den Händen gerissen, die rachefunkelnden Augen der Herrin sahen alle Nähte schief und schlecht. Es wurde getrennt und wieder genäht, nur um nochmals getrennt und genäht zu werden. Wenn dann diese verarbeiteten, duftigen Falten schützend und verhüllend um das Nachtlager des Herrn fielen, begleiteten ihn da keine störenden Stimmen in den Schlaf? Mahnte ihn nicht jeder einzelne Stich in den wegelangen Nähten an seine Feigheit, an seine abgeschobene Verantwortlichkeit? Oder war sein bewachter und behüteter Schlaf so fest und sicher in seiner Selbstherrlichkeit, daß keine Gewissensstimmen zu ihm dringen konnten? Denn er, als Herr, war zu erhaben, um von der ehelichen Rache getroffen zu werden. Solche Begebenheiten waren in einem Harem nichts Außergewöhnliches, denn die Sklavinnen waren so rechtlos, daß der männliche Mut ihnen jegliches Unrecht gewährte.

Mein Ton einer Sklavin gegenüber fiel vollkommen aus dem usuellen Rahmen. Trotz der Respektsbezeugungen und der tiefen Verbeugungen blieb ich für diese menschlich-petrefaktierten Haremswesen nur eine verblüffende Zufallserscheinung, und da sich menschlich mit mir sprechen ließ, hatte man innerlich keinen Respekt vor mir. Ich sank sofort in der Achtung jeder Sklavin, wenn ich ihr gestattete, sich in meiner Gegenwart zu setzen, auch wenn ich für gereichte Gegenstände dankte. Vielleicht war in ihren Anschauungen das Vornehme von einem gewissen Furchtgefühl unzertrennlich und undenkbar. Für sie war die Angst der Glorienschein, der die Hochstehenden umgeben mußte als Beweis der Verschiedenheit. Der gewährte Handkuß war schon eine annähernde Beschenkung, gewöhnlich berührten die Lippen nur den Saum des Kleides. Aber diese Mauer, die sich zwischen Sklavin und Herrin schob, war nur eine äußerliche, sie sicherte nur den rangmäßigen Abstand. In einem Harem gab es nichts Privates, nichts Intimes. Die diskretesten Angelegenheiten offenbarten sich durch Sitten und religiös festgelegte Gebräuche. Sie wurden aber auch oft irreführend zu propagandistischen Zwecken ausgenützt, gewöhnlich, um eine Nebenbuhlerin zu ärgern. Eine reizende kleine Hanum, deren sechzehnjähriger Humor noch lebensfähig und intakt war, mußte ihre Legitimität mit einem älteren Jahrgang teilen. Nachdem sie viel Zeit und widerstandsfähige Kopfnerven besaß, wusch sie sich Monate hindurch tagtäglich mehrmals den Kopf. Sie ließ sich dann die Haare abwechselnd von mehreren Sklavinnen trockenreiben, damit der ganze

Harem es wissen sollte, daß die rotblonde Pracht der Herrin den islamischen Vorschriften nach sich unter den großen Waschungen gelockt hatte. Und diese Waschungen offenbarten auch der Nebenfrau, daß die Gunst des gemeinsamen Herrn mehr zur Jugend als zur Anhänglichkeit neigte. Man konnte also auf diese Art, mit viel Shampoo, Geduld und gesundem Haarwuchs, systematisch eine männliche Potenz managen – beinahe bis zur Sagenhaftigkeit. Man mußte sich nur fortwährend den Kopf waschen.

Dieses Pascharenommé verblieb nicht nur innerhalb der Haremsmauern, denn nichts blieb innerhalb der Haremsmauern. Die Sklavinnen sprachen mit den Eunuchen, die Eunuchen wiederum mit andern Eunuchen, die wiederum mit andern Sklavinnen, diese Sklavinnen mit andern Herrinnen – ein nie endender Kreis, ein nie endendes Gerede.

Darum wußte man im Harem immer alles. Die Eunuchen schufen die Verbindung zur Außenwelt, sie waren sozusagen die Außenberichterstatter. Ihr Leben spielte sich innerhalb und auch außerhalb des Harems ab. Eunuchen waren keine Sklaven wie in früheren Zeiten, sie konnten aufgenommen und entlassen werden, hatten das Recht, die »Stelle« zu verlassen, wenn sie ihnen nicht paßte. Der Eunuch war eher ein repräsentatives Wesen, welches keine positive Arbeit verrichtete, er kam also nur für besser situierte Harems in Betracht. Er begleitete die Hanums und die Kalfas bei ihren Einkäufen, handelte und bezahlte; auf Reisen besorgte er die Fahrkarten, verstaute die vermummten Frauen, die unzähligen, in Tücher gewickelten Pakete, beruhigte die Kinder, wurde hin- und hergehetzt und verlor genauso den Kopf wie die Kalfas, die vollständig versagten, sobald sie außerhalb des Harems waren. Nur in ihren festgelegten, eingedrillten kleinen Tagespflichten waren sie selbständig, ihr Hirn war nicht gewohnt zu funktionieren und zu reagieren. Wie Gepäckstücke wurden sie ein- und auswaggoniert, in Wagen gehoben, herausgezogen. Für das alles war der Eunuch da. Bei Ausfahrten saß er neben dem Kutscher auf dem Bock, vermittelte auch da die Befehle der Wageninsassinnen dem Kutscher. Er war die Station, über welche der Wunsch erst zur Auswirkung gelangt. Prinzessinnen waren vehementer. Ihr Rang und ihr Vermögen sicherten ihnen eine gewisse Selbständigkeit, die sich bei einer energischen Prinzessin in Form einer langen, goldenen Hutnadel äußerte, mit der sie dem Kutscher ins Gesäß stach, wenn er entweder zu schnell oder zu langsam fuhr. Ich weiß nicht mehr, ob dieser goldene Stich auch das Zeichen für das Anhalten war. Auf alle Fälle war sie generös, denn sie litt nie an Kutschermangel.

Eunuchen wurden auch innerhalb der Vermögensmöglichkeiten der Harems verschieden bezahlt. Der Eunuch wurde auch gekleidet. In vornehmen Harems trug er seidengefütterte Gehröcke, Lackschuhe, tadellose Wäsche, und seine Kopfbedeckung war selbstverständlich der Tarbusch. Es ist falsch zu glauben, daß ein Eunuch immer eine rollende Fettmasse war. Im Gegenteil, das waren die Ausnahmen. Die meisten waren schlank, mit schmalen Händen und Füßen. Ihre Provenienz bestimmte ihre Körperformen. War es ein Neger aus dem Sudan, so hatte er gewöhnlich ein breites Gesicht, breite Statur, wulstige Lippen und im Alter den Hang zur Fettleibigkeit. Berbereunuchen hatten oft hübsche feine Gesichter und elegante Figuren. Das Gesicht eines Eunuchen konnte sehr ausdrucksvoll sein. Seine Psyche war denkbarst kompliziert und verworren, barg sie doch die heterogensten Widersprüche, und auch die hatten keine definierte Wesensart. Es waren schwer unterzubringende Übergangsgefühle, schwankend zwischen impotenter, unauslösbarer männlicher Sehnsucht und weiblicher und weibischer Schwäche, Sanftmut und Feigheit. Die meisten durch den Harem betonten weiblichen Schwächen hatte der Eunuch mit seinem hierarchischen Zustande übernommen, der trotz seiner ahnenlosen Sondererscheinung durch stete, beengende Frauennähe erbbelastet schien. Er war rührselig, leicht schreckbar, furchtsam und konnte angesichts eines blutenden Fingers ohnmächtig werden. Er liebte die schöne Kleidung, war eitel, leicht gekränkt, eingebildet, der müßigen Träumerei ergeben und gewöhnlich faul. Er hielt keinerlei körperliche Anstrengungen aus, war gegen Hitze und Kälte gleich empfindlich, jede Krankheit ließ seinen abergläubischen Organismus erbeben, und nur mehr die Furcht vor dem Tod war in ihrer verfolgenden Stärke männlich. Alle schwachen Frauen waren ihm wesensverwandt, und dabei hatte er eine umgewertete männliche Sehnsucht in sich.

Durch jahrhundertelange gleichmäßige Masseneinstellung schien sich eine bestimmte atmosphärische Eunuchenmentalität herausgearbeitet zu haben, ein neues, geschlechtloses Geschlecht. Gleich nach der Entmannung sprang jeder in den vorgeschriebenen, eingezirkelten Kreis hinein, der ihm seine beschränkte Anforderung aufdrängte. Dieser beengte Kreis enthielt nicht mehr dieselben eunuchlichen Entfaltungsmöglichkeiten wie früher, denn jetzt war die Entmannung eine vollständige geworden, nicht nur eine körperliche. Der »moderne« Harem, in seiner friedlichen und farblosen Auswirkung, hatte erst den Eunuchen richtig entmannt und versachlicht. Früher hatte es eine schwer zu eliminierende Ausnahmsmannbarkeit gegeben, ein sogenanntes geistig rebellierendes Eunuchentum, dessen Kraft, trotz der Plünderung, die maskulinen Eigenschaften verstockt und trotzig beibehalten hatte.

Unter den osmanischen Sultanen hat es viele Eunuchen gegeben, in deren muskelgestraffter Faust das Schwert nicht zitterte und die mutige und tatenbewußte Feldherrn und Eroberer waren. Ihr widerstandsfähiger Wille hatte die schwächende Entwertung der Entmannung nicht erfaßt, war übersehend gleichsam über sie hinweggeglitten. Zahllos sind die Eunuchen, welche siegreiche Belagerer waren und kämpfend auf den Schlachtfeldern fielen. Auch verantwortungsreiches Statthalter- und Großwesirentum leiteten sie mit männlich bewußter Unnachgiebigkeit. Großmögende Sultane vermählten sogar ihre Töchter mit Eunuchen, die nicht nur für das Vaterland kämpften und Länder verwalteten, sondern auch Prinzessinnen beglückten. Es hat viele Eunuchen gegeben, die einen Harem hielten, auch ohne daß ihr Rang sie zu dieser repräsentativen Verpflichtung zwang. Es waren gefühlsmäßige Eunuchenoutsider, die um Frauen warben, die Frauen liebten und die Frauen glücklich machten. Jeder altsultanliche Eunuchenharem war tadellos gehalten und blieb unbeschwert von mordenden Intrigen. Noch heute leben gebildete Frauen, die Gefühlsauserwählte von Eunuchen waren, mit denen sie jahrelang in glücklicher, freier Halbehe gelebt hatten. Vielleicht ziehen sie jetzt, in ihren vollwertigen Ehen, bedauernde Rückvergleiche.

Der Eunuch konnte sich platonisch in eine Frau verlieben, dann kannte seine Ergebenheit keine Grenzen. Auch war er fähig, die Frau in ihrer Art feminin zu erfassen, fand Verbindung zu ihr wie zu einer Wesensähnlichen, wie zu etwas Selbstempfundenem. Lebte er doch das Leben der Frauen mit ihnen, teilte ihre Sorgen und Wünsche. Er war ja oft der einzige, der ihre Wut- und Verzweiflungsausbrüche mit ansah, miterlebte. Denn die unangenehmen Übermittlungen und Aufträge hatte gewöhnlich der Eunuch auszuführen. Wozu sollte der stolze Herr des Harems sich in peinliche Auseinandersetzungen und tränenreiche Situationen einlassen? So mußte also der Eunuch den ersten Sturm aushalten, und der Herr ließ sich erst dann wieder im Harem blicken, wenn die Atmosphäre abgedämpfter und ruhiger war. So hielten es sogar die ganz Großen, Mächtigen, auch wenn sie die Beherrscher Ägyptens waren. Ismail Pascha, der Großvater Abbas Hilmis, war trotz königlicher Macht und beschwichtigender Verschwendungssucht nicht der Allertapferste, wenn es galt, einer Frau weh zu tun. So konnte er den Entschluß nicht fassen, seiner ersten Gemahlin mitzuteilen, daß er von seinem ihm zustehenden Rechte Gebrauch gemacht und eine zweite Frau geheiratet hatte. Sein Obereunuch mußte diesen angenehmen Auftrag ausführen, und das erste Ergebnis seiner Mitteilung war, daß die Prinzessin, die gerade vor ihrem Toilettentische saß, sämtliche goldene, brillantenbesetzte Bürsten in den kostbaren venezianischen Wandspiegel schleuderte. Aber nach kurzer Zeit gewann sie ihre Beherrschung wieder und sagte dem Eunuchen: »Bring mir meine Schwester, damit ich sie umarme ...« Da kam also trotz des großen seelischen Affektes die frühere Sklavinneneinstellung, Hemschirem, an die Oberfläche, auch der frühere Sklavinnengehorsam, vielleicht auch die innerlich anerkannte, befugte religiöse Auswirkung ..., aber hauptsächlich ihre große Liebe zu ihm. Liebende Frauenseelen enthalten immer ungeahnte Möglichkeiten, ihnen selbst verborgen, die sich erst dann plötzlich erschließen, wenn das Objekt ihrer Liebe ihnen weh tut. Frauenliebe wächst durch die Qual, es ist gleichsam ein liebender, ausgelieferter Ehrgeiz, der seine Allmöglichkeiten beweisen will; auch ein zärtlicher Stolz, Schmerzen wiederum in Liebe umwerten zu können. Kein Mann ahnt etwas von diesen Vorgängen, von ihrem Zustandekommen, vom Wesen ihrer Auswirkung. Er deutet den Effekt persönlich männlich um, zieht rückwirkende Trugschlüsse, die auf seine Macht, seinen Einfluß, seine Kraft, sein Bestimmungsrecht zurückführen, und vergißt, daß die Frau die große Trägerin der Liebe, also der Liebe verpflichtet ist. Sie muß das Renommé der Liebe wahren, verdankt sie ihr ja wiederum ihre Kraft und ihre Macht.

An all diese seltsamen und verworrenen Dinge dachte damals Ismail Pascha bestimmt nicht. Er war froh, daß seine zwei Liebesmotive sich unter dem traditionellen Deckmantel der abgelegten, verhanumlichten Schwesternschaft umarmt hatten. Das sicherte ihm einen doppelseitigen lächelnden Empfang, den er eigentlich dem mutigen Eunuchen zu verdanken hatte.

Damals wagte man noch gerne etwas für seinen Herrn. Es war noch die Zeit der Generosität, in der der Vizekönig Ismail Pascha Unglaubliches leistete. Er war eigentlich der letzte richtige Haremskavalier, der letzte Pascha, der diese Institution voll und ganz ausnützte. Materielle Bedenken hatte er nicht. Er hätte sogar den Nil in Flaschen abziehen lassen, wenn dies eine neue Geldquelle bedeutet hätte, und das Schicksal hatte ihn mit so fortlaufend bereiten Kräften gesegnet, daß die Vorschrift Mohammeds, welche jede angetraute Frau mit gesicherten legitimen Gaben bedachte, für ihn der Anzahl nach nur eine Beschränkung gewesen wäre. Er hatte aber keinen Sinn für Beschränkungen; er ließ seinem Liebeshunger, seiner Leidenschaft, seiner Phantasie, seiner Prunksucht freie Zügel. Sein Harem war noch ein richtiger Harem, ohne ausnutzerischen Zweck, da war alles klar und deutlich auf Prunk, Verschwendung, Generosität und Wollust aufgebaut. Auch auf Liebe. Dort nützte man die Sklavinnen nicht bis in ihr großmütterliches Alter aus. Hatte man eine erwählt und beglückt, so war ihr Zweck erfüllt, und sie wurde einem Minister oder einem anderen hohen Herrn als Gemahlin zugesprochen. Sie bekam eine königliche Mitgift, nahm als Andenken einige Kilo Brillanten und Schmuckstücke mit, brachte außerdem ihrem legitimen Herrn Orden und Auszeichnungen ein und erhielt auch noch weiter ihr Monatsgehalt, das sie als Sklavin bezogen hatte. Damals konnte sich eine Sklavin unter so erleichternden Umständen auf ihr neues, freies persönliches Leben freuen. Sie war noch jung, war quasi glorienumwoben und imponierte ihrem Gemahl allein schon durch die vizekönigliche Atmosphäre, die sie in das neue Heim mitbrachte. Sie war etwas Kostbares, das Allah in seiner unfaßlichen Güte ihm, dem einfachen Sterblichen, bestimmt hatte. Ich hoffe nur, daß diese Frauen sich für ihre späteren Mitschwestern vorrächten und es den Paschas und Beys nicht leicht machten. Die legitime und die illegitime Vielweiberei mit allemal legitimen, zu versorgenden Kindern, so wie es im Harem war, halte ich nur in zwei Fällen für durchführbar. Entweder bei ungeheurem Reichtum oder bei absoluter Budgetlosigkeit.

Der erste Fall bedarf keiner Erläuterung. Der zweite ist aus dem Prinzip der Fellachen, der ägyptischen Landarbeiter, heraus gedacht, die mehrere Frauen und viele Kinder hatten. Alle arbeiteten. Je mehr Anhang ein Fellach besaß, desto mehr Boden vermietete man ihm. Man vertraute der Zahl der Hände. Sogar die Tiere hatten dafür Verständnis, daß Jugend und Kleinheit für die harten Anforderungen des Lebens keine entlastenden Faktoren sind. Die größten und stärksten Büffel ließen sich von Kindern mit einem Stöckchen treiben, legten sich verständnisvoll auf den Boden, um die Kinder aufsitzen zu lassen; sie behüteten sich gegenseitig, die schwachen Kinder und die starken Tiere. Der Harem war aber nicht zu diesem Zwecke gegründet worden, damit kleine Kinder Büffel treiben sollen. Er war aus einer Üppigkeit der Sinne und des Lebens entstanden, aus der männlichen Herrscher- und Bezwingerlaune heraus, aus polygamer Begierde, die sich aus orientalischer Lässigkeit jedes Werben und Erobern sparte. Alles, was da war, konnte man nehmen. Auf dem Herde der Sinnlichkeit standen die hungerstillenden Schüsseln parat; es war genau wie beim Essen. Manchmal langte man aus Hunger zu, manchmal ließ man sich durch den Anblick der Speisen verführen. Das größenwahnsinnige Ich-Bewußtsein des Mannes setzte ein. Er war der Vergeber der Wollust, der Beglücker; die Seligkeit all dieser mit Beschlag belegten Frauen hing von seiner erotischen Geberlaune ab. Er hatte ständig den Beweis seiner Virilität um sich. Je stärker und vielfacher er sie empfand, um so mehr verlor jede Frau an Bedeutung als Einzelwesen. Alle zusammen: Das war der Harem. Ein Körper mit vielen verschiedenen Gliedern. Sie hingen auch alle zusammen, die Hanums und die Kalfas. Durch die ständig mögliche oder bereits erfolgte Verbindung zum gleichen Manne war innerlich ein schamlos familiäres Band entstanden, an welchem gleichsam alle einzelnen triebhaften Wünsche hingen. Es gab keine erotischen Geheimnisse, nichts Verdecktes, Ungeahntes, sie beobachteten sich gegenseitig mit wissenden Augen. War es doch der gleiche Schlüssel, der diese verschiedenen Schlösser dem geschlechtlichen Genusse öffnete. Die Hanum-Effendi befahl der Kalfa, die Kalfa gehorchte der Hanum; die Hanum hatte die Macht, die Kalfa den Gehorsam.

Aber das waren nur äußerliche Gesten, die konnten nicht ernstgenommen werden, wenn man bedachte, daß es überhaupt keine exklusive Intimität gab, nichts, das einem voll und ganz gehörte und das einen fundamentalen Vorrang schaffte. Die angetraute Frau, die Hanum, hatte ein Kind: Es war legitim. Die Sklavin hatte ein Kind: Es war legitim. Und die Sklavin konnte ja schon morgen eine Hanum-Effendi sein. Da wurde man eben schlecht und grausam, um exklusive Rechte zu schaffen und zu wahren. Avancierte eine Sklavin zur Hanum-Effendi, so roch förmlich der ganze Harem nach Unkultur. Der kürzeste Aufenthalt in dieser sinnverwirrenden Umgebung genügte, um sich vollkommen ausgeplündert zu fühlen; man mußte alle seine Ausschaltungs- und Umwertungsreserven herausholen, um nicht den lauten, barbarischen Stimmen der aggressivsten Häßlichkeit zu unterliegen. Die schönsten Blüten, lieblos in billige falsche Chinavasen gepreßt, verloren dort ihre Farben- und Duftfreudigkeit. Auf wundervoll gemeißelten Marmorkaminen trauerten blaue Sèvres-Prunkstücke, mit imitierten, verblichenen, verstaubten Blumen gefüllt. In die feinen Stiche eines Aubussons bohrten sich roh gefügte, schlecht gestrichene Tischfüße. An den Wänden unendliche Längen von Spiegeln, die den Glanzstar hatten. Zwischen diesen ermatteten Flächen wahllos angebrachte, nutzlos gewordene Appliken, kerzenlos, lichtlos, mit lückenhaften Kristallbehängen. Zwischen antiken Damastvorhängen hingen herausfordernd grobmaschige, steife Warenhausstores. Die Sofas und Divans, auf welchen man mit Vorliebe mit untergezogenen Füßen hockte, bestanden aus festgepfropften, durchgesteppten Atlaskissen, die als Unterlage ein überzogenes Holzgestell hatten. Weiche, schwellende Pfühle fand man im Harem nicht.

Überhaupt war die ganze traditionelle Umgebung absolut anti-sinnlich, unbehaglich, unansprechend – mit einem Wort: ungemütlich. Auch immer unpersönlich. Jeder Harem war allen anderen Harems, die auf dem gleichen Niveau standen, ähnlich. Überall die gleiche Anhäufung von falschen, geschmacklosen Dingen und sinnlos herumstehenden Gegenständen. Für ein im Harem aufgewachsenes Wesen blieb die Bedeutung des Wortes »cosy« unverständlich.

Auch wenn der europäische Tapezierer und Dekorateur eingriff und die teuersten Möbel herumstanden, so hatten alle diese Dinge dort ein anderes Gesicht, wie Berühmtheiten auf Inkognitoreisen – man glaubte ihnen ihre Zugehörigkeit zu den Bewohnern und der Umgebung nicht. Das war ja auch eine selbstverständliche Auswirkung, war doch kein einziger Gegenstand mit Liebe und verstehendem Zwecküberlegen gewählt und gekauft worden. Es wurde einfach bestellt und geliefert. So wie die Umgebung, die wenigen schönen Dinge ausgenommen, so waren auch die Gespräche, die man dort führte, wenn die Herrin des Hauses Damenempfang hatte. Solange man noch die blumengeschmückten, eingirlandierenden Höflichkeitsfloskeln herunterplapperte und bei den strömenden, unverbindlichen und ungemeinten Segensphrasen blieb, solange war es nur liebenswürdig irreführend, wie es der feine Anstand erforderte. Wenn aber der Kaffee mit dem gewohnten Zeremoniell getrunken war und die eigentliche Konversation begann, jetzt außerhalb der vorgeschriebenen, eingelernten Bahnen, da erfuhr man die verblüffendsten und geheimnisvollsten Dinge. Zum Beispiel: Aischa Hanum hatte sich seit zehn Jahren ergebnislos ein Kind gewünscht. Nach zehnjährigem geduldigen Warten befolgte sie endlich den Rat einer alten Sklavin. Zwei Wunderbäume standen an einem gesegneten Orte, ganz dicht nebeneinander. Durch diese enge Spalte hatte sich Aischa so lange hin- und hergezwängt, bis die Kur Erfolg hatte und ihr Bauch zusehends anfing zu wachsen. Jetzt hat Aischa ein kräftiges Kind – Maschaallah!

In einem anderen prinzlichen Harem hat ein Eunuch in fünf Minuten die typhuskranken Kinder geheilt, indem er einige Zeilen einer Sure mit Tinte auf ein Stückchen Papier schrieb und es dann in ein Glas Wasser warf. Den Kindern wurde dann das mit Tinte vermischte Wasser eingegeben, und die Genesung erfolgte sofort. Maschaallah!

Was man sich an Aberglauben leistete, war unwahrscheinlich. Bestimmte Tierknochen wurden in den Kopfkissen des Gebieters verstaut, die entzaubernd wirken sollten, durch Gebete und Sprüche präpariert, wenn man ihm eine Liebe aus dem Herzen oder aus den Sinnen reißen wollte. Gelang die Entzauberung auf diesem verknöcherten Wege nicht, so versuchte man stärkere Mittel. Arme Tiere wurden diesem Irrsinn geopfert. Große Hammel begrub man lebendig in der Erde, und zu diesem schmachvollen Vorgang nahm man noch den Namen Gottes auf die Lippen. Tränke wurden gebraut, Kleidungsstücke für bestimmte Wünsche und Zwecke besprochen und bebetet; es war der reinste Wahnsinnssabbath, der überall – sowohl in den größten Palais als auch in den kleinsten Hütten – Eingang und Glauben gefunden hatte.

Dann erzählte die Hausfrau den »Fall« der Leila Hanum. Ihr enttäuschter Gatte hatte sie in der Hochzeitsnacht ihrer Familie zurückgebracht: Der Bindestrich fehlte! (Wenn ich der Mann gewesen wäre, hätte ich einfach ein Ausrufezeichen hingesetzt – Interpunktionen sind nicht so ernst zu nehmen.) Die Hanums sind erschüttert. Wenn sie erst meine pazifistische Denkungsweise gekannt hätten! Alle sind der gleichen Meinung: Man müßte wieder die alte, gute Sitte einführen, nach welcher die Hochzeitsgäste so lange wartend verweilten, bis die Mutter der Braut triumphierend, voll Stolz das Jungferntum beweisende Eheleintuch durch die spalierbildenden Hanums trug und alle Frauenblicke sich an dem roten Fleckchen gütlich taten. Ja, so sollte es wieder sein – Inschaallah! Mir aber imponierte die Leila Hanum. Denn es war gar nicht so einfach, in einem Harem das zu verlieren, worauf man soviel Wert legte. Je größer der Harem, um so leichter die Bewachung. Allein durfte keine Hanum ausgehen. Fuhr sie im Wagen, so war sie wenigstens von einer Sklavin begleitet, und der Eunuch saß neben dem Kutscher. Leila Hanum mußte schon eine Mithelferin gehabt haben – außer dem Mithelfer –, zu welcher sie offiziell gehen konnte, zum Beispiel die Schneiderin. Dann hatte sie es verstanden, die Sklavin zu entfernen – oder war auch sie eine Vertraute? Der Eunuch wartete ohnedies im Vorraum. In der Ausführung war das alles nicht so einfach. Auf alle Fälle hatte Leila Mut und Geschicklichkeit bewiesen. Und vielleicht war es auch noch ihr Glück, daß ihr Mann sie abgelehnt und zurückgebracht hatte.

Auch Sklavinnen ließ man nie allein ausgehen. Gestattete man ihnen einmal einen Ausgang – der Zweck war dann gewöhnlich ein Herumstreifen in den engen Straßen der Muski, dem einheimischen, großen Basar –, so schickte man immer mehrere Sklavinnen mit einem Eunuchen. In kleinen Harems hatten die Frauen mehr Freiheit, die aus der Beschränkung und aus der täglichen Notwendigkeit entstand.

Wenn keine Dienstleute vorhanden waren, mußte sie selbst einkaufen, mit den Kindern spazierengehen. In vornehmen Harems gingen die Sklavinnen im abgetrennten Haremsgarten spazieren, wurden auch von der Herrin zu Ausfahrten und zu Besuchen mitgenommen, denn die Sklavin wurde nicht als Dienerin angesehen. Sie war ein Teil des Harems, nach religiöser Auffassung eigentlich eine Familienangehörige. Sie war ihrer Stellung nach ein merkwürdiges Mischprodukt von Vertrauter, Zugehöriger, Erkaufter und Dienender. Bei Empfängen, Zeremonien und Festlichkeiten jeder Art waren die Sklavinnen der Beweis für Reichtum, Vornehmheit und Tradition des Harems.

Nirgends hatte man mehr Sinn für prunkhafte Feste als in Ägypten; nirgends konnte man so flaggen, so illuminieren, eine so überzeugende und eindringliche Festatmosphäre schaffen. Wie hoch war aber oft der Preis für eine solche Illusion aus Tausendundeiner Nacht! Nicht nur Prinzen oder Millionäre frönten diesem Hang für Prunk und Schaustellung, auch Familien, deren Budget begrenzter war, wollten bei solchen Gelegenheiten nicht nachstehen. Ägyptens ewig strahlende Sonne verscheuchte die Bedenken. Inschaallah, Gott ist groß! Die Hoffnung auf eine gute Baumwollernte stand auch immer ermutigend und verleitend im Hintergrunde, lockte mit ihren schnellen Bereicherungsmöglichkeiten. Heute noch ein kleiner Bey, vielleicht schon morgen ein ordengeschmückter Pascha. Im Lande der Pyramiden war alles möglich und so manches käuflich. Was am meisten Geld verschlang, war eine Hochzeit mit den damit verbundenen Festlichkeiten. Die erste im Hause der Braut, die zweite im Hause des Bräutigams. In diese zwei Nächte wurde alles hineingedrängt, was für jahrelange Sinnennahrung gereicht hätte. Ich werde eine Hochzeit, der ich beigewohnt habe, nie vergessen, weil ich damals die widersprechendsten Eindrücke und das seltsamste Geschenk meines Lebens erhielt.

Die Tochter eines Paschas feierte Hochzeit. Sie war dreizehn Jahre alt und hatte Rippenfellentzündung. Da aber der Arzt erklärte, daß keine unmittelbare Gefahr bestünde, so wurde die Hochzeit zum angesetzten Tage abgehalten. Eine Hochzeit zu verschieben war fast eine Unmöglichkeit. Auf alle Fälle hätte es einen unerhörten materiellen Verlust bedeutet – abgesehen vom landesüblichen Aberglauben, daß eine verschobene Hochzeit Unglück bedeutet. Eine mohammedanische Hochzeit in vornehmen Kreisen war nicht so einfach wie in Europa mit Teppichlegen, Blumenstreuen und Orgelspielen abgetan. Man engagierte die beste Theatertruppe, arabische Sänger, Tänzerinnen, Varieté, indische Fakire – kurz alles, was sich einer besonderen Berühmtheit und eines hohen Preises erfreute. Nichts war zu kostspielig. Viele Familien gingen an diesem einen Tage finanziell zugrunde. Man opferte Unsummen, um in die Hochzeitsfeierlichkeiten alles hineinzubringen, was für den Zerstreuungsbedürftigsten auf Monate gereicht hätte. In allen Harems war die in Aussicht gestellte Hochzeit schon lange vorher das interessanteste und aufregendste Gespräch. Wie ein Lauffeuer verbreitete sich täglich eine neue Kunde von einer der vielen Attraktionen, welche die betreffende Familie zu Ehren ihrer Gäste gewonnen hatte; denn es gab keinen Ort in der Welt, der mit dem prompten Nachrichtendienst eines Harems hätte wetteifern können.

Es ist acht Uhr abends. Im Palais von Musturut mahnt mich die erste Kammerfrau, mein liebes, treues Hermelinchen, daß es Zeit sei zum Anziehen. Ich schließe bedauernd den großen Bechsteinflügel und folge ihr ins Toilettenzimmer. Unzählige Hände beschäftigen sich mit mir ... Dann stehe ich auf einem großen, weißen, goldgestickten Tuche, damit die lange Schleppe des Kleides nicht den Boden berühren soll. Der Jaschmak wird kunstvoll am Hotos befestigt, noch der gestaltverhüllende Mantel – dann fahre ich zur Hochzeit eines Kindes.

In die Ecke des Coupés gedrückt, denke ich nach ... Wie wird das Leben dieses Kindes sich gestalten? Wird sie glücklich werden? Ihre Verlobung war ein Ausnahmefall; denn sie kannte ihren Bräutigam, der heute abend ihr Mann werden soll. Sie hatten zusammen gespielt, hatten sich täglich gesehen, und als der Tag kam, an welchem sie zum ersten Mal ihr Gesichtchen verschleiern mußte, weil sie trotz ihrer Kindlichkeit ein Weib geworden war – da waren sie auch schon verlobt. Beide waren Kinder. Seine achtzehn Jahre besaßen nicht mehr Erfahrung als ihre dreizehn Frühlinge. Das gemeinsame Spiel sollte jetzt ein gemeinsames Leben werden. Die Vorbedingungen waren weit günstiger als es sonst der Fall war, wo man einen fremden Mann zum ersten Mal ohne Schleier sah, und dann war es schon der eigene, der Herrenrechte besaß. Früher hatte man ihn nie gesprochen. Vielleicht hatte man ihn durch die vergitterten Fenster des Harems erspäht – das war aber auch alles. Alles?! Wer weiß, welche erwartenden Wünsche sich dem Unbekannten zusehnten, wie viele eingesperrte, verschleierte und zurückgedrängte Träume bereit waren, ihn, den man nicht kannte, als Auserwählten hingebend zu lieben. Denn dieser fremde Mann bedeutete nicht nur den zukünftigen Ehegemahl, sondern auch den Anfang und das Ende des eigenen Lebens. Des eigenen Lebens?! Das kam ja nie – das eigene Leben ... Im Elternhaus beugte man sich dem Willen der Eltern, stand unter den Gesetzen und der Absonderung des elterlichen Harems. Und dann? Dann kam der Wille des Mannes, die Absonderung des eigenen Harems. Der Träger des Willens, die Instanz des Bestimmens hatte sich nur verändert; einengende Mauern, verschlossene Türen, vergitterte Fenster hatten sich nur verschoben, standen dort im eigenen Heim genauso starr und bedrückend wie im früheren. Würde man ihn lieben?! Die Bereitschaft war da – der gute Wille. Genügt der »gute« Wille, um zu lieben?! Ist denn Lieben eine Handlung? Ein ausgeführter Vorsatz? Ist denn Liebe kein offenbarendes Glaubenswunder mehr? Kein strahlendes Geschenk, welches unerwartet, unvorbereitet, plötzlich Besitz ergreift von zwei Seelen, von zwei Körpern, die in dem drängenden Sich-geben-Wollen, Sich-nehmen-Wollen zum ersten Mal die tragische Einsamkeit der Halbheit empfinden?! Hat denn Liebe nichts mehr mit Ergänzung, Verquikkung, Zusammenschmelzung zu tun? Ist sie nicht mehr das Stärkste, das Zwingendste im Weltall? War sie denn so schwach geworden, daß sie diese Ketten nicht mehr sprengen konnte? Oder waren die Menschen ihrer nicht mehr würdig? ...

Heller Schein dringt in den Wagen. Illuminierte Alleen, Fahnen, Musik, Menschen – in langen, bewegungslosen Reihen aufgestellt ... Der Wagen fährt jetzt ganz langsam; denn vor den Pferden werden mir zu Ehren Hammel geopfert, durch einen Kehlschnitt getötet, das Fleisch an Arme verteilt ... Ich schließe die Augen. Die Khediviale Hymne – wir sind am Ziel. Ich steige aus. Eunuchen führen mich über das rote Teppichband zum Eingang des Harems. Ein Meer von Frauen ... Bin ich das – war ich das –, diese verhüllte Gestalt, die dort bewegungslos steht?! Eilfertige Hände haben den Mantel abgenommen, den Schleier entfernt. Vor mein Gesicht hält man einen edelsteinbesetzten Spiegel. Bin ich das, dieses geschmückte Bild?! Sklavinnen stützen meine Ellenbogen, heben mich fast über die breite Treppe hinauf, durch zwei dichtgedrängte Reihen sich tief verneigender Frauen; hinter mir trägt man die Schleppe. Kein Laut, Totenstille – das Symbol der größten Ehrfurcht. Nur das knisternde Rauschen der Seidenkleider bei den Verbeugungen, die sich bis zum Boden neigen. Oben am ausmündenden Treppenaufgang empfangen mich die Mutter des Bräutigams, die Mutter der Braut und die Kinderfrau, die Dada Hanum, welche keine Dienerin ist, sondern eine allgemein geehrte mütterliche Konkurrenz bedeutet und im Familiensinn nach der Mutter die höchste Respektsperson im Harem ist. Hinter diesen Rangersten stehen gedrängt alle vornehmen Besucherinnen. Trotzdem ich es verhindern will, wird der Saum meines Kleides geküßt. Die üblichen Begrüßungsreden, Dankesworte, Segenswünsche. Unter dem blumigen Schwall klingender Girlanden zieht sich meine Schleppe durch dichtgefüllte Räume bis in den großen Empfangssalon, in dem nur ein einziger breiter Lehnstuhl steht, der mit gestickten Kaschmirschals überdeckt ist. Den Wänden entlang liegen Hunderte von Seidenkissen. Nachdem ich mich gesetzt habe, bringt man den Kaffee. Die farbige, rauschende, schmuckbestreute Welle, die uns gefolgt ist, löst sich auf, verteilt sich: Auf jedem Kissen läßt sich eine Hanum nieder. Die Familienmitglieder bleiben neben mir stehen. Die Kahwedji-Kalfa, über deren linke Schulter ein goldgesticktes Samttuch gelegt ist – oft war dieses Tuch mit Edelsteinen besät – nähert sich mit dem runden Tablett, auf dem der Kaffee und die hauchdünnen Täßchen in diamantenbesetzten Behältern stehen. Eine andere schenkt den Kaffee ein, jedes Täßchen wird von einer Sklavin in Empfang genommen, mit kleinen, vorsichtigen Schritten zu einer Hanum getragen und mit gesenkten Augen dargereicht. Alle kochlumränderten, glänzenden Augen sind auf mich gerichtet. Die Etikette verlangt es, daß ich den ersten Schluck tun muß.

Der Kaffee ist getrunken, der erste Kaffee, auf den noch viele folgen werden, denn bei jedem Ehrengast wird sich diese Zeremonie wiederholen. Dann äußere ich den Wunsch, die Braut zu sehen. Man will sie rufen, ich lehne ab. An ihrem großen Ehrentage will ich zu der kleinen Hanum gehen und werde in den Salon geführt, wo sie wie ein lebloses Götzenbild auf einem erhöhten Sitz thront. Ihr Kleid aus starrem Atlas ist schwer mit Gold bestickt. Ein Schleier, von einer edelsteinbesetzten Krone auf dem Kopf gehalten, umfließt die Gestalt. Vier farbige, ungefaßte Edelsteine sind auf Stirne, Kinn und Wangen aufgepickt. Das Gesicht ist puppenhaft geschminkt. Die Augenbrauen, durch einen scharfen Strich zusammengezogen, verleihen dem Gesicht etwas Starres. In den Ohren hängen große Brillanten – Ringe, Armbänder, Kolliers und Broschen sind in Mengen vorhanden. Die kleine Hanum sitzt würdig und stumm wie ein zur Schau gestelltes Idol. Sie sieht mich, steht auf, kommt mir entgegen. Mühsam bekämpfe ich meine Tränen, so rührend wirkt dieses hübsche, vermaskeradierte, kindliche Geschöpf. Trotz ihres Prunkstaates schließe ich sie in meine Arme. Dann führe ich sie zu ihrem Sitz zurück, denn sie ist krank, sie kann kaum stehen. Wie eine kleine Heldin verbirgt sie ihre Schmerzen hinter einem gleichmäßigen Lächeln. Die Besucherinnen ziehen in Scharen an ihrem erhöhten Sitz vorbei, sprechen die üblichen Segenswünsche, Beschwörungen gegen das böse Auge, mustern sie kritisch, schätzen neidisch den Wert des Schmuckes. Ab und zu kommt die besorgte Dada, um nach ihrem Liebling zu sehen, und benutzt einen Augenblick, da die Besucherschar aussetzt, um dem Kinde, das sie wie ein eigenes liebt, eine Erfrischung zu reichen. Kaum hat das todmüde Geschöpf einige Schlucke Limonade zu sich genommen, nahen wieder neue Besucherinnen: Sie muß wieder regungslos sitzen und lächeln ... Das halte ich nicht mehr aus. Ich wende mich ab, schließe die Augen, um das anklagende Bild der kleinen Hanum zu verwischen. Da fühle ich ein Brennen in meinen Augen – Allah! Das sind ja Tränen – und ich darf nicht weinen – ich darf nicht. Ich wiederhole innerlich immer nur diese drei Worte, reiße die Augen auf, blicke starr in die flammenden Lichter des riesigen Kristallüsters – nur jetzt mit keiner Wimper zucken – ich habe sie mit Tusche verlängert – Hoheiten dürfen nicht weinen, auch keine schwarzen Tränen ... Das, was ich gefürchtet habe, geht vorüber. Vielleicht haben sich auch die Tränen geschämt, daß ich sie aus einem solchen Grunde verdrängen mußte.

Die Geschenke der Braut werden bewundert. Maschaallah! Aus Aberglauben der einzig zulässige Bewunderungsausruf, der »wie schön«, »wie gut«, »Gott schütze es vor neidischen Blicken!« bedeutet. Sie sind auf einem langen Tische aufgestellt, aufgehäuft, zur Schau hingelegt. Daneben, auf einem anderen Tisch, die Geschenke, welche die Dada Hanum erhalten hat. (War die Dada auch die säugende Amme gewesen, so war sie keine Sklavin.) Der Hochzeitstag des Kindes, das sie aufgezogen, ist für sie ein großer Ehrentag, der verdienstvolle Abschluß einer langjährigen, treuen und aufopfernden Tätigkeit. Sind keine anderen Kinder mehr im Hause, so zieht die Dada mit der Braut in ihr neues Heim, wo sie eine vertrauensvolle Ehrenstelle bekleidet und auch weiter ihr Leben dem Wohl und Wehe ihres Lieblings weiht.

In der Mitte eines Raumes prangt umgebungslos das Brautbett. Eine breite, glänzende, silberne Pracht, deren Kopf- und Fußende, edelsteinleuchtend, bereit ist, die kostbarsten Träume würdig einzufangen. Glitzernde Blumen, von verschlungenen Blattgirlanden umgeben, schimmern erwartend. Auf goldgestickter, weißer Atlasdecke das Brauthemd ... Dieses Bett wird nur den Traum, den Wunsch und das Erleben einer einzigen Nacht kennen: der Hochzeitsnacht. Es bleibt später, an einem vergessenen Ehrenplatze aufgestellt, unbenutzt und zwecklos stehen. Man raubt ihm sein Recht. Man schließt es aus, man verwehrt ihm, dieses gepaarte neue Leben auch weiter in den nächtlichen Schutz seiner kostbaren Umklammerung zu nehmen. Die gleichmäßig fortlaufenden Nächte unterstellen sich nicht mehr seinem silbernen Leuchten, welches nur mehr die einsame, schwere, weiße Decke beherbergen wird. Seine komplizierte, verschlungene Existenz entstand nur reichtumsbezeugend, als attraktives Schauobjekt für die Hochzeitsfestlichkeit. Die Macht dieses Bettes reicht nicht aus, um die labilen, atlasüberzogenen Matratzen zu verdrängen, deren improvisierte Nachtlager sich bald hier, bald dort aufschlagen, und deren nomadenhafter Zauber der Bettständigkeit nicht weichen will. In das gleichmäßige, eintönige Haremsleben setzt das Unvorhergesehene, Zufällige und Veränderliche kleine, ablenkende Oasen – man klammert sich an diese armseligen, beweglichen Ablenkungsmöglichkeiten. In jedem Harem gibt es Zimmer, die nur mit Kissen, Decken und Matratzen angefüllt sind, die unzähligen Besucherinnen nächtliche Zufallslager sichern.

In diesen Zimmern stehen auch schwere, hölzerne Truhen,

die feingewobene, gestickte Leinwandpracht enthalten, deren Mannigfaltigkeit mit der überschwenglichen Fülle des Basars konkurrieren kann. Golddurchwirkte, weite Hausmäntel, perlenverzierte Pantöffelchen in allen Kleinheiten, durchsichtige Schleier für Kopfumhüllungen – alles nur gewählt und gekauft für stets gern gesehene Gäste. Auch hier, in dem hochzeitlichen Harem, ist ein Salon zur Wäscheschau verwandelt worden. Auf allen Tischen, Fauteuils und Stühlen Berge von augenlichtraubenden, weißen Handarbeitskunstwerken. Sogar die Badewäsche hat auf ihrer rosa, lichtblau und gelb schimmernden Aufsaugebereitschaft gold- und silbergestickte, abschließende Bordüren. Und für die Gebete der kleinen Hanum liegt ein Stoß weißer Gebetteppiche bereit, ihr Grund ist mit zarten Farben bestreut, deren abgetönte, lichte Feinheit sich eher für eine träumende Unterlage, als für die beschwerende Aufnahme abzubittender Sünden eignet.

Immer neue Besucherinnen fluten in den Harem. Auch viele europäische Damen, die uns Hanums neugierig mustern, unsern Schmuck anstarren und sich so benehmen, als wären sie in einem Panoptikum. Da fühle ich mich sofort mit den Hanums solidarisch, werfe keinen Blick auf meine frühere Welt, die mit Taktlosigkeiten für die großzügige Gastfreundschaft quittiert. Zu einer großen Hochzeit sind auch die Uneingeladenen eingeladen. Europäer der Gesellschaft, Vertreter des diplomatischen Korps, kurz alle, die sich für mohammedanische Festlichkeiten interessieren. Die europäischen Damen, die in den Harem gehen wollen, werden von Eunuchen hineingeführt. Die Herren bleiben im Selamlik, zu dessen Erweiterung auch noch der Garten in ein riesiges Zelt verwandelt wurde. Gespannte gestickte Tücher, von hohen Stangen gestützt, überdecken ihn vollkommen. Große Kristallüster, mit unzähligen Lampen, hängen vom Zeltdach herab. Der Boden ist mit kostbaren Teppichen belegt, auf denen niedrige Divans und kleine Rauchtische stehen. Der Hausherr und seine männlichen Verwandten empfangen die Gäste. Eine Schar von Dienern sorgt für Erfrischungen, Limonaden, Kaffee, Süßigkeiten, Eis, und für Europäer gibt es sogar Champagner.

Alle Fenster und Balkons des Harems, die auf den Garten münden, sind vergittert worden. Von außen kann kein Blick durch die fein geschnitzten, mit Elfenbein verzierten Holzmusterungen dringen. Aber von innen sieht man alles deutlich. Jetzt drängen sich die Hanums an die Fenster, auf die Balkons, denn unten im Selamlikzeltgarten beginnen die Vorführungen. Varieté, arabisches Theater, arabische Sänger, Sängerinnen, Fakire, Jongleure und Kinovorstellungen wechseln sich ab, ohne daß die geringste Pause entsteht. Ich sitze auf einem großen Balkon, von Hanums umgeben, die fortwährend um mein Wohlergehen bemüht sind. Wenn ich, durch die Gitter schauend, eine zufällige Bewegung mit der Hand mache, so fühle ich schon, wie man mir eine angezündete Zigarette zwischen die Finger schiebt. Ich brauche nur den Kopf zurückzuwenden, so nähert sich sofort ein Tablett mit Erfrischungen. Aber alles so liebenswürdig, so herzlich gemeint, daß ich es nicht einen Augenblick als belastend empfinde. Die größte Gastfreundschaft, die ich kenne, ist die orientalische. Sie ist kein äußerlicher, höflicher Zwang, sondern sie kommt aus dem warmen Bedürfnis des Gebens, jeder Gast wird zum Familienmitglied.

Eine Bewegung entsteht. Die Hausfrau, die Mutter des Bräutigams, kündet den Brautzug an. Die seidenrauschenden Hanums fluten in die Empfangsräume zurück. Man hat die Türen des Salons geschlossen, in dem die Braut vorher auf ihrem erhöhten Sitze gesessen war. Eine große Spannung ist eingetreten. In zwei langen Reihen haben sich die Hanums aufgestellt. Durch diese zwei lebenden Mauern, die sich durch sämtliche Räume des Harems schlingen, wird die Braut gehen. Alles wartet atemlos. Die Begleiterinnen der Hanums, die Sklavinnen, haben ihren Herrinnen mit Goldstücken gefüllte Säckchen übergeben. Sklavinnen und Dienerinnen des Hauses verteilen an die Besucherinnen große Ährengarben.

Jetzt öffnen sich die Flügeltüren – Totenstille. Die Braut kommt!

Zuerst steht sie bewegungslos, dann schreitet sie mit kleinen Schritten langsam vor. Um die juwelenübersäte Gestalt wallt der Schleier herab. Die Krone funkelt, bedrückt mit ihrer Last den kleinen, feinen Kopf. Die Schleppe gleitet in endloser Schwere nach. Unzählige lange, goldene Fäden sind über die Krone gestreut, die bis zum Boden herunterrieseln. Vor der Braut, rückwärts gehend, die Dada und Sklavinnen des Hauses, welche, Segenswünsche sprechend, Gold und Ähren streuen. Langsam, wie ein zum Leben erwachtes Idol schreitet die Braut. Jetzt ist Bewegung in die Versammlung gekommen. Die Hanums neigen sich vor, werfen Gold vor die Füße der kindlichen Braut, streuen Ähren, und die, welche am nächsten stehen, greifen mit vor Aufregung zitternder Hand nach einem goldenen, glitzernden Faden, dessen Besitz Glück bringen soll

Die Vergangenheit ersteht ... So gingen sie vor Jahren, gleich geschmückt den gleichen Weg. Damals griffen bebende Hände nach den Goldfäden, die über ihren Schleier fielen, heute greifen sie nach den goldenen Fäden einer andern Braut. Man sagt, sie bringen Glück! Jede will einen haben, vielleicht schenkt er ihnen den Wunsch ihres Sehnens. Und die Braut, in ihrer starren, gleißenden Pracht, schreitet langsam vorüber wie ein Symbol. Ihr Fuß zertritt blühende Ähren, ihr Weg ist mit Gold bestreut und zu ihren Seiten neigen sich die Schwestern. Die Schwestern der Gefangenschaft, die Schwestern des Leides. Die gleichen Segenswünsche verbinden alle rotgemalten Lippen, wie in einem schweren, geschlossenen Kreise ruht das gleiche Lächeln. Augen sprechen, erzählen, was der Traum ihnen versagt hat. Die Braut schreitet langsam vorbei. Jetzt ist die lange Schleppe verschwunden. Es geht so etwas wie ein Aufatmen durch die zu einem Freudenfeste versammelten Frauen. Das sehnsüchtige Rückerinnern an Erhofftes, das wie ein ungeweinter Tränenschleier den Glanz der kochlumränderten Augen trübte, ist vom gewohnheitsmäßigen Lächeln wieder verdrängt worden. Der Bann ist gebrochen. Die geschmückten, juwelenbehängten Hanums lachen und scherzen, tauschen Bemerkungen über die Braut aus. Hinter geschlossenen Türen hält die Dada ihr bräutliches Kind in den Armen. Ihre Stimme, die gewöhnt ist, zu trösten, spricht leise, beruhigende Worte. Vielleicht erzählt die treue Kinderfrau das letzte Märchen, welches das Kind ihr glaubt.

Jetzt herrscht neue Aufregung: Die Tänzerinnen kommen! Zu den eintönigen Klängen der Musik beginnen sie, sich zu recken und zu winden, die starren Augen auf ein unsichtbares Ziel geheftet. Ist das Ziel die Sehnsucht? Oder die Wollust? Oder auch nur die Erwartung der Goldstücke?! Die Musik atmet kürzer, gedrängter. Ein Zittern bewegt die fast nackten Körper. Mit einer schlangenartigen Bewegung nähert jede der Tänzerinnen ihren Kopf einer Zuschauerin: Es ist die flehende Bitte um ein Goldstück. Die Hanums, begeistert vor Entzücken, kleben den Tänzerinnen befeuchtete Goldstücke auf die Stirne, auf die Wangen und auf das Kinn. Die starren, gemalten Augen glänzen unheimlich aus den goldverzierten Gesichtern. Und nachher, wenn kein Goldstück mehr auf den Gesichtern Platz findet, dann streuen die Hanums handweise das Gold vor die Füße der Tänzerinnen. Mit kleinen, schrillen Schreien wird es aufgehoben, ohne daß von den starren, goldenen Masken auch nur ein Goldstück zur Erde fällt. Die Tänzerinnen sind fort. Die Balkons füllen sich wieder. Eng aneinandergedrückt, Bemerkungen austauschend, dicht an das trennende Gitter gelehnt, spähen Hunderte von Frauenaugen in das Zelt des Selamliks. Manchmal streift ein neugieriges Männerauge die trennenden Schnitzereien, aber die Vergitterung hütet neidisch das Geheimnis des Harems.

Nichts ist durch das dunkle Geäst zu erspähen. Nur manchmal das flimmernde Glänzen eines großen Brillanten. Ein sehnsüchtiger Männerblick hat das Aufleuchten des Steines erfaßt. Jetzt träumt vielleicht ein »Ungläubiger« von einer weißen, rosenduftenden Hand, deren Liebkosung von Edelsteinen beschwert ist. Wie angezogen durch das Netz der Gitter, nähert sich langsam eine hohe, schlanke Gestalt im ordengeschmückten Frack dem Balkon. Das Gefühl, daß Frauenaugen, die er nicht sehen kann, ihn beobachten, macht ihn rasend. Er ist jetzt dem Balkon so nahe, daß er ein leises Lachen vernimmt. Ein vornehmer Türke in strenger, schwarzer Stambulin beobachtet den Europäer. Gemessenen Schrittes nähert er sich, mit verbindlichem Lächeln beginnt er, mit ihm zu plaudern. Sprechend entfernen sich die beiden Männer immer weiter vom Balkon. Frauenblicke folgen ihnen durch das Gitter ...

In den größten Salons des Harems ist wie mit Zauberhänden alles für eine Mahlzeit vorbereitet worden. Große, runde, silberne Plateaus, mit goldenen Inschriften eingelegt, auf geschnitzten Holzfüßen ruhend, dienen als Tische. Alle Gläser sind mit silbernen Deckeln versehen. An jedem Tisch haben Damen Platz genommen. Sklavinnen tragen eine Unzahl kleiner, bedeckter Schüsselchen herbei. Aus jedem wird gekostet, genascht; es ist, als würden große Kinder »Essen« spielen. Nachher bringen Dienerinnen langschnäbelige, ziselierte Kannen und kleine Becken. Duftendes Rosenwasser wird über die Fingerspitzen geträufelt, die man an feingestickten Tüchern abtrocknet. Die Tische sind verschwunden. Der Kaffee wird gebracht. Regungslos stehen die Sklavinnen mit den Plateaus, auf denen das Kaffeegerät funkelt. Die Herrin des Hauses bittet jetzt die anwesenden Hanums, es nach einer alten Sitte zu gestatten, daß der Bräutigam allen Besucherinnen des Harems seinen ehrfürchtigen Dank für ihre Anwesenheit bei seiner Hochzeit persönlich abstattet. Die Damen antworten mit den üblichen Höflichkeitsphrasen. Jetzt erst herrscht die allergrößte Aufregung. An jeder noch so vollendeten Toilette gibt es etwas zu richten. Ringgeschmückte Finger glätten kostbare Seiden, greifen nach dem Hotos, ob er auch kleidsam auf dem Kopfe sitzt, man mustert sich gegenseitig, Brillantbroschen werden günstiger gesteckt, Kolliers zurechtgerückt. In langen Reihen stehen dann die erwartungsvollen Hanums.

Der Bräutigam wird von Eunuchen aus dem Selamlik ins Haremlik geführt. Atemlose Stille empfängt ihn bei seinem Eintritt. Wie geblendet von den unzähligen, kostbar geschmückten Frauen, verwirrt von den Blicken so vieler Augen, steht er zuerst befangen da. Dann verneigt er sich bis zur Erde. In seiner Verbeugung liegt die Huldigung für soviel angesammelte, vereinte Schönheit und auch der Dank, daß er einmal in seinem Männerleben, an seinem Hochzeitstage, alle Verschleierten unverschleiert sehen darf. Sein Auge gleitet von Antlitz zu Antlitz. Es ist, als ob er sich satt sehen wollte an bisher Verborgenem und Verbotenem. Jeder Mund lächelt ihm entgegen, jedes Auge glüht in diesem Augenblick nur für ihn. Es ist sein Hochzeitstag! Vielleicht wird ihm später, aus dem Auge der kindlichen Braut, das Erinnern an ein früher geschautes Frauenauge entgegenleuchten ...

Die Herrin des Hauses führt ihren Sohn zu mir. Die Sklavinnen, die den Kaffee darreichen, sind vorgetreten. Mit vollendeter Anmut, aber mit leicht zitternder Hand reicht mir der Bräutigam die erste kleine Schale mit dem duftenden Getränk. Jede will gesehen werden, jede will mit ihm sprechen. Ihm, dem Bräutigam einer andern, gilt jeder Blick, jedes Wort, jedes Lächeln. Ein verwirrendes Band von Farben, Wohlgerüchen und blitzenden Juwelen schlingt sich um die schlanke, schwarze Stambulin. Grellrot wie eine Flamme leuchtet der Tarbusch. Eine heiße Woge hält den Mann gefangen; über allem lastet sinnverwirrend das Lockende, das

Werbende, welches sich wie ein schwüler Schleier um die Sinne des jungen Mannes legt.

Der Kaffee ist getrunken. Noch eine tiefe, huldigende Verbeugung – dann sitzen wir wieder auf einem Balkon.

Im Selamlik gehen die Vorführungen weiter.

Und jetzt kommt für mich die größte Überraschung. Eine Hanum, die Gattin eines Ministers, nähert sich mir mit einer tiefen Verbeugung. »Eure Herrlichkeit haben alles, was ein Liebling Allahs auf Erden besitzen kann. So mußte eine Dienerin lange nachdenken, bis sie ein würdiges Geschenk fand, das imstande wäre, ihre Verehrung und Bewunderung zum Ausdruck zu bringen. Das, was ihr am liebsten ist, soll von nun an Eurer Herrlichkeit gehören ...« Um mich sind alle verstummt, aber sie werfen sich vielsagende Blicke zu; sie scheinen zu wissen, um was für ein Geschenk es sich handelt.

Die Hanum hat sich nach ihren Worten entfernt. Sie kommt mit einem Kinde an der Hand zurück. Zum ersten Mal in meinem Leben weiß ich nicht, was ich tun soll. Denn das fünfjährige Kind an ihrer Hand ist ihr Kind. Die eigene Mutter schenkt es mir ... Ein königliches Geschenk – aber königliche Geschenke sind bedrückend. Ich bin vollkommen erstarrt, ich bin hilflos. Das Kind rettet die Situation. Das kleine, feuerrote Samtkleid hat sich zu meinen Füßen auf den Boden geworfen, Kinderhände greifen nach dem Saum meiner Schleppe. Da nehme ich das winzige Geschöpf in meine Arme, und statt Worten finde ich nur Küsse. Man kann aber nicht ewig küssen. Ich weiß, jetzt müßte ich etwas Bestimmtes sagen, etwas Bestimmtes tun, vielleicht ein Versprechen, eine Versicherung abgeben. Aber auf dieses seltsame Geschehen bin ich nicht vorbereitet, und meine Phantasie versagt vollkommen bei diesem unwahrscheinlichen Ereignis. Ich fühle nur den kleinen, warmen Körper in meinen Armen. Und das, das soll jetzt mein Kind sein? Mein Kind?! Bin ich denn verrückt geworden? Schenkt man denn Kinder her? Kinder, die man getragen, geboren hat – die der Beweis der Liebe sind? Wem schenkt man das Kind? Mir?! Wer kennt mich? Wer ahnt hier, wie ich bin, was ich bin, wie ich fühle, wie ich denke? – Wer vertraut meiner Menschlichkeit in diesem übermenschlichen Maße, daß ich diesem fremden Kind das liebend zusichern werde, was ich nie einem eigenen Kinde geben konnte? Wer hat erahnend in mein Herz geblickt und dort eine verborgene, behütete Stelle gefunden? Wie ist es denkbar, daß man hier, durch lärmende Hochzeitsfestlichkeit, durch verdeckendes Lächeln, durch glänzenden Schmuck und durch trügerische Schminke hindurch ein leeres, einsames Sehnen in einer Seele finden konnte?

Die Frau, die hier sitzt, die man bewundert, der man huldigt, die ist nur die Trägerin der khedivialen Krone. Den Menschen in mir erahnt niemand. Das Geschenk gilt nicht mir ... Mit dieser Schlußfolgerung finde ich auch meine Beherrschung wieder. Trotzdem halte ich das Kind noch fester in meinen Armen. Denn da ist eine Stimme, die sich im verborgensten Sein meiner Sehnsucht regt.

Der Vorgang hat nur Sekunden gewährt; mich dünkt er eine Ewigkeit an Erleben.

Ich blicke auf und lächle. Alle Hanums haben feuchte Augen bekommen, auch die Mutter des Kindes. Da stelle ich das Kind vorsichtig auf den Boden, stehe auf und umarme sie. Manchmal weiß man mit Worten nichts anzufangen.

Der ganze Harem scheint um dieses Geschenk zu wissen. Alle Hanums wollen das Kind sehen. Maschaallah – die Kleine hat Glück! Aber auch diese Sensation geht schnell vorüber. Die Aufregung hat sich gelegt. Es ist alles wie früher. Wir schauen wieder in das Selamlikzelt, auf das Wogen der goldgestickten Uniformen, auf die flammende Welle der roten Tarbusche, auf feuerverschlingende Fakire, auf die flimmernde Leinwand, wo sich gerade zwei amerikanische Filmstars unter blühenden Obstbäumen küssen. Nichts hat sich verändert. Nur neben meinem Fauteuil auf einem Seidenkissen sitzt ein Kind. Es sieht mich mit großen, dunklen Augen an.

Schon hier im Hochzeitshause beginnt meine »Mutterschaft«. Wohin ich gehe, wohin ich mich wende: Überall wird mir das Kind nachgetragen. Ich erfahre von meiner Begleitung, daß die Dada des Kindes, zwei Sklavinnen zu seiner Bedienung und ein Eunuch mit den dazugehörigen Gepäckstücken bereits hier im Harem sind, um mit mir später »nach Hause« zu fahren. Jetzt kann mich nichts mehr verblüffen. Ich ordne an, daß man in das Palais von Musturut telephoniert, damit die Zimmer für »mein Kind« bereit sein sollen. Und es kommen wiederum Tänzerinnen, die gleiche Begeisterung auslösend. Man bespuckt wieder Goldstücke, um sie ihnen ins Gesicht zu kleben, man streut wieder Goldstücke auf den Boden ... Da weichen alle Hanums zurück, machen einem Ehrengaste Platz, der, von der Hausfrau geleitet, mir entgegenkommt. Es ist eine russische Großfürstin, die erfahren hat, daß ich hier bin und mich begrüßen will. Zuerst trinken wir den obligaten Kaffee (zum wievielten Male?!), dann ziehen sich alle Hanums außer Hörweite zurück, um uns nicht zu stören. Die Atmosphäre des Harems muß suggestiv wirken, denn die Großfürstin beginnt gleich unser intimeres Gespräch mit einem Kompliment. »Comme vous êtes jolie, Altesse!« – »C'est mon seul défaut, Altesse Impériale!« Sie sieht mich amüsiert an, ich fühle, daß sie neugierig ist, daß sie manches fragen möchte, doch der Takt der großen Dame läßt es nicht zu. Sie schaut um sich und sagt nur: »Comme c'est interessant ...« – »Oui, on vient de me faire cadeau d'un enfant.« Obwohl sie bestimmt gedacht hatte, in einem Harem sei alles möglich, ist sie jetzt genauso erstarrt, wie ich es vorher war. Aber ich habe mich schon an die erstaunliche Situation gewöhnt und erzähle ihr den Vorgang wie etwas Selbstverständliches, vollkommen Alltägliches. Meine Augen suchen das Kind – sogleich wird es zu meinen Füßen gesetzt. »Mais à qui est cet enfant?!« – »Maintenant c'est mon enfant – il y a une heure, c'était encore l'enfant d'un ministre.« Gut, daß sie eine Großfürstin ist, sonst wäre sie vom Stuhl gerutscht. Vielleicht sind auch die russischen Minister Ausnahmewesen, ob sie aber mit ihren Sprößlingen so entsagend umgehen, weiß ich nicht. Gleichmütig rauche ich weiter. Die Großfürstin ist verstummt. Die Wortlosigkeit wird belastend, zu offenbarend zwischen zwei Menschen, die welt- und formengewandt sind. Da lächeln wir uns zu. Lächeln ist die unverbindlichste Brücke. Über dieses Lächeln hinweg sehen mich ihre Augen forschend an. Da weiß ich, daß ich sie nicht irreführen kann. Sie fühlt, daß ich nicht in den Harem passe. Und der zweite Händedruck, den wir uns geben, ist stärker als der erste.

Der Himmel beginnt, sich rot zu färben. Eine bleierne Schwere legt sich auf mein Denken; plötzlich fühle ich mich so müde, daß ich weinen könnte. Macht das die aufgehende Sonne – der neue Tag?!

Die Großfürstin ist weg. Wieder umfängt mich die geputzte, parfümierte Frauenwoge, und die äußerliche weibliche Ähnlichkeit beschwichtigt rebellierende Verschiedenheit.

Eine alte, überlieferte Zeremonie, die manchmal noch im

Harem eingehalten wurde, fällt bei dieser Hochzeit aus, da Braut und Bräutigam sich schon kennen.

Gesicht und Gestalt der Braut wurden in lange Schleier gehüllt, dieselben kunstvoll geknotet. Dann blieb die Braut allein in einem Zimmer, in welches der Bräutigam eingelassen wurde. Vor der geschlossenen Türe sprach ein Eunuch das Bismillah, ein Gebet, das der Bedeutung nach dem Vaterunser entspricht. Dem Bräutigam mußte es gelingen, innerhalb dieser Zeitdauer alle Knoten zu lösen, um zum ersten Male das Gesicht derjenigen zu erschauen, die bereits seine Frau war. Oft ließ man es nur bei dem ungeknoteten Schleier bewenden, oder die geschickteren Frauenhände halfen auch mit, die Knoten zu lösen. Dies geschah aber wohl nur dann, wenn die Braut hübsch war.

Die Sonne geht auf, so verheißend, wie sie nur in einem Lande aufgeht: in Ägypten! Ihr strahlendes, siegendes Licht fegt alle Phrasen, alle eingelernten Redensarten hinweg, auch das irreführende, liebenswürdige Lächeln. Ich bin nicht mehr hier, in diesem frauengefüllten, schwülen Harem. Vielleicht bin ich in einem großen, dunklen Wald, wo taubesäte Farnkräuter ihre gerollten Blattspitzen jetzt in der klaren Morgenkühle dehnend glätten und wo aus grünem Moosteppich schlichte, hohe Glockenblumen sprießen. Ich könnte auch auf einem Berge sein und von dort in ein überwundenes Tal blicken oder auf einem kleinen, gelben Segelschiff mitten auf weitem Meer, wo blaue Wellenfernen die dürren Ufer eingesogen haben. Auch unter blühenden Bäumen könnte ich stehen, deren duftender Zauber den fordernden Himmel verdeckt: Überall könnte ich sein, nur nicht hier, wo ich wirklich bin.

Mein verändertes Gesicht fällt auf. Alle sind besorgt. Ich beruhige die Hanums, die doch nichts verstehen könnten. Ich bin wohl und glücklich und werde dieses schöne Fest nie vergessen. Tiefe Verbeugungen verabschieden sich von mir, die ich jetzt wieder im gewohnheitsmäßigen Lächeln dankend einfange. Wie eine kostbare Puppe werde ich die Treppe hinuntergeleitet und gestützt, in den Mantel gehüllt und verschleiert. Wieder in die Ecke des Coupés gelehnt, klingen in mir noch die letzten Segenssprüche nach: Allah ömürler wersin – möge Gott viele Leben schenken! Nein, ich habe mit einem genug.

Zwei Wagen fuhren aus dem Palais Musturut zur Hochzeitsfeierlichkeit. Die doppelte Zahl rollt jetzt, nach Sonnenaufgang, durch die Einfahrt zurück. Ein Kind feierte Hochzeit, und ich wurde Mutter.

Als ich am Tage nach dieser unvergeßlichen Hochzeit meinen Mann sah, da wußte er schon um seine »Vaterschaft«. Wir waren beide gleich bedrückt, und ich kam mir direkt schuldbewußt vor. Im Kinderbekommen unerfahren, überließ ich es ihm, diese schwierige Angelegenheit zu regeln, ohne die großzügigen Eltern zu kränken. Man mußte ihnen gefühlsmäßig begreiflich machen, daß ein Kind zu kostbar ist, um als Geschenk verschleudert zu werden. Ich habe nie gedacht, daß ein so kleines Wesen derartig belastend wirken kann, denn die Tage, die nun folgten, wurden zur Qual. Schon mit dem Frühstück zusammen wurde mir das Kind serviert. Dieses Kind, zu dem ich keine Verbindung hatte, weil ich keine Verbindung zu ihm finden wollte. Mein nehmendes Gefühl durfte es nicht belasten, weil ich es durch die Annexion nur um seine heiligsten Rechte gebracht hätte. Diese mahnende, lebendige Erinnerung an eine grausame, mir unverständliche Mutterpsyche fiel verdunkelnd auf jeden neuen Tagesanfang. Und jeder Morgen bedeutet für mich den schwer zu übersteigenden Grenzstrich zwischen den weiten Toren der Träume und den bewußten Anforderungen des neuen Tages. Ich muß erst mit ihm Fühlung nehmen, den Zauber der Nacht verdrängen und dem positiven Wesen in mir gütlich zureden, wieder in Aktion zu treten, indem mein zweites Ich, mein phantastisches Traum-Ich, ihm verspricht, seine wundersame Herrschaft bei der nächsten nächtlichen Dunkelheit wiederaufzunehmen. Seitdem ich denken kann, habe ich das Empfinden, es leben zwei Einheiten in mir, eingefangen in derselben Form. Zwei verschiedene Welten, die sich befehden, bekriegen – die sich hassen und gegenseitig zerstören wollen und dennoch hörigabhängig voneinander sind. Sie gehen beide ihren eigenen Weg und treffen sich nur bei den großen Oasen: bei Seligkeit und Leid, die dann vereint ausgekostet und ausgelitten werden.

Jetzt fiel ich, gleichsam ohne Vorbereitung, in jeden neuen Tag hinein. Ich hörte nicht mehr das Schlußwort des Traumes, noch nicht deutlich das Anfangswort der Wirklichkeit. Es herrschten keine klaren, geordneten Verhältnisse mehr in meiner Ich-Welt.

Nach dem Frühstück war ich gewohnt, solange es die Einteilung meines Tages gestattete, mich in die Tasten des großen Bechsteinflügels einzubohren, um in seine rauschende, klingende Tiefe einen Teil meiner überschüssigen Kraft einzugraben. Jetzt saß das Kind, auf den Knien der Dada, neben mir auf dem erhöhten Podium, wo im Musiksaal die schwarzen, glänzenden Konzertflügel standen. Ging ich in den Garten, wo jeder Strauch, jede Blume von mir gepflanzt worden war, so führte man das trippelnde Kind hinter mir her. Allah schütze uns vor kostbaren Geschenken! Dieser Zustand dauerte einige Tage. Und wiederum fand das Kind die Lösung. Es verwehrte die Nahrung, schlief nicht, weinte die ganze Nacht und wurde krank aus Sehnsucht nach der Mutter, die es verschenkt hatte. Da endlich fuhren die zwei Wagen mit Kind, Anhang und Gepäck wieder aus dem Tore von Musturut hinaus. Die Mutter bekam ihr Kind zurück, das sie einem größenwahnsinnigen Zwecke opfern wollte. Hoffentlich hat es von diesem Geschehen – mit bedeutungserfassendem Verstehen – nie etwas erfahren.

Auch die mütterlichen Gefühle waren dort, im Harem, eine Welt für sich. Ein reines, absolutes Muttergefühl war eine Seltenheit. Gewöhnlich unterlag die Liebe zu den eigenen Kindern den Schwankungen, die das Betragen des Mannes in der Frau auslöste. Die meisten Sklavinnen waren Tscherkessinnen, von Natur aus sowohl körperlich als auch seelisch hart und zäh veranlagt, und ihre dominierende Triebkraft war der Ehrgeiz. Der erreichte Ehrgeiz, in Form des Mannes oder der Kinder, hatte mehr Bedeutung und Wert als der Gatte und die Kinder als solche. Sie waren stolz, ihrem Gebieter Nachkommen schenken zu können, sie bildeten sich auf diesen Vorgang etwas ein, trotzdem sie mit der Leichtigkeit der wilden Völker gebaren. Das Kinderbekommen gab ihnen auch ein neues Selbstgefühl, stabilisierte sozusagen ihre Stellung, schützte sie vielleicht vor einer übereilten Scheidung oder vor einer unbedachten Wiederverheiratung ihres Herrn. Vernachlässigte der Pascha oder der Bey seine Frau, kam er nur mehr zum Schlafen spät nachts in den Harem, um ihn in der Früh wieder zu verlassen, ohne auch nur die Hanum gesehen zu haben, dann wendete sich der Groll gegen die unschuldigen Kinder. Sie wurden ein wertloses Pfand; sie rechtfertigten die Hoffnungen nicht, die man in sie gesetzt hatte. Hielt dieser eheliche Mißstand an, so verstand der ganze Harem, daß der Herr ein A-la-franka-Geschöpf zur Geliebten hatte. Und das war eigentlich die allergrößte Gefahr. Wenn er innerhalb des Harems seine Gunst verschenkte, so hatte man den Verlauf dieser Angelegenheit fortwährend unter den Augen; es geschah alles sozusagen unter der Patronage der Hanum-Effendi, deren gutfunktionierende Regie schon beizeiten eingreifen würde, um einen definitiven Rollenwechsel zu vermeiden. Außerdem war die religiös gestattete Treulosigkeit innerhalb des Harems keine offizielle Schande, nur ein persönlich beschämendes und demütigendes Ereignis. Es geschah in einem Gebiet, wo man Herrin war, in einer Einfriedung, wo man befehlen und bekämpfen konnte. Verlegte aber der Herr das Feld seiner Liebes- und Sinnenlust in jene freie Welt, zu welcher es keinen Zutritt, keine Verbindung gab, dann war man machtlos. Eine versperrte Türe trennte Haremlik und Selamlik. Im Augenblick, wo der Fuß des Herrn diese Schwelle übertrat, konnte man ihn nicht mehr einholen, nicht mehr einfangen und nicht mehr bewachen. Er war frei.

Eigentlich hätte diese Freiheit eine beschränkte sein müssen. Nach den islamischen Geboten gestattete ihm das religiöse Recht, nur mit angetrauten Frauen und Sklavinnen geschlechtlich zu verkehren. Aber was dort draußen in der Freiheit lockte, war viel sinnverwirrender, viel berauschender als das Zugebilligte, Zuerkannte und Eigentumsmäßige. Innerhalb der Haremsmauern vegetierten nur primitive Ergötzungsmöglichkeiten, mit dem Schreckbild des legitimen Kindes als des eventuellen Ergebnisses einer belanglosen Paschalaune. Launen dürfen nicht so fundamental ausarten, wenn man sie sozusagen nur aus traditioneller Bequemlichkeit betreibt. Aber dort draußen verführte die schillernde Sinnenwelt, in der man, um zu nehmen, um zu geben, auch erobern mußte. Dort genügte es nicht, mit besitzergreifender Hand zuzufassen, um sich ein wertloses Geschehen zu eigen zu machen, dort mußte man werben, warten, erkämpfen, ersiegen. Oder auch nur bezahlen. Aber auch dieses Geld bedeutete eine Opfertat, schaffte schon eine andere Verbindung zum Liebesobjekt. Man hatte sich selbst den Wert seines Wunsches bewiesen, man hatte etwas getan, um etwas zu erreichen. Jene Geschöpfe im Harem, die in strenger, dienstlicher Zucht gehalten wurden, waren wollustfremd. Das Gebiet der erotischen Liebe war ihnen unbekannt. Ihre Primitivität hätte nie den Eingang zu den dunklen, verschlungenen, verheißenden, labyrinthhaften Wegen gefunden, die zum großen Hain der Sinnenseligkeit führen. Es gehört mehr Begabung dazu, eine grande amoureuse zu sein, als Kinder in die Welt zu setzen. Das ist kein differenzierter Vorgang. Aber die Art, das Wesen der Liebe so zu erfassen, daß sie frei und doch gebunden bleibt, daß sie Genuß, Auslösung und Sehnsucht zugleich bedeutet, daß im freigiebigsten Beschenken immer noch die erfühlte Möglichkeit einer erahnten Steigerung liegt, um sich in dieser Welt der verwirrendsten, geheimnisvollsten nervlichen Vorgänge auszukennen, dazu gehört intuitivste, begabteste Sinnendifferenzierung – eine geniale Souveränität, der jede Genußnuance hörig untertan ist und deren Sich-Verlieren, Sich-Hingeben nur aus Überschußvitalität entsteht. Wenn der Herr des Harems dort in der Freiheit einem solchen zur Wollust prädestinierten Geschöpf begegnete, dann war er geliefert. Und sein ganzer Harem mit ihm – durch ihn. Jetzt reagierten seine verwöhnten Sinne in der flauen Normstabilisierung der Haremsatmosphäre nicht mehr. Dieser ganze Anhang von farblosen Weiblichkeiten wirkte nur mehr bedrückend. Hatte sein früheres Begehren ihnen einen Erinnerungsstempel aufgedrückt, so ließ er keine ganz sachliche Einstellung mehr aufkommen, auch wenn er noch so verwischt war. Und in der Abneigung, in dem Widerwillen, die er jetzt dieser Umgebung entgegenbrachte, vermischten sich eheliche und sklavische Emanationen zu einem einzigen Abwehrkomplex.

Jetzt verstand die Hanum-Effendi, daß die Kinder sie in ihren Hoffnungen betrogen hatten. Das Faktum, daß Kinder da waren, hätte vielleicht genügt, um einer Gefahr innerhalb des Harems vorzubeugen. Aber ihre Auswirkung war nicht stark genug, um eine fremde, von außen kommende Gefahr abzuwehren, deren Macht aus einem unbekannten Reiche kam und in einer anderen Welt lag. Diesen Zauber konnte der gesamte Harem nicht entkräften, weil er keine Konkurrenzmöglichkeit für Vorgänge besaß, die er nicht kannte. Das Sinnenmenü beschränkte sich im Harem auf den rein geschlechtlichen Akt. Variierte Umwertungen, Neben- und Ergänzungsarten des erotischen Genusses waren religiös verboten. Trotzdem sich viele Sitten und Gebräuche von der Religion befreit hatten, war das Urfeld der Liebe in der gleichen Primitivität erhalten geblieben. Ihre brave Erotik hatte etwas Bodenfestes, ihr Erleben war nicht dazu angetan, eine Rauschwirkung zu erzeugen.

War nun der Herr den Zauberkünsten einer Ungläubigen erlegen, so erlebten alle im Harem böse Tage. Die Gattin, in früheren, ähnlichen Fällen gewohnt, die Sklavinnen zu strafen, konnte an niemandem Rache nehmen außer an den Kindern. In einem Harem, dessen Pascha eine Europäerin liebte, fand die Hanum-Effendi immer neue Mittel, um ihre Kinder zu quälen. Sie ließ ihre Wut an den Unschuldigen aus, verwehrte ihnen die Spaziergänge, die Ausfahrten; sie wurden sinnlos gestraft, weil sie keinen gefahrbannenden Sinn mehr hatten. Einen Knaben stieß sie aus dem Fenster in den Garten hinunter. War das die Auswirkung eines Schmerzes? Äußert sich betrogene Frauenliebe in unmenschlicher Behandlung der eigenen Kinder? Die Hanum empfand keine Zugehörigkeit mehr zu ihnen. Sie wurden zu unnötigen, wertlosen Geschenken, die sie seinerzeit ihrem Gatten gemacht hatte und die sie nun zerstören wollte, um ihn zu strafen. Sie selbst hatte keine Kindheit gehabt, der Begriff »Mutter« war ihr fremd, löste in ihrer Erinnerung nur die eine Tatsache aus: daß man sie als Sklavin verkauft hatte. Dieses Erinnern war nicht dazu angetan, das Wesen der mütterlichen Güte zu offenbaren. Die Sklavinnen-Mütter hatten keinen übertragbaren, selbsterlebten Gefühlsfond; sie konnten weder abschätzen, noch abwägen oder vergleichen, es war keine Empfindungstradition da. Das Kind wurde nicht nur körperlich nackt, sondern auch seelisch nackt in die Welt gesetzt. Es war eine beweisende, lebende Tatsache, fern von jeder wundersamen, mysteriösen Verbindung. Von Kindererziehung oder gar von Kinderpsyche hatte man keine Ahnung. Wie stark mußte die Konstitution dieser Sklavinnenkinder sein, damit sie der Pflege, die ihnen widerfuhr, standhalten konnten. Vom ersten Augenblicke ihres Daseins an waren diese jungen Lebewesen in Pflege und Krankheitsfragen dem Rate und der Behandlung alter, verworrener Sklavinnengehirne und eunuchlicher Ratschläge ausgeliefert. Bei jedem besorgniserregenden Anlaß öffnete man die Schleusen des blödsinnigsten Aberglaubens.

In früheren Zeiten durfte kein Arzt – da er eine verpönte Männlichkeit war – den Harem betreten. Später geschah dies mit Vorbehalt, unter erschwerenden Umständen für den Behandelnden. Durch Übermittlung eines Eunuchen wurden die Beschwerden und Symptome der Kranken geschildert. Selbstverständlich geschah dies in der persönlich gefärbten Übertragung des »Dolmetschers«, der von vornherein seinem Können mehr zutraute als der Wissenschaft des Arztes. Später, als der Fanatismus gedämpfter war und als man anfing, die europäische Medizin gelten zu lassen, durfte der Arzt in fortschrittlicheren Harems die Kranke persönlich untersuchen. Die Hanum oder die Kalfa wurde verschleiert und verdeckt, man offenbarte nur den kranken Teil, man legte nur seine Schwächen bloß. Aber auch dann, wenn man einen Arzt zu Rate zog, pfuschte man in eigener Regie weiter, denn man konnte doch nicht wissen ... Das trug natürlich nicht zum Renommé des Arztes bei. Besserte sich das Befinden der Kranken nicht, so verschwieg man die eigene Nachhilfe. Genas aber die Patientin, so buchte man den Erfolg à conto eines wundersamen Zaubermittels, welches man jetzt stolzerfüllt eingestand. Pflege und Erziehung der Kinder waren auf dem gleichen Niveau. Nahm man europäische Lehrerinnen, so wollte die Mutter ihre Autorität damit beweisen, daß sie sich um Dinge kümmerte, von denen sie nichts wußte. Sie änderte und strich vom Lehrplan, was ihr unnötig erschien, trotzdem sie selbst – wenn sie eine frühere Sklavin war – nur mangelhaft lesen und schreiben konnte. Wenn auch der Herr des Harems mehr verstand als sie und sich mit der Lehrerin besprach, dann wurde eben die Situation der Lehrerin unhaltbar. Man quälte und ärgerte sie so lange, bis sie wegblieb. Dieser Vorgang wiederholte sich bei ihren Nachfolgerinnen, bis schließlich der Herr sich um nichts mehr kümmerte und die Kinder nichts lernten. Wenn man die Unfähigkeit irgendeiner im Harem angestellten Person nicht beweisen konnte, sie aber los sein wollte, griff man zum probaten Dauermittel, das nie versagte, und erklärte, sie habe sich abfällig über die mohammedanische Religion geäußert. Das half immer. War es doch ohnehin beschämend, auf A-la-Frankas angewiesen zu sein, die man nicht mochte, und man fühlte sich dann überlegen, wenn man die wertsichernde Religion als Deckmantel für Gewissenlosigkeit und Ungerechtigkeit verwenden konnte.

Die Knaben hatten es im allgemeinen besser. In Mittelstandsharems wurden sie in die Schule geschickt, in vornehmen Harems zur Erziehung nach Europa, oder man ließ sie von Lehrern unterrichten. Ein richtig fundierter, systematischer Unterricht kam auch dann nicht zustande. Man erschwerte dem europäischen Lehrer seine Tätigkeit, wo man nur konnte; denn im Grunde fand man ihn nicht würdig, einen kleinen Muslim zu unterrichten. Man mißtraute dem Christen und seiner Denkungsweise, man fürchtete seine wissenschaftliche Sachlichkeit, die vielleicht in Gebiete hinübergreifen würde, die religiöser oder traditioneller Art waren, also unangetastet, unaufgeklärt und unverstanden bleiben sollten. Auch entstand ein belastendes Hin- und Hergezerre des kindlichen Gehirns zwischen den europäischen und mohammedanischen Lehrereinflüssen, die nicht nur verschiedene Fächer unterrichteten, sondern auch auf verschiedenen Wegen zum Verständnis und zur Aufnahmefähigkeit des Kindes gelangen wollten. Die Denkungsweise des Schülers mußte sich also auf zwei verschiedene Aufnahmemethoden einarbeiten, wovon die eine europäisch, die andere mohammedanisch funktionieren mußte. Im allgemeinen nahm man es mit dem Lernen nicht streng. Auch das blieb nur eine äußerliche Angelegenheit, die man innerlich als Unsinn betrachtete. Selbst Prinzen, die in Europa erzogen wurden, hatten nach beendetem Studium nur mangelhaftes, lückenhaftes Wissen aufzuweisen. Abbas Hilmi konnte meine Liebe zu Büchern nie verstehen. Er sagte oft ironisch zu mir: »Toi – avec tes livres ...« Einmal schaute er ein Buch an, in dem ich las: »Nietzsche ... qui était cet animal?« Heute ist der frühere Khedive von Ägypten Bankier, die frühere Hanum-Effendi Schriftstellerin. Wir haben beide recht behalten – oder beide unrecht?! ...

Es gab auch seltsame Ausnahmen – um so erfreulicher wirkten sie. Ich denke an den Prinz-Poeten Haidar. In Kairo sah man ihn oft in einer Droschke durch die glutigen Straßen fahren, bequem ausgestreckt, die Füße auf den Rücksitz gelegt. Eine Hand hielt den großen, grüngefütterten Sonnenschirm über dem roten Tarbusch aufgespannt, die andere Hand hielt ein offenes Buch. Neben ihm, unter ihm Berge von Büchern. Stundenlang mußte ihn der Arabadji, der Straßenkutscher, langsam und gemächlich mit seiner wandernden Bibliothek herumfahren. Auf dieser Lesefahrt wurde er nicht gestört, nicht besucht, nicht antelephoniert, und sie stand in der Auswirkung einer belehrenden Erholungsreise in nichts nach. Ich glaube aber, daß der liebenswürdige prinzliche Poet auch aus internem Ruhebedürfnis den Lesepilgerfahrten huldigte, denn seine dichterische Blumensprache war bestimmt nicht kräftig genug, um im Bedarfsfalle einer aggressiven Hanum standzuhalten. »Il faut être bon pour les gros – ils sont tellement faibles ...«, sagte er einmal in London zu mir, wohin er Abbas Hilmi begleitet hatte. Einige Tage später konnte ich schon meine Güte für das starke Geschlecht beweisen. Ein berühmter Herrenschneider legte Stoffmuster und Preislisten vor; da seine Preise zu hoch befunden wurden, bekam er keine Bestellung. Aber am selben Tage bat der Prinz den Khediven, ihm Geld zu leihen. Ich unterstützte diese Bitte mit einem verstehenden Lächeln und mit einigen sich auf Schwachheit beziehenden Worten. Der dichterische Prinz belohnte mein Verständnis, indem er mich eines Abends im tadellosesten Frack zum Diner abholte. Ich finde, die Schwachen haben es immer leicht.

In das Palais von Musturut kam auch einmal eine Frau, die sich selbst als schwach bezeichnete. Es war eine verheiratete Europäerin, die einen Pascha liebte. Eine hübsche Engländerin, die über ihren kleinen, blumengefüllten Villengarten zu einer breiten, ordengeschmückten Brust strebte, deren stellungbestätigendes Glitzern die stille, schmale Erscheinung ihres Mannes verwischt hatte. Ihr Wunsch war, sich scheiden zu lassen, um den Pascha zu heiraten. »Tun Sie es doch«, riet ich ihr. Da kam der Grund ihrer Schwachheit zutage. Sie hatte nicht den Mut, mit dem Pascha über Ehe zu sprechen – wenn er ihren Wunsch nicht teilte, würde sie einen klaren, abschlägigen Bescheid nicht überleben ... dazu war sie zu schwach. Aber wie konnte ich denn in diese Liebesangelegenheit eingreifen? Ich sollte den Khediven bitten zu intervenieren. Sie sei auch bereit, an Mohammed zu glauben. Die Situation war komisch – aber ich empfand sie nicht als solche. »Ich bin bereit, zu glauben ...« Ja – sie war zu allem bereit ...

Opfern, leiden, entsagen – wie wenig zählt diese dunkle Seelenskala, wenn eine Frau liebt, und wie bedrückend schwer wird jegliches, wenn dieses Gefühl erlischt. Da setzte die Tragik des Harems ein. Der Mann hatte das Recht und das Unrecht der Scheidung. Er konnte sich jederzeit befreien – primär, sekundär und tertiär. In diesen drei Nuancierungen lagen für ihn alle Möglichkeiten. Nach den zwei ersten Scheidungen konnte er ohne weiteres seine Frau wieder heiraten, nach der dritten Scheidung mußte die Frau erst einen andern Mann heiraten, der sie wiederum erst »entlassen« mußte. Wenn die Frau dann ihren ersten Mann wieder heiraten wollte, konnte er sie in Gottes Namen wiederhaben. Diese dritte Scheidung sollte Warnung und Strafe für den Ehemann enthalten. Sie sollte ihn vor unbedachten Worten warnen, und wenn er sie gesprochen hatte, so mußte er erst gestraft werden, bevor er sie rückgängig machen durfte. In solchen Fällen kam es aber gewöhnlich zu keiner Strafe. Der unbedachte Ehemann einigte sich gütlich und geldlich mit irgendeinem Manne – Blinde bevorzugt – und diese Zwischenstationsehe mit der sofort darauf folgenden Scheidung wurde zu einer Farce. Manchmal kam es anders. Wenn sich nämlich ein Rivale meldete, der die geschiedene Frau wirklich haben wollte, und sie einverstanden war. Dann wurde es Strafe und Belohnung zugleich. In solchen Fällen erhielt der Ehemann seine Frau nie wieder.

Der Scheidungsausspruch der Araber – vor Mohammed – lautete: »Dein Rücken sei für mich wie der Rücken meiner Mutter«, oder: »Du bist für mich eine tote Sache.« Hatte man sich für den ersten oder den zweiten trennenden Vergleich entschieden und ihn kurz entschlossen gesprochen, so war jegliche Gemeinschaft auf mütterliche oder sächliche Art abgetan. Aber auch jetzt, trotzdem Mohammed selbst die Ehe des Kaiss und der Berida geschieden hatte, nachdem die Frau erklärte, ihren Mann nicht mehr zu lieben, wurde der Frau religiös kein Scheidungsrecht zugebilligt. Daß Mohammed der Liebe eine fundamentale eheliche Bedeutung zugesprochen hatte, das waren längst vergessene Tatsachen, über die umändernde, umdeutende und umwertende Kalifen, Sultane und die zahlreiche Geistlichkeit mit dem auslöschenden Besen gefahren waren, der sich unter jeder neuen Herrschaft und Bestimmung einem neuen Striche fügen mußte. Die Grundlage der Religion wies jetzt – einem schlecht behandelten Teppiche gleich – fadenscheinige Stellen und Löcher auf.

Was geschah aber später, wenn eine Frau sich von ihrem Gatten scheiden lassen wollte? Sie trachtete, ihn zu zwingen, ihr die Scheidung zu geben. Dazu gehörte Willen, Ausdauer, Mut und auch noch eine gewisse bevorzugte Stellung. Wogegen die arme, einfache Frau keine andere Möglichkeit hatte, als die Fürsprache eines Scheichs zu erbitten, der dann mit ihrem Manne sprach, wenn er sie mißhandelte, vernachlässigte oder sich dem Trunk ergab. Um festzustellen, ob der Mann auch wirklich ein Säufer war, mußte er in Gegenwart des Scheichs eine konsonantlich holprige Sure hersagen, die besonders schwer zu sprechen ist und die keine weinbeschwerte Zunge fehlerlos wiedergeben kann. Man nennt diese Sure wegen ihrer alkoholüberführenden Beweiskraft die »Sure der Trunkenen«. War aber immer ein Scheich in der Nähe, wenn der Mann betrunken war? Und wenn auch die nachsprechende Vorführung genügend fehlerhaft klappte, um einen Rausch nachzuweisen, so blieb es meistens nur bei Ermahnungen und religiösen Drohungen. Für eine arme Frau ist eben ein schlechter Mann noch immer besser als gar keiner.

Die Männlichkeit wurde sehr hoch bewertet. Die Frau der besseren Stände konnte eher Schutz und Verteidigung in Form von sich einmischenden Verwandten finden, aber eine Ehe war nun einmal eine Ehe, und da die Natur selbst die Frauengeduld durch den neunmonatigen Kindaustragungsprozeß dauernd festgelegt hat, verlangte man widersinnigerweise in allen Lebens- und Leidenslagen von einer Frau Geduld. Nachsicht und Geduld sind aber nur für den beglükkend, dem ihre Auswirkung gilt. Dieser Meinung war auch eine hübsche kleine Hanum, deren Mann sie schon auf Erden an Höllenqualen gewöhnen wollte. Sie war neunzehn Jahre alt, hatte zwei Kinder und war selbst noch ein schutzbedürftiges, lebensunerfahrenes Kind. Aber in ihren schwarzen Augen glühte ein fanatischer Wille: der unbezwingbare Wille zur Freiheit. Als niemand ihr zu Hilfe kam, als keiner ihr Leiden und die gefährliche Kraft ihres Willens verstand, als kein einziger den Mut der Verzweiflung in ihr erfühlte, als kein Flehen, kein Bitten, kein Erklären half, da verließ sie Mann und Kinder und suchte Zuflucht und Lösung in einem öffentlichen Hause in Alexandrien. Da gab der Mann die Scheidung. Sogar Prinzessinnen griffen in ihrer Verzweiflung zur Laudanumflasche. Grausamstes Unverständnis zwang sie, sich wie Morgue-Aspirantinnen zu benehmen, bevor der höchste Familienrat sich mit einer Scheidung einverstanden erklärte, gezwungenerweise ihre Notwendigkeit gelten ließ und ihr dazu verhalf. In so hohen, kronenüberdeckten Fällen spielten auch Abfindungssummen eine Rolle. Klingendes Gold hob die Schwäche, die Unberechtigtheit der Hanum auf und wirkte oft im Sinne der Scheidung überzeugend auf den Gatten.

Die Gemahlin eines Paschas wollte das eheliche Band lösen, da es keine Gemeinschaft mehr bedeutete. Der Pascha wollte von einer Scheidung nichts wissen. Die Frau gab nicht nach, und da sie bei ihrem Vorsatz blieb, ließ der Pascha ihr sagen, daß er nur in einem Falle die Scheidung geben müßte: wenn sie in Anwesenheit zweier Scheichs Gott verleugnete. Dann wäre er gezwungen, sie freizugeben – mit einer Gottesverleugnerin darf kein Muslim verheiratet sein. Dachte dieser Mann nicht einen Augenblick darüber nach, welchen fürchterlichen Konflikt er der Frau aufbürdete? Oder war sie ihm so fremd, daß er nach langjährigem Zusammenleben nicht einmal das von ihr wußte, daß sie gläubig war? Vielleicht hatte gerade sie den tiefen Glauben, den man in keine begrenzte Form zwängen kann, der sich nicht einfangen läßt durch die beschränkten Möglichkeiten festgelegter Glaubensgesetze. Sie sollte jetzt einfach vor Zeugen die Worte sprechen: Ich glaube nicht an Gott. Und nach diesen Worten kam die Freiheit. Vielleicht lag hinter diesen Worten die Möglichkeit, wieder vor seinem eigenen Sein zu bestehen, wahrhafte Wege zu gehen. Diese Wahrheit – sollte man sie mit einer Lüge erkaufen? Oder vielleicth war es gerade Gott, der jetzt die Möglichkeit zu dieser Rettung bot? Er, für den Worte nur leerer Schall sind, er, der in den Herzen, in den Seelen liest?

Kann denn die Auswirkung einer abgeschwächten, aber noch bestehenden Liebe so grausam sein? Die Liebe – die verstehende Liebe, die ja die Güte ist, die verkriecht sich doch nicht hinter Gott, um ihn als Drohung zu benutzen! Ich weiß von dieser Frau, daß verborgen in ihrem Frauenherzen sogar für diese Zumutung gerührtes Verständnis war. Ich weiß noch mehr. Als sie ihren Mann verließ, da liebte sie ihn noch. Trotzdem mußte sie gehen. Es gibt Seelen, die ein eigenes, schweres Schicksal haben, das ihnen auferlegt, nicht nur das eigene Glück und dessen Erfüllung zu suchen. Seelen, so weit und tief, daß Für-sich-Gefühle sie nicht ausfüllen können: Sie müssen schenken und geben in währendem Erfühlen und Verlieren. Das sind Seelen, die nicht dem Körperträger allein angehören, denn eine einzige persönliche, menschliche Welt wäre für sie zu eng und zu klein. Sie gehören allen und allem. Nichts ist ihnen fremd und gleichgültig, sie sind die Lagerstätte für jegliches Empfinden, für jegliches Leid. Gedanken, Hoffnungen, Wünsche durchirren wie zündende Funken suchend das Weltall – in solchen Seelen lassen sie sich nieder. Und so war die Seele dieser Frau. Hätte das gefühlsmäßig beschränkte Sein des Mannes sie auch nur erahnend verstanden, so hätte er ihr nie den Vorschlag machen können, Gott zu verleugnen. Denn wenn er ahnend verstanden hätte, dann wäre sie nie von ihm gegangen.

Aber die Worte »Ich glaube nicht an Gott« hat sie nie gesprochen. Sie wurde trotzdem frei. Äußerlich. Innerlich bleiben solche Seelen mit jedem Gefühlsgeschehen verbunden. Sie kennen keine Vergangenheit. Das ist ihr unerschöpflicher Reichtum – und auch ihre Qual. In diesen nie versiegenden Quellen liegt ihre Macht, die ihnen die Kraft gibt, alle Leiden und alle Kämpfe zu bestehen. Keine Zeitrechnung kann ihnen etwas anhaben. Das Gewesene lebt weiter im Bestehenden, in dem schon das Werdende ruht.

Aber Seelenkonflikte paßten nicht in den Harem. Selbst eine Europäerin, die man früher als selbständiges Wesen empfunden hatte und die man ihrer Art, ihrer Individualität halber liebte, wurde nach der Ehe mit einem Mohammedaner – in der Auswirkung – zu einem andern Wesen. Man beurteilte sie jetzt nach dem traditionellen Maßstab, man verlangte von ihr, daß sie mit der neuen Religion, mit der neuen Umgebung auch die allgemein angenommene Form personifizieren sollte, innerlich und äußerlich. Man wollte in ihr gerade das töten, was einem früher begehrenswert erschien. Vielleicht unwissentlich, vielleicht auch nur, weil man sie – im fanatischen Wahn – jetzt erst für vollwertig hielt, und weil man sie eben im Unterbewußtsein noch immer als fremd empfand und man sie sich ganz zu eigen machen wollte. Es ist selbstverständlich, daß ein im Harem aufgewachsenes Wesen eine andere Stellung zur Religion einnahm als die Europäerin, die erst Mohammedanerin wurde. Die erstere übernahm imitatorisch alle Formen, alle Sitten, die ein gewohntes Gefüge in ihrem Leben und dem ihrer Umgebung waren. Sie hatte nie versucht, etwas zu ergründen, etwas zu erforschen; sie sprach Gebete, deren Sinn sie nicht verstand; sie tat Dinge, deren Ursprung, deren Bedeutung sie nicht kannte. Sie war automatisch eingereiht in eine Mehrheit, die genauso unwissend war wie sie. Die toten

Buchstaben, die unverstandenen Wörter genügten. Alle beteten. Aber die meisten empfanden nichts bei dem, was sie gedankenlos herunterschnarrten. Ihre Lippen formten nur den Klang – der Inhalt, die Bedeutung war ihnen fremd. Für diejenigen, welche keine altarabischen Sprachstudien betrieben und die nicht einmal arabisch, sondern nur türkisch sprachen und die weder Interesse noch Möglichkeit hatten, sich den Inhalt wenigstens dem Worte nach übersetzen zu lassen, blieb der Koran ein Buch mit sieben Siegeln, dessen goldverzierten Einband man respektvoll in grüne Tücher wickelte, in die Farbe des Propheten; denn die Ehrfurcht gestattete es nicht, den Einband mit bloßer Hand zu berühren. Hatte der Inhalt nicht mehr Anspruch auf Ehrfurcht? Alle schienen vergessen zu haben, was in der siebzehnten Sure des Korans steht: »Befolge nicht, was du nicht verstehst – Gehör, Gesicht und Herz werden dafür Rechenschaft ablegen müssen.«

Die Europäerin, die Mohammedanerin wurde, fand nur Abweisung und Ablehnung. Bei jeder Frage, bei jedem Eindringen-Wollen. Sie wurde als Feind betrachtet, der in geheiligstes Gebiet eingedrungen ist. Für sie hatte man keine Nachsicht, keine Güte, kein Zu-Hilfe-Kommen. Nur unbegrenztes Mißtrauen. In jedem Worte, das sie sprach, in jeder Frage, die sie stellte, witterte man eine ironische Kritikbereitschaft. Keiner glaubte ihr, daß der Grund ihres Erforschens, ihres Eindringen-Wollens nur aus dem Drange kam, alles wahrhaftig erfassen zu wollen. Denn diesen aktiven Drang hatten die anderen nie gekannt. Die waren schon als fertige Mohammedaner auf die Welt gekommen, von Allah zu diesem Glauben prädestiniert; es war eine göttlich festgelegte Glaubenserbberechtigung, die bereits als Tugend empfunden wurde. Wenn man schon von vornherein tugendhaft gläubig ist, so braucht man vom Glauben nicht viel zu verstehen, höchstens so viel, als nötig ist, um ihn anderen abzusprechen. Und das taten sie gründlich. Das alles habe ich an mir selbst erfahren. Ich habe nie gedacht, daß ein gefühlsmäßiges Geschehen so niederschmetternd aufklärend wirken kann. Erst als ich Mohammedanerin wurde, erfuhr ich, was für ein Ausbund an Minderwertigkeit, Unreinlichkeit und Manierlosigkeit ich früher gewesen war. Wäre ich bloß der Anfang einer rasselosen Rasse gewesen, so hätte ich viele Belehrungen und Ausstellungen ruhig hingenommen, weil sie nur mich in meinem eigenen, persönlichen Habitus gemaßregelt hätten. Aber in mir leben andere weiter; keine ungekannten, obskuren Vorgänger, sondern Menschen, deren Beute-Erbe ich mit Stolz und Bewußtsein weitertrage. Es war keine Überschätzungsauflehnung mit borniertem, adligem Hintergrund, es war ein rein gefühlsmäßiger Vorgang, daß ich für jene, die in mir weiteratmeten, einstehen mußte, weil sie nicht zurückkommen konnten, um in mir das zu behüten und zu schützen, was auch ihnen gehörte, was sie mir anvertraut und vermacht hatten. Blut ist Blut – vielleicht ist eins das andere wert –, aber es gibt Schwächen und Stärken, die es in seinen Kreislauf aufgenommen hat und die jeden Herzschlag mitbestimmen. Soweit ich zurücksehen kann in die tote Ferne, sehe ich nur freie, ungebeugte Willen. Was geschah jetzt mit mir? Seit wann unterstand ich einer Zensur? Und diese Zensur bestimmte nicht die Religion, sondern nur ein Schwall aufgehäufter Sitten und leerer Formen, die nicht würdig waren, meine Gehirnzellen abzunützen, welche ich für wertbestimmenderen Inhalt intakthalten mußte.

Mit dem dringlichen Wunsch, altarabische Studien zu betreiben, hatte ich auch ein schweres Problem heraufbeschworen. Ein Scheich oder ein arabischer Schriftgelehrter kam nicht in Betracht, weil die vollkommene Beherrschung einer mir bekannten Sprache Notwendigkeit war. Da fiel die glückliche Wahl auf einen Mann, der alle Möglichkeiten erfüllen konnte: Professor Heß von Wyß. Ich werde nie anders als voll Bewunderung an meine Studienzeit denken, an die unvergeßlichen Stunden, die ich damals erlebte. In meinem Schreibzimmer im Palais von Musturut tat sich eine fremde, wundersame Welt auf, die dank meines Lehrers so lebendig und zwingend vor mir erstand, daß sie mir gleich vertraut war. Selbst die altarabische Grammatik verlor ihre Deklinationsschrecken. Draußen glühte die Sonne. Vor den Fenstern blühten rotleuchtende Rosen, lebensbejahend in ihrer üppigen Fülle, kraftvoll auf langen, dicken Stielen, der Sonne zugewandt. Wilder Jasmin rankte sich um schlanke, glatte Palmenstämme, in spielerischer Leichtigkeit die freie Höhe erklimmend. Weite, gedrängte Beete vielfarbiger Mohnblüten erzitterten unter sengendem Hauch. Alles war licht- und duftbeschwert. Die Stimme des Muezzins, die vom nahen Minarett zum Gebete rief, erhob sich mahnend über diese heiße, erdengebundene Anziehungskraft, strebte losgelöst zum strahlenden Himmel empor. Allahu ekber! – Gott ist groß!

Im Halbschatten des Raumes lange Bücherreihen, auf dem Schreibtisch aufgeschlagene Seiten, verblichenes Pergament, goldumrandet, mit feingeschriebenen Zeichen bedeckt: der Koran.

Die erlebende Stimme des Gelehrten führte mich durch Mekka, durch Medina, durch Wüsten, durch Oasen. Sie führte mich sicher und bewußt zu jedem Urquell, zu jeder Urkraft zurück. Sie wies mir die Grenzsteine, die Trennungen, sie erläuterte mir die Übergänge, die Brücken. Ein Mensch sprach zu einem Menschen.

Da sagte man mir eines Tages, daß der gestaltverbergende Mantel und das haarverdeckende Tuch den abschließenden Formansprüchen nicht genügten, wenn ich meinen Lehrer empfange, ich sollte auch noch Handschuhe anziehen, weil ich ihm nicht die bloße Hand geben dürfte.

Meine Hand sollte ich verdecken? Mein Lehrer kannte ja viel mehr von mir – er kannte meine Seele. So kam dieses beschwerende Etwas immer wieder auf mich zu, wollte mich und meine Regungen verschütten, wollte mich einzwängen in eine enge Form, die nichts mit Gottesgeboten und Religion zu tun hatte. Es waren sinnlose Dinge, die von allen Seiten auf mich zustrebten, die sich an mich hängen, mich niederwerfen, bezwingen wollten, um mir den Beweis zu geben, daß die starre Form in ihrer Sinnlosigkeit auch das lebendigste Sein zum Schweigen bringen kann. Da verstand ich, um welche Werte es ging. Da wußte ich, daß man mich zu einem anderen Wesen machen wollte, daß ich mich ausgeliefert hatte – nicht dem erwählten Glauben, sondern jenen starren, harten Menschen, die ihn als Erbe trugen, ihn belasteten und mißkreditierten und ihn so auslegten und umdeuteten, wie ihre kleinen, menschlichen Schwächen es ihnen eingaben. Da sah ich diese neue Welt mit sehenden Augen; und erst jetzt, nachdem ich zu dieser Welt gehörte, verstand ich, daß ich mich verirrt hatte. Die äußerliche Form hatte ich unterschätzt, indem ich sie im Einklang mit dem Inhalt wähnte, aber nicht als sinnlose, beschwerende Bürde erahnt, welche die innere Freiheit des Individuums töten will. Und nach und nach entwickelte ich mich zu jener Frau, die, um ihr Sein zu retten, Gott hätte verleugnen sollen.

Es reihten sich auch noch nichtige Dinge, die gerade in ihrer Nichtigkeit beschwerend waren, langsam zu einer langen, wertlosen Kette. Sie schlang sich mahnend und offenbarend durch die schönsten, glutigsten Tage, durch jeden plötzlichen Impuls, durch jeden spontanen Wunsch. Die abstumpfenden Glieder dieser Kette verzahlreicherten sich und bekamen dann als abschließendes Anhängsel noch ein groteskes Geschehen, welches in seiner unwahrscheinlichen Sinnlosigkeit bewies, daß in jener Welt alles möglich war: daß ein giftiger Hauch genügen konnte, um wertfestlegende Jahre in ihrer Beweiskraft zu erschüttern und um Geliebtes, Erfühltes, Erlebtes zu schänden und zu zerstören. Der giftige Hauch war eine blondgefärbte Hanum. Sie schaukelte in Musturut auf einengenden, hochabsätzigen Schuhen zwischen zeremonieller Repräsentation und türkischem Sprachunterricht herum. Sie war die Frau eines Verbannten. Nach der Verbannung ihres Mannes wurde sie Lehrerin in Konstantinopel. Ihre Bildung war überdurchschnittlich, ihre Gesinnung unterdurchschnittlich. Da sie mich mit ihrer Langeweile identifizierte, haßte sie mich.

Dann gab es eine italienische Malerin, die öfters nach Musturut kam; sie beschwor in ihrer farblosen Zeit Geister – und wir beschworen mit. Geister sind geschlechtslos, nicht haremsverpönt. Aber keine noch so wild gewordene Geschlechtlichkeit hat jemals so ein Wirrsal angestiftet wie diese Geister. Einer unter ihnen verehrte mich. Sein Sinnen und Trachten war weltenüberbrückend nur auf mich gerichtet. Er war galant, verführerisch, nannte mich in seiner überschwenglichen, italienisch galanten Art »Bruna Maga«. Und die »dunkle Zauberin« trank bei diesen schreibenden Offenbarungen Rosen- und Veilchenlimonade, die ewig brennende Zigarette in der Hand. Man freut sich auch über wesenlose Bewunderung, besonders im Harem. Das weißgetünchte Gesicht der zeremoniellen Lehrerin glänzte puderauflösend, und die italienische Malerin bekam nußgroße Pupillen. Und ich? Das Spielerische, Gauklerische, das Vielleicht-sein-Könnende, das Vielleicht-Werdende lockt mich immer. Es ist nicht das Ärgste, betört und belogen zu werden – der Preis des Truges darf nur nicht den Wert der Lüge übersteigen.

So saßen in Ägypten drei Frauen um einen großen Tisch, bei einer überaus »geistreichen« Beschäftigung. Dann kam ein Tag, an welchem einpressende kleine Schuhe in wankendem Sturmschritt zu mir eilten; die Botschaft, die sie mir brachten, war aber auch beflügelnd. Sie, die sanfte, blonde Hanum, hatte jetzt ihren eigenen Geist! Die schreibende Auswirkung eines berühmten, vor hundert Jahren verschiedenen Scheichs! Sekundenlang empfand ich eine Abneigung gegen diese religiöse Instanz, denn auch ein toter Scheich bleibt immerhin ein Scheich, und wie er sich unter den beschäftigungslosen Händen einer Hanum entwickeln würde, das entzog sich meiner Beurteilung. Um so mehr, als »er« persisch schrieb und meine persischen Kenntnisse sich nur auf die schöne Schirin, auf den toleranten König Khosroes und hauptsächlich auf den Musterliebhaber Ferhad beschränken und auch das nur in der Übersetzung. Einesteils war ich froh. Die Hanum hatte jetzt »zu tun« und keine Zeit mehr, stundenlang auf meine Hände zu starren, wenn ich Bach spielte. Vielleicht meinte es der persische Scheich gut mit mir.

Aber es kam bald heraus, daß seine Beschwörerin es nicht gut mit mir meinte und daß der arme, unschuldige Scheich nur ihr Popanz war. Denn sie schickte täglich eine Abschrift dieser religiös-verblichenen Aufzeichnungen im geheimen an Abbas Hilmi. Der Inhalt besagte, daß »Ihre Herrlichkeit« die Djavidan Hanum Effendi ihrem Gatten, dem Effendina, nach dem Leben trachte und daß sie im selbigen Vorhaben geneigte Unterstützung fände durch A-la-franka-Angestellte. Ja, es war manchmal ganz lustig im Harem! Nur hatte man das richtige Verständnis für solche Dinge noch nicht erlangt oder schon verloren. Auch konnte man in einem Harem die Tragweite solcher geistlicher Elemente nie berechnen. Eines Tages tauchte dieses schreibmediumhafte Märchen widerhallend im Palais auf, von wartender Langeweile ausgeschmückt und vergrößert. Es war kein spielerisches Zeitvertreibsgerücht mehr. Jetzt war es ein schriftlich unumstößlich niedergelegter Beweis, durch den heiligen, unantastbaren Geist des vor hundert Jahren verstorbenen persischen Scheichs geoffenbart. Die Hanum versteinerte vor Schreck, als sie mich am Abend dieses ereignisreichen Tages in ihr Zimmer kommen sah – sie dachte an eine umwertende Gerechtigkeit –, ich kam aber nur, um ihr das Reisegeld zu geben. Die Urkunden des Geistes, ihr geoffenbart und geschrieben von einer sanften Hanum, verblaßten langsam. Es wurde erklärt, gedeutet, gesprochen. Etwas versteinerte in mir. Was ich damals empfand, weiß ich nicht mehr. Wenn ich es heute noch mit bewußtem Gefühl wüßte, hätte ich nicht darüber schreiben können. Eins weiß ich: daß derjenige, der mein Mann war, nie an den Inhalt dieses Gekritzels geglaubt hat. Aber die auswirkende Form war da. Und dieses eine Mal habe auch ich die Form höher bewertet als den Inhalt.

Die Form! Dort im Harem feierte diese Hülle Triumphe. Sie war so zwingend stark, daß weißbärtige religiöse Obrigkeiten sich vor ihr neigten und, um sie zu befriedigen, ihr die Religion untertan machten. Ein Prinz hatte seine Tochter mit wenig väterlichen Augen angesehen – sie bekam ein Kind von ihm. Ein schwer zu lösender Fall entstand. Die Tochter war eine freie Hanum – weder eine Sklavin noch seine angetraute Gattin –, das Kind war illegitim. Und das Problem, wie man eine Legitimität schaffen konnte, überwog das Geschehen. Die sündhafte Handlung sollte jetzt religiös vorschriftsmäßig umkleidet werden, damit ihr lebender Beweis sich rechtmäßig präsentieren konnte. Die beratenden Geistlichkeiten äußerten und einigten sich dahin, daß man den Vater mit seiner Tochter trauen müsse, damit das Kind seines Kindes legitim werde. Ein schnelles Verfahren, um in eigener Regie Vater und Großvater zugleich zu werden. Diese prinzlichen Zustände waren aber auch dort Ausnahmefälle. Sie wirkten weder propagandistisch für väterliche noch für religiöse Gefühle, auch waren sie nicht dazu angetan, das Prinzentum hoheitsvoll zu bestätigen. Das Letztere unterliegt aber überall einer schweren Beweisführung.

Das Prinzentum – alle Worte, die auf »-tum« endigen, sind so bezeichnend, daß sie ihre Belastung bereits in sich tragen. Wenn man ein Kind, seine Jugend, seine Entwicklung, seine Erziehung unter das bevorzugende, schirmende Dach des Prinzentums stellt, so schafft man leicht stigmatisierende Schatten, die die Freiheit des Blickes verdunkeln und den Weg zum allerschwierigsten »-tum« – den Weg zum Menschentum – abschneiden. »-tum« ist eine Endstation, kein Ausgangspunkt, weil in ihm die Steigerung oder die Erfüllung liegt.

Auch die dualistische Erziehung eines mohammedanischen Prinzen konnte schwerlich einen guten Erfolg zeitigen, denn die europäische Erziehung wurde quasi auf den Tarbusch zugeschnitten und intellektuell verkürzt. Man wußte, daß der zu erziehende Prinz doch auf die Dauer keinen Hut tragen würde, man fühlte sich für ihn nicht verantwortlich und faßte daher seine europäische Psyche nicht ernst auf. Und die Lehrer, für die er nur vorübergehend ein orientalischer Zögling war, die wußten von der anderen Psyche – von der Tarbusch-Psyche – nichts. Einstellungen und Einflüsse kann man nicht fortwährend wechseln, ohne schweren Schaden zu leiden. Kopfbedeckungen und Kleidungen wirken nicht nur äußerlich verändernd, sie sind keine förmlichen, nebensächlichen Belanglosigkeiten, sie sind übertragend wirksam – sie führen zu Gedanken, Handlungen und Lebensarten, die den Ursprung eben dieser Kleidung bestimmt hatten. Einmal mußte man sich innerlich entscheiden, sich zu dieser oder jener Form bekennen, widrigenfalls wurde das ganze Leben zur Maskerade; es gab keine eigene adäquate Kleidung mehr – jeder griff auch innerlich einmal nach Hut, einmal nach Tarbusch – schwankte und jonglierte hin und her, gelangte nicht zum bestimmenden Kern der europäischen Welt und verlor die Verbindung zur ursprünglichen Zuständigkeit und Tradition. Wenn man auch noch den Anschein der Überlieferungen aufrechterhielt, so war dies nur mehr Heuchelei, ein irreführendes, hohles Formengesicht. Den fehlenden Inhalt ersetzten Gesten, vortäuschende Umkleidungsgebäude; es war ein Leben, das nichts Echtfarbiges und nichts Waschechtes mehr besaß. Es ist sicher, daß viele gute Veranlagungen und Begabungen durch den steten Wechsel von à la turka und à la franka zugrunde gingen. Knaben wurden als Kinder nach Europa geschickt. Sie waren aber schon durchdrungen von dem Bewußtsein, das man ihnen eingepflanzt hatte, daß sie den Europäern »über« waren – allein schon durch ihre muslimische Geburt. Man schickte sie, bereits mit Abwehr und Mißtrauen gerüstet, ins erzieherische Lager. Dort heuchelten sie sich durch eine Erziehung, zu deren Basis sie sich feindlich verhielten. Sie machten nur der Notwendigkeit, dem Fortschritt die erzwungene Konzession, jedoch ohne jedes Verständnis für tiefere Quellen, die man ihnen eröffnen wollte. Sie verwechselten Manieren mit Erziehung, und sie sahen auch in der europäischen Freiheit der beiderseitigen Geschlechter nur die gewährte Annehmlichkeit, den Trieben freien Lauf zu lassen.

In Europa lag der Harem sozusagen auf der Straße. Er war viel unbelastender als der eigene in der Heimat, der schon lange nur mehr eine anämische Institution war, deren primitive Möglichkeiten man aber weiter ausnutzte, um irgendwie auf die ererbten und erkauften Kosten zu kommen. Der offenbaren Wertlosigkeit des Harems konnte sich keiner entziehen. Zusammengewürfelte Frauen bilden noch lange kein Heim, auch wenn eine unter ihnen durch die Zufälligkeitslaune des Herrn zur Hanum Effendi wird. Die Gemahlin, die Gefährtin: Sie wurde ja nie erwählt, und sie entstand nur durch den Umstand, daß sie sich innerhalb dieses Kreises befand, in dem die Sinnenlust des Herrn sich herumdrehte. Ihre Wahl war eine billige Möglichkeit, die meistens nicht einmal eine Wahl, sondern gewöhnlich nur eine schwanger gewordene Laune war.

Das Reich des Harems hatte etwas Zwitterhaftes. Nichts und niemand entsprach seiner vortäuschenden Bestimmung. Die Sklavin war weder Dienerin noch Familienmitglied, aber am allerwenigsten entsprach sie ihrer ursprünglichen Bestimmung: der Lust. Wenn der Herr sich mit ihr einließ, so mußte er das gleiche Gefühl haben wie ein Ehemann, der hinter dem Rücken seiner Frau im eigenen Haushalt mit einem Dienstmädchen »anbandelt«. Ein Wesen, das zeitlebens Dienste verrichtet, sogar ohne Kündigungsmöglichkeit, wird nicht besonders zart behandelt, und wenn ich ein Mann wäre, würde ich mir bestimmt keine entwürdigende geschlechtliche Intimität mit einem Geschöpfe erlauben, das von meiner Frau herumkommandiert wird. Nicht einmal die verlockende Erwägung, daß ein eventuelles Kind die automatische Legitimität besäße, könnte mich verführen. Alle Insassen des Harems und alle Gefühle im Harem waren nur halbe Werte – nicht nur die Eunuchen. Die seelenklangliche Auswirkung verfügte nur über halbe Noten; die stummen, erstarrten Pausen konnten keine ergänzende Vollwertigkeit mehr geben. Und wenn noch eine klingende Bedeutung da war, dann hatte man sie beiseite geschafft, um noch irgendwie vor sich selbst zu bestehen.

Alles war verschoben, verrückt, verdreht. Die Sklavin, die dieselbe zugestandene Möglichkeit besaß wie die angetraute Frau, von den begehrlichen Armen des Gebieters umschlungen zu werden, hatte bestimmt kein »Sklavinnenempfinden« mehr. Und die Herrin, in dem Wissen, daß diese Sklavin durch eine Laune – ebenso wie sie – Hanum Effendi werden könnte, daß nicht einmal die Kinder, die sie ihrem Manne geschenkt hatte, eine exklusive Möglichkeit bedeuteten, verlor bei diesen unliebsamen Erwägungen das persönlich verbindende Mutter- und Frauengefühl. »Mein Mann« und »meine Frau«: Das gab es nicht im Harem. Dort gab es nur: »der Pascha« und die »Hanum-Effendi«. Hinter diesen Benennungen verbarg sich kein Miteinander eines persönlichen Verhältnisses – es war nur eine bestätigende Rangeinordnung.

Der Harem hatte auch eine besondere Art von Männern geschaffen. Die Frauenabsonderung, die Eingrenzung bewirkte sogar eine Entmündigung für die allereinfachsten häuslichen Bestimmungen. Ein Pascha, der sich um Küche, Gärtner, Wäscherinnen, Bügler und ihre Arbeitsleistungen kümmerte, war keine Seltenheit. Die Männer waren »topfguckerisch«. Die belanglosesten Details waren für sie nicht uninteressant. Vielleicht war es die Folge eines durch Generationen gezüchteten Mißtrauens oder die Auswirkung der frühesten Kindheit, die sich, von Frauen umgeben, in der Atmosphäre des Harems entwickelt hatte. Die Gefahren konnten nur von außen, durch die Verbindung mit der Außenwelt kommen, deren Überträgerinnen Schneiderinnen, Modistinnen, Friseusen und Maniküren waren. Die letzteren wurden fast in keinem Harem fortlaufend geduldet. Jeder Pascha hätte es am liebsten gehabt, wenn die Hanum sich für jede Spule Zwirn direkt an ihn gewendet hätte. Auch Eunuchen, wenn sie etwas zu besorgen hatten, mußten es dem Herrn melden, der auch immer genau über die Bezugsquellen informiert sein wollte. Kamen Erzieherinnen, Sprach- oder Musiklehrerinnen in den Harem, so trachtete der Pascha, öfters mit ihnen zusammenzukommen, um aus der Art ihres Wesens ihre Einstellung kontrollieren zu können. Auch wenn kein Mißtrauen da war, so hatte die Hanum doch immer das Gefühl, daß sie und ihre belanglosesten Wünsche unter ständiger Nachprüfung standen und daß ihre Gunst, die sie in verstärktem Maße für eine Sklavin, einen Eunuchen oder eine Europäerin bezeugte, allein schon genügte, um diese unter eine strengere Aufsicht zu stellen. Alle Dinge waren schon ergründet und geplündert, bevor sie zu einem gelangten; die unmittelbare Verbindung zu ihnen war zerstört. Wenn es auch nur Stoffe, Spitzen und Bänder waren, die man zur Ansicht kommen ließ, so wurden diese Dinge, noch bevor man sie gesehen hatte, schon in einem andern Wissen als ein Geschehen gebucht, das allein schon genügte, um einer belanglosen Laune ihre Leichtigkeit zu nehmen. Alles wurde beschwert; es gab nichts Unbelastetes, nichts Spontanes, nichts Spielerisches und nichts Zufälliges. Alles bekam eine festgelegte Bedeutung, eine Schwere. Der Mann legte sich von dieser Bedrückung keine Rechenschaft ab, denn seine Verbindung zu äußeren Dingen ist viel sachlicher. Ich habe noch nie einen Mann gekannt, der bei einem besonders gut gepflegten Tee, umgeben von Blumen und Wohlgeruch stundenlang über Stoffmuster gebeugt, die Differenziertheit der zu wählenden Anzüge, ihren Schnitt, ihren Stoff vorwirkend schon empfunden hätte. Jedoch alles, was zur Ausschmückung, zur Betonung, zur Ausgleichung oder zur Verdeckung des Frauenäußeren gehört, ist mit ihrem Inneren wesensverwandt, bedeutet einen Teil von ihr und unterliegt einer wohlerwogenen Entstehung. Stoff, Farbe, Schnitt werden nicht zu sachlichen Anzügen wie die des Mannes, denn aus ihnen müssen Vorspiegelungen, Täuschungen und Betonungen entstehen, die einem bestimmten Zwecke dienen.

Die Kleidung bedeutet einen Hilfsfaktor im Leben der Frau, der der Zaubermagie unterstellt ist. Und dieses mystische Reich der Verführung gehört in die Geheimfachkenntnisse der Frau. Eine Frau, die sich in Anwesenheit ihres Mannes ankleidet, zieht sich bloß an. Wenn ich dieser Mann wäre, würde ich daraus meine Schlüsse ziehen. Und das Anziehen für den Geliebten wird ein zuschauerloser Ritus. Kein Pianist duldet, daß man zuhört, wie er übt, kein Maler liebt den Zuseher seiner Grundstriche, kein Schriftsteller läßt sich über die Schulter schauen, wenn er schreibt. Jedes Entstehen ist etwas Geheimnisvolles, das keinen Zeugen will. Aber das Geheimnisvolle war gerade das Verpönte. Die unwichtigsten Handlungen mußten erklärt und gedeutet werden, man mußte sich jede Belanglosigkeit erinnernd einprägen. Jedes gesprochene Wort, die Dauer jedes Frauenbesuches – alles konnte einen beschwerenden Sinn bekommen.

Aber auf Außenstehende übte der Harem eine fast magische Anziehungskraft aus. Der Traum aller Europäer gipfelte in dem orientalischen Reisewunsch, einen Blick in das abgeschlossene Reich der verschleierten Frauen zu tun. Diese allgemeine, wißbegierige Sehnsucht wurde zu einer lukrativen Einnahmequelle für Dragomane und Fremdenführer, die naive Ahnungslose in potemkinsche Harems führten, wo dunkeläugige, fette Armenierinnen, flitterhaft turkomanisiert, eifersuchtsbehütete Hanumsreize mimten. Dort hatten wahrscheinlich auch alle prominenten Filmregiekapazitäten ihre psychoanalytischen Studien für Kultur festlegende Filme gemacht. Aber die, denen ihre Sehnsucht lieb war, und für die sie mehr bedeutete als hautoberflächliche Sinnenneugierde, schützte ihr gepflegter Instinkt vor so groben Enttäuschungen. Man erkannte diese Sehnsuchtsträger schon aus der Art, wie sie plötzlich – wie freudig beschenkt – ihren Gang hemmten, regungslos stehenblieben und einen verlangenden Blick in das halbverhüllte Dunkel des geschlossenen Haremswagens tauchten, aus dem der weiße Schleier leuchtete. Manchmal sah man dasselbe Männergesicht monatelang an derselben Biegung eines Weges oder erwartend über die Balustrade der gleichen Hotelterrasse gebeugt. Es hätte gefehlt, wenn es einmal nicht dort gewesen wäre. Es wurde vertraut, es belebte den Weg, den man fuhr – man wartete schon darauf, es wiederzusehen, und vielleicht hatte es sogar die Wahl des Mantels bestimmt, den man trug, oder der Blumen, die man spielend in der Hand hielt. Einen ganzen Winter gehörte ein solches blondes Männergesicht mir. Ich fühlte, daß es mir gehörte; ich wußte, daß hinter der hohen Stirne ein besitzergreifender Gedanke sich eingegraben hatte, der den scharfen, blauen Augen das Verlangen schenkte. Er mußte wissen, wer ich war. An allen offiziellen Empfangstagen im Palais Abdin stand er auf demselben Platz einer Hotelterrasse, an der mein Wagen vorüberfahren mußte. Ich kannte schon jeden Zug dieses fremden Gesichtes – und kannte auch die Worte, die der stumme, festgeschlossene Mund sprechen wollte.

Prinzessinnen trugen dünne Schleier, und manchmal konnte es geschehen, daß die schwere Brillantnadel, mit der der hauchdünne Stoff am Hotos befestigt war, haltlos abglitt. Auch Blumen können einer zerstreuten Hand entfallen, besonders wenn eine verwöhnte Hanum-Effendi, jeden Handgriffes ungewohnt, ein Coupéfenster herabgleiten läßt, weil der schwere Tuberosenduft zu beklemmend für den kleinen, atlasgefütterten Raum wird. Aber Wagen fahren vorüber, ihrer Bestimmung entgegen, und das Lebensziel eines Mannes kann kein stummer Traum bleiben.

Den nächsten Winter stand auf der wohlbekannten Stelle ein kraushaariger, dunkelhäutiger Bub. Um seinen Hals hingen unzählige Kettenreihen, deren leuchtende türkisblaue Farbe die Macht des bösen Blickes abwehrend bannt. Diesem Jungen begegnete ich eines Tages in den schmalen, verschlungenen Wegen des großen Basars, wo man von Laden zu Laden zog, um Dinge zu kaufen, die man nicht brauchte und nicht ersehnte und die später, als wertloses Eigentum in Schränken verstaut, auch die Erinnerung an ihre erfüllte Bestimmung, einem Nachmittage Zerstreuung zu geben, verloren. Mehrere Hanums begleiteten mich. Unsere schwarzen Tscharschafs füllten seidenrauschend einen kleinen Laden nach dem andern, wo man Kaffee trank und rauchte, um dann knapp vor dem Weggehen – fast nur als schuldigen Tribut für diese Gastfreundschaft – wahllos einen Einkauf zu machen. Beim Betreten des Ladens wurden die Schleier zurückgeschlagen, beim Betreten der Straße wieder fallen gelassen; die uniformierende Gleichheit der Tracht, die automatische Bewegung der nach dem verdeckenden Schleier greifenden Hand reihte uns ein in dieselbe Gemeinschaft. Aber diese Gleichheit schien für ein Paar schwarzer, strahlender Knabenaugen nicht zu bestehen. An einer Ladentüre stand der kleine Kettenverkäufer. Er sah mich an, faßte mit einem zupackenden Griff alle Ketten, die er um den Hals trug, und reichte sie mir wortlos. Es war kein Anbieten verkäuflicher Ware, es war eine stumme Huldigungsgabe. Ich mußte nach den blauen Ketten greifen. Als meine falsche Überlegung wieder einsetzte und ich ihm ein Geldstück bot, schob er langsam meine Hand mit dem Geld zurück. »Wenn ich auch arm bin, so bin ich doch nicht so arm, daß ich mir keine Freude mehr gönnen darf ...«

Diese Worte, die ich nie vergessen werde, hat ein kleiner Straßenverkäufer gesprochen, und die Huldigung, die in ihnen lag, gehört zu den wertvollsten, die ich je empfangen habe. In meiner Erinnerung ist mit diesem Erleben auch der Mann verbunden, dessen Blick monatelang meinen Wagen herbeisehnte und dessen Platz nachher – auf der Hotelterrasse – der kleine Kettenverkäufer einnahm, der mir seinen ganzen Schatz blauer Perlenreihen schenkte: den Schutz gegen den »bösen Blick«.

Und wie sich seltsame Fäden von dem fremden Männergesicht zum armen Straßenhändler, von der stummen Huldigung zur gesprochenen Huldigung zogen, so spannen sich vielleicht die auswirkenden Fäden der behütenden Ketten auch weiter. Eine derselben hielt die Seidenfalten des Baldachins an meinem Bette zusammengerafft. Ich weiß nicht genau, was mich dazu bewogen hatte, der einfachen blauen Kette den Platz zu geben, der meinen Träumen am nächsten war – vielleicht lag der bestimmende Grund nur in ihrer Farbe, deren Ton genau zu der blauen Bespannung meines Schlafzimmers paßte ... Vielleicht können Gegenstände, von starken Wünschen durchtränkt, wirklich vor Unheil bewahren. Wer weiß, ob diese Kette nicht wirklich im folgenden Falle einen »bösen Blick« unwirksam machte.

Der Harem zog seltsame Elemente an, merkwürdige Existenzen. In meinem Palais waren die Mädchen, die bei Tisch bedienten und alle Kammerfrauen Europäerinnen. Eine neue Kammerfrau war aufgenommen worden, die mir besonders gut gefiel. Ihre Art der Bedienung hatte etwas Differenziertes: Sie verstand es, mit dem kleinsten Handgriff Bequemlichkeit zu schaffen, Gegenstände lautlos zu berühren und genau zu erfühlen, was man gerade wollte – sogar was man wollen würde. Als ich eines Tages von einer Ausfahrt nach Hause kam, meldete man mir, daß Gabrielle, die neue Kammerfrau, in meiner Abwesenheit Klavier gespielt habe. Was ich selbst gern tue, kann ich auch bei andern nicht als Sünde empfinden, und so bleibt der Effekt dieser Respektlosigkeit aus; aber ich lasse sie rufen und frage, wo sie Klavier spielen gelernt hat. Im Kloster – sie ist katholisch, der päpstliche Segen hängt über ihrem Bett, und Bach erklärt sie für ihren Lieblingskomponisten. Mir wird sie dadurch nicht unsympathischer. Aber ihre Kolleginnen mögen sie nicht. Sie will alle verdrängen, sie schiebt sich vor, sie will nur persönlichen Dienst verrichten, sie will jeden Abend aufbleiben, um mir beim Auskleiden zu helfen – sie ist nur eine Augendienerin. Trotzdem behalte ich sie. Aber seitdem ich weiß, daß sie Bach spielt, sehe ich sie doch mit andern Augen an. Nicht, daß ich irgendeinen bestimmten Verdacht habe, ich empfinde nur, daß alles, was sie tut, wie sie es tut, viel zu nuanciert und zu erwogen für eine gewohnheitsmäßige Beschäftigung ist. Ihre Dienste haben nichts Schablonenhaftes; nicht die Routine, sondern die Intuition bestimmt das Richtige, es kommt aber überraschend als Auswirkung und es ist schon mehr Vorausahnen als Bedienen. Nichts bringt sie aus der

Ruhe und der Überlegtheit ihrer Bewegungen. Eigentlich ist sie das, was verwöhnte Damen eine »Perle« nennen, ein Geschöpf, das unmerklich von einer schwachen Herrin Besitz ergreifen könnte. Sie gehört zu der Art Zofen, die Frauenhysterie mit »ich könnte nicht mehr ohne sie auskommen« bezeichnet. Neue Klagen kommen – Wäschestücke, Stoffe fehlen, sogar ein kleiner, rubinbesetzter goldener Spiegel wird vermißt. »Die Sachen werden gefunden werden«, tröste ich die Aufgeregten. Trotzdem sie Gabrielle nicht mögen, sind sie mit mir einig, daß sie für keinen Diebstahl in Frage kommt. Ihre Zeugnisse waren glänzend, fast furchterregend gut. »Madame la Marquise« hatte bestätigt, daß sie ein Ausbund von Tugenden sei, »Madame la Vicomtesse« legte die Versicherung nieder, daß sie ihr so lieb wie eine Schwester geworden sei, »Madame la Baronne« bezeugniste in überschwenglichen Worten ihre solitäre Perlenhaftigkeit. Und überall der entlastende Trennungsgrund, daß Gabrielle wegen ihrer alten Mutter Frankreich nicht verlassen wollte und diese Damen sich auf Reisen begeben hatten. Jetzt war die Mutter tot und Gabrielle in Ägypten. Eines Tages schicke ich die erste Kammerfrau, mein liebes Hermelinchen, nach Alexandrien, und Gabrielle bewohnt für eine Nacht ihr Zimmer, das neben meiner Garderobe liegt, in nächster Nähe meines Schlafzimmers. Am Abend hilft mir Gabrielle beim Auskleiden, deckt mich im Bett wie ein Wickelkind zu, richtet die Falten der Moustiquaire, steckt die Nachtlampe an und sagt mit ihrer leisen Stimme, daß sie sich nicht niederlegen, sondern bei schwarzem Kaffee in ihrem Zimmer sitzen wolle, um auf eventuelle nächtliche Befehle zu warten. Da ich schläfrig bin, finde ich rührend, was nur verrückt ist, besitze aber noch soviel Wachbewußtsein, um ihr zu sagen: »Legen Sie sich nieder!« Dann schlafe ich ein und träume. Ich bin in einem dunklen Palmenwald. Es ist so finster, daß ich mich mit den Händen von Stamm zu Stamm taste. Plötzlich dringt ein Schein zu mir: Zwei Lichter glänzen auf, immer näher kommt ihr Schein, aber es sind keine Lichter, es sind Blicke – ich wache auf. Über mein Bett gebeugt zwei starre, böse Augen: Gabrielle. Sie entschuldigt sich, daß sie meinen Schlaf gestört habe, aber sie dachte, ich hätte gerufen. Ich bin nicht mehr schläfrig. Ihre Anwesenheit hat nichts Verdächtiges, aber ich fühle, daß sie lügt. Wenn ihr Blick nicht so bösartig gewesen wäre, hätte er mich nicht aus dem Schlaf geweckt. Jetzt wird sie für mich interessant; sie ist nicht mehr eine Kammerfrau, sondern ein Problem.

In den nächsten Tagen kommt ein Gesuch. Die verworrene Lebensbeschreibung eines Mannes, der um eine Stellung oder Rückreisegeld nach Europa bittet. Wenn jemand Geld braucht, schiebe ich das Überlegen beiseite, erfasse nur das Wesentliche: Ein Mensch verlangt Hilfe. Am Toilettentisch sitzend, lese ich die engbeschriebenen Seiten. Gabrielle ist an einem Schrank beschäftigt. Plötzlich sagt ihre leise Stimme: »Er ist ein begabter, unglücklicher Mann, ich kenne ihn, Hoheit sollten ihn ansehen, dann würden Hoheit gleich wissen, was für eine Art Mensch er ist.« Wenn man mich bei meiner eingebildeten Menschenkenntnis packt, reagiere ich geschmeichelt. Mit Mantel und Kopftuch gehe ich bis zum Tor des Gartens, und Gabrielle folgt mir befriedigt. Der Mann, den ich ergründen soll, ist schmal und blaß – mehr fällt mir nicht auf. Ich schäme mich fast, daß kein Funken seiner Begabung offenbarend auf mich überspringt, aber die Genugtuung im Gesicht der Kammerfrau verpflichtet zu einer größeren Hilfe. Meine psychologischen Kenntnisse sollen keinen, außer mich selbst, enttäuschen.

Ein verlegter Schlüssel führt nach einigen Tagen zu verblüffenden Aufklärungen. Gabrielle hat ihn zuletzt gehabt. Da sie abwesend ist, geht man in ihr Zimmer und sieht in Schubladen nach: Den Schlüssel findet man nicht, aber den goldenen Spiegel und noch viele andere Dinge. Darunter eine intensive Liebeskorrespondenz von einem unvorsichtigen Geistlichen – an »ma mère« ... Aber dieser Titel bezeichnet keine Blutschande, denn Gabrielle, die kammerfrauliche Perle, ist nur »Mutter« als gewesene Oberin eines Klosters. Dann noch Dankbriefe für erhaltene Leintücher und Decken, eine Liste von Gegenständen, die man dringend benötigt. Alles zu klösterlichem Zweck. Als die »ehrwürdige Mutter« zurückkommt, verliert sie weder die Ruhe, noch ihre leise, angenehme Stimme. Sie nimmt nur den päpstlichen Segen von der Wand und die Kassette mit den Liebesbriefen und sagt respektvoll, daß sie weitere, gegen sie gerichtete Maßregeln erwarte. Ihre selbstsichere Unverschämtheit amüsiert mich, so daß ich sie unbehindert gehen lasse – ihren seltsamen Lebensweg weiter. Als wir nachher ihren Aufenthaltsort erkunden lassen, ist sie weltlich verschwunden – ihre Spur führt nur bis an die Tür eines Klosters. Und der begabte, blasse Mann, den ich am Tore »analysiert« hatte, wird kurz darauf von der Polizei als Anarchist signalisiert und in sein Land zurückbefördert.

Ich liebe Geschehen, die keinen Schluß haben – es ermöglicht der Phantasie, noch Seltsameres auszudenken, als eingetroffen wäre, wenn ... Wenn vielleicht die blaue Perlenkette nicht an meinem Bett über den »bösen Blick« gewacht hätte ...? Über Gabrielle hinweg gehen meine Gedanken zu einer klugen Frau, die »reguläre« Oberin eines Klosters in Alexandrien war und mich oft besuchte. »Altesse, Dieu vous a évité la responsabilité du baptême«, sagte sie mit einem aufmunternden Lächeln; und mit diesem Ausspruch gewährte sie mir den geistreichsten und diplomatischsten religiösen und menschlichen Freibrief – auch den Freibrief für Aberglauben.

Es ist aber kein Aberglaube im verblödenden Sinne, der Gegenstände wertbestimmend macht; es ist der Glaube an die Übertragungsfähigkeit und die Auswirkung starker Wünsche. Dinge, die in einem solchen Sinne geschenkt wurden, sind nur die symbolischen Photographien des Wunschgedankens, und sie geben der Erinnerung etwas Greifbares – durch ihre Form erhalten sie die Lebendigkeit und die Verbindung zu ihrer gewollten Bestimmung und zu ihrem Geber. Es sind keine belanglosen Gegenstände mehr, es sind Gefühlsgeschehnisse, die einen umgeben und die herüberklingen in die Gegenwart. Sie haben die Macht, graue Stunden zu tönen; sie bannen die Erstarrung, die schwere Stille kalter Zeiträume, und sie bestärken die Erwartung auf neue, seltsame Geschehnisse, die dem Leben wundersamen Zauber und traumhaften Reiz verleihen. Sie verwischen die Grenzen zu den Unmöglichkeiten, sie eröffnen Welten, die ewig unerforscht und ungeklärt bleiben und in die der Selbsterhaltungstrieb sich flüchtet, wenn die kalte Vernunft und die grausame »Logik der Tatsachen« die Seele erfrieren machen. Das andere Leben, das positive, wird davon in seiner harten Schroffheit nicht tangiert. Es meißelt seine Klippen, gräbt seine Abgründe weiter, beschlagnahmt Nerven, Muskeln, Gehirn, treibt den Körper vorwärts. Nur Sklaven braucht dieses Leben, Schwerarbeiter, von Sorgen und Not weitergepeitscht, denen die Unsicherheit des nächsten Tages die Sehnen strafft und die Riesenbürden tragen, nur um den beschränkten Raum eines Magens zu füllen, ein Dach über dem Kopf zu haben und diesen geplünderten Körper zu kleiden und zu wärmen. Meine Traumwelt ist schöner. Sie gibt, ohne zu nehmen, sie beschenkt alle, die beschenkt sein wollen, sie verleiht äußerlichem Geschehen den Zauber des Märchens, und der Traum ist die einzige Zuflucht, die vor dem Erstarren bewahrt.

Der Harem war traumlos. Er war ein festgelegter Wachzustand mit unpersönlichen, unscharfen Konturen; er stellte keine individuellen Anforderungen, weil er keine exklusiven Ziele gewährte, und er untergrub die Kraft der Persönlichkeit, welche er mit Bestimmungen und Verboten belastete. An diesem Nicht-Dürfen, Nicht-Wollen war das Einzelgewissen gestorben. Ein Gewissen entwickelt sich nicht, wenn es bloß gedankenlos den schmalen, eingefriedeten Pfad des Nicht-Verbotenen geht; um stark und selbstsicher zu werden, muß es sich zuerst in unabsehbare Weiten verirrt und verloren haben, denn die Gefahren vervielfältigen erst seine Kraft. Für dieses erprobte und bestandene Gewissen gibt es dann keine »verbotenen« oder »erlaubten« Wege, es gibt nur mehr falsche und wahre Wege. Um sich diesem Reich der Erkenntnis würdig zu erweisen, muß man beweisend opfern und entsagen, denn das Tor am Ziele der Bestätigung öffnet sich nur für denjenigen, welcher wohl Menschliches, aber nichts Seelisches geopfert hat.

Wenn ich ein Pascha gewesen wäre

Wenn ich ein Pascha gewesen wäre, so hätten in meinem Harem alle Sklavinnen ihr dürftiges Leben als Jungfrauen beschlossen. Ich habe nie verstehen können, daß ein Mann, der auch nur das Minimum an differenziertem Sinnen- und Genußverständnis besaß, sich an diesen demütigen und bereiten Jungfernschaften vergreifen konnte. Wenn man schon dem bloßen sinnlichen Appetit die Genußmöglichkeit einer Leidenschaft zumutet, so muß das Sinnenobjekt einem Liebesobjekt bei weitem überlegen sein. Wenn eine geliebte Frau sich schon in keine persönlichen Gefühle stürzt, gibt sie dem Mann im schlechtesten Fall seine eigene Liebe wieder, und dies täuscht über die ausbleibende Gefühlspartnerschaft hinweg. Eigene Werte empfindet man immer als kostbar und beglückend, sogar in der Reflexwirkung. Mit den Sinnen ist das nicht so einfach. Gefühle lassen sich leichter betrügen als Bedürfnisse. Das erotische Verlangen ist auch kein einfach zu stillender Hunger, denn er sucht in seiner Nahrung einen neuen Appetit. Er nährt sich gleichsam vom eigenen Hunger, um satt zu werden. Auch müssen Launen verführerisch sein, um der Launenhaftigkeit ihren Reiz zu bewahren. Im modernen Harem waren nur mehr alle äußeren Sitten differenziert, aber der ursprüngliche Zweck, die polygame Verführung und Beschenkung, versagte, weil die bereiten weiblichen Geschöpfe nicht um ihrer Genußbereitschaft willen lebten, sondern für dienende Beschäftigungen. Wenn die flüchtige Laune des Herrn sie streifte, so glich dieses Geschehen einer dienstmagdhaften Sonntagsbeschenkung.

Wenn ich ein Pascha gewesen wäre, hätte ich nie ererbte, versachlichte Ersatzweiblichkeiten übernommen, die mir der Tod eines früheren Geschmacks zudiktierte. Auch hätte ich meine Männlichkeit nie beschenken lassen, auch von keinem verwandtschaftlichen Wahlprotektorat. Der Sinn eines solchen Geschenkes hätte seine ausübende Wirkung allein schon verloren in dem Bewußtsein, daß in der Darbietung die mütterliche oder die ehefrauliche Zärtlichkeit ruht. Auch hätte ich die kupplerische Nachsicht, das Verständnis für zugebilligte Schwächen allein schon in der Anwesenheit einer solchen Sklavin als verpflichtend und sinnenbelastend empfunden. Ich hätte meine Sinne nicht für so nebensächlich erachtet, um sie folgsam in vorbestimmte Bahnen lenken zu lassen. Auch hätte ich mein zukünftiges Geschlecht nie einem Zufallsschoß anvertraut, der erst durch diesen Inhalt sein Sklaventum abstreifen konnte. Starke Pflanzen pflanzt man gleich in die freie Erde. Ich habe nie verstehen können, daß die ganze Folge der osmanischen Sultane entmündigtes Blut als Ursprungsnahrung für Thronerben erwählte. Keine Dynastie ist so exterritorial gewesen wie die osmanische. Die kindergebärenden Frauen waren Tscherkessinnen, Georgierinnen, Venezianerinnen, Griechinnen, Bulgarinnen, Armenierinnen, nur keine Türkinnen. Parallel mit dieser weiblichen Vielländerei lief der bestimmende Quellursprung der größten osmanischen Staatsmänner und Feldherrn. Auf der einen Seite strömte die Flut der fremdländischen Sklavinnen in den Nachkommen sichernden Harem, auf der andern Seite belieferte erobernd aufgezwungenes Türkentum, unfreiwillige und freiwillige Renegaten, fortlaufend das osmanische Reich mit männlichen Stärken.

Auch in Ägypten neigte die Gemahlinnenwahl den Sklavinnen zu. Ihre Anforderungen waren leichter zu befriedigen, ihre Mentalität war eine untergeordnete; ihre Bedürfnisse bestimmte und gewährte noch immer der frühere Herr, wenn er auch jetzt der Ehegatte war. Nachdem die Freiheit der Frau keine Selbstverständlichkeit, sondern einen Ausnahmezustand bedeutete, so bewertete man die freie Geburt sehr hoch. Jeder Pascha wußte, daß eine freigeborene Gemahlin – wenn auch die Sklavenschaft noch im großmütterlichen Bereiche gewaltet hatte – sich für ebenbürtig erachtete und daß er sich im Umgang mit ihr nicht dieselben Freiheiten gestatten konnte wie mit einer Sklavin. So setzten sich schon aus materiellen Erwägungen diese unfreien Ehen in Ägypten bequemlichkeitssichernd fort. Über dem geschlechtlichen Prunk der Sultanharems hatte die Rückwirkung von Byzanz gewaltet, wogegen in Ägypten in keinem Harem etwas Pharaonenhaftes anzutreffen war außer der landesübernommenen Baukrankheit, die sich aber nur auf männliche Auslösungsträger beschränkte. Auch die Nähe der Wüste mit dem starken, unverschleierten Frauentum übte keinen übertragenden Einfluß aus. Die khediviale Dynastie war türkischen Ursprungs, folglich auch alle prinzlichen

Harems. Aber durch die ägyptische Verschiebung hatten sie eine Abschwächung erfahren. Die Horden der Sklavinnen und Eunuchen waren weit beschränkter. Der praktische Sinn des Nillandes hatte schneller einschränkend geschmälert und verkleinert, denn er hatte aus der Entfernung seinen ursprünglichen türkischen Harem beobachtet und aus den Mißständen der Vermögensverhältnisse die rückwirkende haremliche Schlußfolgerung gezogen. Ein materiell erwogener Harem ist überhaupt kein Harem mehr. Berechnung kann keinem Sinnenplus mehr dienen. Aber die beschränkteste Sklavinnenminderzahl genügt noch immer, um ein beschenkendes Heim zu zerstören.

Ich denke oft, was wohl entstanden wäre, wenn alle Männer zusammen nur das Wissen einer einzigen Frau über die Frauen gehabt hätten. Dann würde es nie einen Harem gegeben haben, denn der Mann hätte verstanden, daß er unter allen Umständen der Betrogene ist; daß er sich mit seiner Haremswirtschaft um die schönsten Dinge brachte, daß er in sich selber den gefühlsmäßigen Bankrott züchtete und als Entschädigung nicht einmal ein sinnliches Äquivalent bekam. Das schon gar nicht. Sinnlichkeit will richtig genährt werden. Es ist unwahrscheinlich, was sie qualitativ und quantitativ verschlingen, aufnehmen, aufsaugen und eliminieren kann, nur um sich auch weiter aufnahmefähig zu erhalten.

Sie lebt von Begierden, die sie entzündet, von Wünschen, die sie umflackern; sie macht sich jede Glut zu eigen; sie sammelt alle knisternden Funken; sie trägt alles zusammen mit hellhörigem Instinkt, was ihrem eigenen Brand das Bestehen sichert. Sie plündert Klänge, Farben, Düfte, bestiehlt Stimmen um nie gesprochene Worte, raubt aus den verborgensten Tiefen eines rauschenden Blutes den Grundstoff seiner flammenden Röte, gräbt sich in Seelen ein, die sie so lange durchwühlt und durchtastet, bis sie verirrtes Verlangen findet, dem das eigene Feuer ein Heim sichert. Sie stiehlt, raubt und plündert mit wachen, begehrlichen Pulsen; ihre Beute sichert ihr das Leben, das Bestehen. Und dieses farbige Sinnenreich breitet sie dann aus wie einen satten Purpurmantel zum wollüstigen Erleben für den Auserwählten: So stelle ich mir beschenkende Sinnlichkeit vor, und wenn ich ein Pascha gewesen wäre, hätte ich mich mit keiner geringeren begnügt.

Aber diese Art von Sinnenlebendigkeit war in keinem Harem zu finden, denn sie wäre bei ihrem ersten Atemzug in der erdrückend leeren Luft erstickt. Es mutet seltsam an, daß ein Harem zur Stätte des Genusses geschaffen wurde und alle seine Bestimmungen nur bewirkten, daß die Frau, die ja ihren Wert hätte behalten müssen, um wertvoll auswirkend zu sein, systematisch entwertet wurde. Wenn man eine Frau behütet und meinetwegen auch einsperrt, so bedeutet das keine Entwertung ihrer Bedeutung, denn die männliche Eifersucht ist ein Beweis seiner Liebe. Der Harem diente aber nicht der Einsperrung »dieser« Frau, nicht einmal »der« Frauen. Sein Zweck war viel sachlicher: Er war dazu da, um dem Sinnenrestaurant des Mannes lauter Cabinets particuliers zu sichern, die auch noch dienend ausgenutzt werden mußten. Die Sinne des Mannes besaßen den effektiven Wert, nicht die Frau oder die Frauen, die nur eine Echobedeutung hatten. Der differenziertere Tarbuschträger empfand ja auch diese unbefriedigende, laue Auswirkung, oft hing ihm sozusagen der Harem zum Halse heraus. Der Harem war aber nun einmal da, gebunden und verquickt mit der Religion und deren traditionellen Bestimmungen, mit der festgelegten Kinderlegitimität. Und man lief sozusagen seiner eigenen Pleite nach so wie ein Mann, den seine bereits geleisteten pekuniären Wertopfer noch immer an das Objekt seiner Verschwendung binden, auch wenn es längst jede persönliche Anziehung verloren hat. Der Harem war die sichere Abtötung jeder Persönlichkeit – das Ich war in dem Wir untergegangen. Wir: Das waren alle verschleierten Frauen, alle gestaltverhüllenden Mäntel und Tscharschafs, alle haareverdeckenden Kopftücher. Wir: Das waren auch alle vergitterten Fenster, alle heruntergelassenen Jalousien, alle geschlossenen Wagen, alle versperrten Türen, alle verwehrten Ausgänge – alle verbotenen Möglichkeiten. Und Wir: Das waren auch alle Belogenen, Betrogenen und Hintergangenen. In dem Wir lag die Wertlosigkeit jeder einzelnen, und eben der, welcher der Besitzer und der Herr aller dieser Wertlosigkeiten war, der war auch der Geplünderte. Aus Frauenseelen kann man nicht ungestraft ein Lagerhaus für persönliche Laune und Bequemlichkeit machen, ein ewig bereïtes und bejahendes Buen-retiro, in das man nur immer Bedürfnisse und Forderungen trägt.

Der Harem hatte in allem versagt. Erzieherisch war er

unbrauchbar, seine Atmosphäre jedem Kindergemüte verderblich. Die Liebe hatte er zu einem ehrgeizigen Avancement gestempelt, die Mütterlichkeit zu einem Schutz gegen eine Nebenfrau. Aus den Waschkleidern der Sklavinnen war das letzte Restchen Wollust ausgeschwemmt worden, ohne ihnen dafür die Brauchbarkeit einer Dienerin zu sichern. Die Eunuchen standen gähnend an den Türen herum, durch die keine feurigen Gefahren mehr todesmutig eindrangen – und auch diese Bewachung war eine Farce, denn sie war nur eine kastrierte Sicherheit. Die frühere, ambraduftende Prunkinstitution der stimulierten Begierden, der mordenden Intrigen, der bestimmenden und rächenden Frauenmachinationen war ein verbürgerlicht-anämischer Harem geworden, dem nichts mehr zuzutrauen war, weder das Böse noch das Gute. Allürenlos schwankte er zwischen magerer Sünde und religiöser Verworrenheit, zwischen Formenbelastung und Stumpfsinn seinem kraftlosen Ende zu.

Wenn ich ein Pascha gewesen wäre, so hätte ich gerne auf meine drei rangbestimmenden Roßschweife verzichtet, wenn dieser Verzicht auch zum definitiven Untergang aller männlich-irreführenden Harems geworden wäre.

Tagebuchblätter aus dem Harem

Eine Lederkassette steht vor mir. Als ich das Schloß aufsperre, springt sie wie befreit auf. Die dichtgefüllten Seidenfächer dehnen sich, es geht wie ein knisterndes Aufatmen durch lang verschlossene Schriften – Briefe, Photographien. Meine Hand ist unschlüssig. Meine Fingerspitzen erfühlen schon im voraus mit erahnendem Tastsinn die zerstörend sachliche Verbindung, die durch die Berührung mit diesen beschränkend festgelegten Dingen entstehen würde. Nein, diesen Inhalt brauche ich nicht; die Form seiner Festlegungen ist begrenzt; er betont übermäßig kleines Geschehen; an Ort und Dinge gebunden, beleuchtet er zu grell bestimmte Stunden und Tageszahlen, hebt als anekdotisch betonten Einzelwert heraus, was nur Einreihung, Folge, Ablauf war.

Das lebendige Sein der Erinnerung hat ein anderes Wesen und ist an keine Form gebunden. Es lebt nicht auf, weil wir alte Briefe lesen, verblichene Bilder ansehen. Es ist Gegenwart in uns, verschleierte Gegenwart. Sie lebt im lebendigen Leben weiter. Auf dem schweren Brokat der Seele weben sich Muster ein, ziehen sich glänzende Fäden in die Grundfasern des Urstoffes. Wenn Muster und Fäden auch mit der Zeit verblassen, dann bedeutet es nicht, daß sie ausgelöscht und vergangen sind, sondern daß sie aufgesogen wurden von der Seele selber, die ihnen in dieser Aufgesogenheit das Bestehen sicherte.

Vor mir steht die gefüllte Kassette, und in mir ruht ihr erfüllter Inhalt. Schriften, Briefe, Photographien, die bloß Träger, Übermittler eines Geschehens, eines Wunsches oder eines Sehnens waren, sind heute nur mehr eine ihres Inhaltes beraubte, leere Form, weil die mir zugedachten Werte schon damals, als ich sie erhielt, mein inneres Eigentum wurden. Meine Hand muß nicht nach vergilbten Papieren greifen oder nach verblichenen Gesichtszügen, um das zum Aufleben zu bringen, was nicht sterben konnte, weil es ein Teil von mir wurde, als es entstand, und weil sein Entstehen durch mich und in Verbindung mit mir entstand. Ich brauche nicht die Augen zu schließen, um früheres Geschehen besser zu sehen, denn ihr Blick enthält das längst Geschaute, bewahrt es im Scheine der Pupille und kann es jederzeit neu erstehen lassen. Manchmal legen sich Schleier über ruhendes Geschehen, aber der Wunsch des Wiedereinfühlens, des Wiedererlebens genügt, um ihrer Macht die körperliche Nähe der Gegenwart zu geben.

Es ist sehr still um mich, wenn ich das jetzt schreibe. Es ist nicht, als ob ich schreibe, meine Hand legt Gedanken auf das Papier, wie unabhängig von meinem Hirn, als zöge sich ein starker Faden aus einem verborgenen Netzwerk der Erinnerung zu dieser Hand, den sie weiterleiten, weiterspinnen muß. Ich sitze nur ganz ruhig und sehe zu, wohin die eigene Schrift mich führt. In einen hellen, klaren Schein, in einen süßen, atemnehmenden Duft. Orangenbäume blühen, übergossen vom Licht des Vollmondes. Ich fühle eine Hand in der meinen. Wir gehen zusammen über leuchtende Wege: du und ich. Es ist alles wie früher, und es ist doch so wie jetzt. Sag, wie konnte es geschehen, daß aus einem Weg zwei Wege wurden wie hier, bei dem tiefen, runden Brunnen vor uns, wo sich mondbeschienene Pfade trennen? Stehen unsere Korbstühle noch dort bei den Bienenhäusern? Oder ist der ganze große Garten leer von allem, was uns gehörte? Ist hier nichts von uns geblieben, kein Wunsch, kein Sehnen?! Haben wir alles mitgenommen, nur um es später unter einem andern Himmel zu verlieren? Hörst du, es fallen Büten von den Zweigen. Wie leicht sie sind, das Schwere an ihnen ist ihr Duft.

Ich bin nicht müde. Ich möchte immer so gehen durch diesen sinnbetörenden Geruch, durch diesen hellen Mond. Bist du mir böse? Oder bist du froh, daß sich unsere Wege trennten? Oder hast du vergessen, wer ich für dich war? Ich werde aber immer denken müssen, daß irgendwo in dir, wenn du in dein Land zurückschaust, auch mein Bild ersteht – so wie es damals für dich war. So wie du es haben wolltest. Du bist mir nicht fremd geworden. Wenn du jetzt hereinkämest, würde ich dich nicht fragen, was du in all diesen Jahren gemacht hast, sondern nur: Was hast du heute getan? So wie ich früher fragte, als nur ein Tag uns trennte. Du wirst dies nicht lesen. Du liest ja keine Bücher. Aber ist das ein Buch?

Es entstand nur so äußerlich im Schreiben, durch aneinandergereihte Zeilen, Seiten. In mir tat sich ein Tor auf, ein heißer Strom überfloß einen Damm, überflutete die Gegenwart. Ich weiß nicht, wie man ein Buch schreibt. Ich weiß nur, wie man leidet, träumt und sich erinnert. Weißt du das auch? Oder willst du es nicht wissen? War es zu schwer für dich, weiterzugehen und Stimmen von früher zu vernehmen? Ich stellte nie solche Fragen damals. Vielleicht, weil wir zusammen waren und beide dachten, daß wir einander kennen. Da fragt man nicht. Vielleicht frage ich heute nur, weil ich weiß, daß keine Antwort kommt. Ich fühle es nicht genau, aber es könnte so sein. Wie solche Dinge wirklich sind, das wissen wir ja nie. Sie verändern sich, von Atemzug zu Atemzug, von Herzschlag zu Herzschlag, von Wort zu Wort – sollen sie eine Kette mit gleichmäßigen Gliedern bilden, dann müssen wir sie einreihen, einzwängen in eine starre Form, aber dann lügen wir. Es ist richtig, daß ich wußte, man dürfe nicht lügen, und daß man sein Schicksal tragen müsse. Zuerst erfühlte ich alles nur undeutlich, wie aus der Weite, wie man eine ferne Stimme vernimmt und nicht weiß, ob sie einem gilt. Dann kam sie näher, und da auf einmal wußte ich: Sie gilt mir. Aber ich wußte noch nicht, was sie von mir wollte. Sie rief mich. Immer wieder kam der Ruf, bei Nacht, bei Tag. Und durch jedes Geschehen, durch jedes Empfinden rief dieselbe Stimme nach mir. Ich war ja da – was wollte sie?! Das war ja ich, was sie von mir wollte: mich. Sie wollte alles – mein Leben – und zwang mich, weh zu tun und Weh zu empfinden, gab mir Worte ein, die zerstören, und schenkte mir den Zwang, der mich von allem loslöste, aus menschlichen Gemeinschaften riß, daß ich alle Banden abstreifte und alle Formen zerbrach.

Dann nahm mich die Freiheit in ihre Arme und küßte mir die Opfer aus der Seele. Wo ihr Kuß sich eingebrannt hatte, dort blieb die Erinnerung. Und dort blieben auch wir: du und ich – unverändert in der gleichen Verbindung, die einst ein Band von dir zu mir geschlungen hatte. Es wissen ja Seelen nichts von Trennung oder Scheidung. Was der Seele einmal eigen wurde, das behält sie als dauernde Beute in derselben Form, in der sie es sich zu eigen machte. Sie kennt nur ihre eigene Festlegung, ihre eigene Besitznahme. Diese Werte sind unabhängig von menschlichen Benennungen, Beschwerungen und Lösungen. Sie können durch Gesetze der Wirklichkeitswelt weder betont noch aufgelöst werden. Im Seelenland gibt es nichts Vergangenes, nichts Gewesenes, keine entwerteten Geschenke, kein wertloses

Gedenken. Was dort einmal Leben hatte, behält es. In der Seele ist es immer Jetzt.

Weit von dir, im Gehäuse einer stillen Nacht, horche ich in mich hinein. Es ist bedeutungslos, wo du bist, wie du bist. Was für mich bedeutungsvoll war, das besitze ich von dir. Wenn ich jetzt stürbe, so müßte ein Teil von dir, der nur durch mich lebt, mit mir vergehen. Hast du dort, wo durch mein liebendes Nehmen eine Leere entstand, andere Dinge hineingeschoben? Oder entstand dort eine Leere, weil solches Nehmen auch ein Geben war? Dann wäre ja auch ein Teil von mir in dir, und du müßtest es empfinden.

Aber es könnte auch noch anders sein. Vielleicht war das, was ich nahm, kein Teil von dir, bloß eine täuschende Auswirkung meines Wunsches. Dann hätte ich ja von dir nie etwas gekannt, nie etwas genommen, nie etwas bekommen, und das, was ich in mir als dich empfinde, das wärest nicht du, sondern nur ich. Das Gehäuse der Nacht schließt sich enger um mich, es ist so still. Verborgene Saiten klingen vernehmbar in mir und doch nicht deutlich genug, um eine Melodie zu geben.

Kommt es denn auf diese Melodie der Klarheit an? Auf das Unterscheiden-Können, wie es ist, warum es ist, ob es auch so ist? Vielleicht gibt es Träume, die, wenn sie geträumt werden, schon Erfüllung sind. Vielleicht bin ich allein der Nehmende und der Gebende, und es ist nie ein Zweiter mit im Bunde. Ich gebe mich, ich nehme mich, ich drehe mich im Kreise und glaube, daß ich weite Wege gehe. Ich leide um Menschen, die ich nie kannte und die mir verschlossen blieben. Ich bin beschenkt, beglückt, und keiner hat mir etwas geschenkt. Ich leide und freue mich nur durch mich, bin selig nur durch mich. Oder war es nicht so, ist es nicht so? Dann läge es ja in meiner Macht, das Glück zu wählen und festzuhalten. Oder verändert sich das Glück allein schon, wenn mein Sehnen es streift? Will es von mir nicht genommen werden? Trage ich ein Wissen in mir, wofür man büßend Verzicht leisten muß? Oder Werte, die Opfer verlangen? Habe ich um diese Dinge gebeten? Konnten sie keine andere Stätte finden als mein Grübeln? Jetzt ist wieder alles verwirrt. Kein Tor öffnet sich mehr. Es ist so, als ob ich mich vor mir selber verschlösse. Die Stille um mich ist schwer geworden. Ich fühle plötzlich, daß ich allein bin. Nicht nur jetzt, in dieser Nacht, sondern immer.

Immer? War auch das nie anders? Wird denn diese Nacht nie aufhören, die mich gebannt hält und die meinen Blick zwingt, die weiterlaufenden Schriftzüge zu verfolgen? Diese Stille, die, um ihre Stummheit zu beleben, meine Gedanken durcheinanderwirft in spielerischer Grausamkeit. Warum ist keiner da, der mir die Feder aus der Hand nimmt, mich in seine Arme reißt und in einem Kuß das Hirn zum Schweigen bringt? Gab es denn einen, dessen Kuß so mächtig war? Gibt es denn einen, dessen Kuß so mächtig ist? Oder würde auch dieser Kuß durch die bloße Berührung mit meinen Lippen versagen? Und wäre es wieder nur mein eigener Kuß, den ich bekäme? Also nie eine Gemeinschaft mit einem andern Menschen ... Aber wenn ich nur wüßte, daß es so ist ... was wäre dann? Was könnte sich verändern? Was könnte ich zum Schweigen bringen? Was könnte ich verschütten, verleugnen? Nichts ...

Jetzt hat sich wieder ein Tor aufgetan. Heiß empfinde ich mein Blut. Meine Haut brennt. Die Nacht ist nicht mehr einsam. Wir sind zu zweit im Raum, meine Seele und mein Körper. Es entsteht eine neue Möglichkeit: daß mein Körper immer nur meine Seele und meine Seele immer nur meinen Körper geliebt hat. Und er, der Mann, den ich zu lieben meinte, nie etwas anderes schuf als Verbindung von mir zu mir. Der, den ich liebte? Wer?

Keine Gestalt ersteht auf diese magische Frage. Habe ich nie Liebesworte gesprochen? Nie verwirrende Geständnisse geflüstert? Lag ich nie geborgen in nehmenden Armen? Wurde ich nie eins mit einem andern Herzschlag? Kannte ich das Sehnen nicht, das Vergehen, das Auflösen, das Versinken in erdenlose Tiefe? Doch ... das alles erfühlte ich, erlebte ich. Fühle und lebe es jetzt, als läge es in der Gegenwart. Wo ist der Träger dieser Liebe? Wie ist seine Gestalt? Wie sind seine Augen, seine Haare, sein Mund, wie sind seine Züge? Was steht auf ihnen geschrieben? Wie kam er zu mir? Wie fand er eine Verbindung, die mich zwang, mich an ihn zu vergeuden? Wenn er war – wie kann er jetzt ausgelöscht sein? Oder bestand er nie als eigenes Sein und war nur ein Werkzeug einer andern Macht, der meinen?

Flammen schlagen über mir zusammen. Ich bin eingehüllt in rote Glut. Kein Name findet den Weg aus mir zu meinen Lippen, über die sich kein Gesicht beugt. Die Nacht ist nicht mehr still ... Es ist auch nicht mehr dunkel – es glüht – es lockt ... Das ist kein menschliches Werben, das ist der Urstoff der Betörung, die bezwingende Quelle des Lebens – das ist die Liebe selbst!

Wird denn meine Hand nie aufhören zu schreiben? Wer leitet sie? Wer führt sie? Welcher Wille zwingt sie, mit klaren Schriftzügen das Verborgenste zu offenbaren? Welcher Macht habe ich mich ausgeliefert, daß ich meine Seele hinlege, rückhaltlos, schamlos? Wer verurteilt mich zu dieser Qual? Die Wahrheit! Meine Hand hat dieses Wort wie unter einem Zwange geschrieben. Es steht da und sieht mich an, mit lodernden Augen. Die große Glut, die um mich war, liegt jetzt in diesem Worte eingeflammt. Langsam verblaßt der rote Schein. Es ist Nacht. Mich friert ... Habe ich wachend geträumt?! Wurde dort draußen, in der Wiege des Dunkels, ein Traum frei, den der lichtlose Himmel bedrückte, der sich zu einer Seele flüchten mußte, weil er fror ... Oder beschwor ich Dinge herauf, die unangetastet bleiben sollten? Wie fing diese Nacht nur an?!

Die gefüllte Lederkassette ..., sie steht noch da. Ich habe den Inhalt nicht berührt – und doch fiel ein Bild aus ihr heraus. Lange sehe ich es an ... Es ist doch so, wie ich es wieder weiß: daß die Seele keine Beute freigibt – und daß nichts vergehen und verblassen kann.

Und so werden wir beide, du und ich, nach vielen Jahren die gleichen Wege wieder gehen, die wir einst gegangen sind.

Tore tun sich auf, eröffnen breit den Eingang zu früherem Geschehen. Komm mit mir – dort drinnen, hinter der Einfriedung der Zeit, findest du einen Teil deines Lebens wieder. Das erste Bild, das ich erschaue: eine Frau mit einem Kind im Arm. Sie hält die Flasche, aus welcher es trinkt, neben ihr steht ein Mann. Beide beobachten schweigend, wie die Milch schwindet, wie ein kleiner Mensch satt wird. Die Frau bin ich – der Mann bist du. Dieses winzige Wesen schafft eine fast elterliche Verbindung zwischen dir und mir. Wir sehen uns an – wir lächeln uns zu. Im gemeinsamen Lächeln ruht der gestillte Hunger des Kindes. Es ist ein fremdes Kind, das ich im Arme halte, aber in diesem Augenblick gehört es mir, weil sein Leben mir anvertraut ist, sein Hunger, sein Wohl. Weil es sich mir durch seine Schutzbedürftigkeit, durch seine Ausgeliefertheit zu eigen gibt – und weil ich es liebe. Ich liebe es mit der instinktiven mütterlichen Liebe und mit der allumfassenden menschlichen Liebe.

Es ist kein fremdes Kind – es ist ein Kind, dem Unrecht geschah.

Palais Montazah 1912, zur Zeit des türkisch-bulgarischen Krieges.

Der Khedive hat seine Privatjacht Mahrussa vor einigen Tagen nach Kavalla geschickt. Der Kapitän hat den Befehl, so viele Flüchtlinge, wie das Schiff fassen kann, aufzunehmen, ohne Unterschied der Nationalität und des Glaubens. Im Palais von Ras-el-Tin in Alexandrien sollen sie untergebracht werden. Wir sind jetzt in Montazah. Jeden Morgen fahren wir mit dem kleinen Separatzug nach Ras-el-Tin, der Khedive führt die Lokomotive selbst. Gleich nach unserer Ankunft geht jeder an die Arbeit. In sonst unbewohnten Flügeln richtet man alles zur Aufnahme der Flüchtlinge her, zwei große Abteilungen, Männer und Frauen getrennt.

Nach langer Zeit bekommen verschlossene, nutzlose Säle wieder eine Daseinsberechtigung. Hunderte von Betten und Matratzen verwandeln das Palais in ein Asyl. Eigene Räume werden für kleine Kinder vorbereitet, lange Tische aneinandergereiht, die mit trennenden Abteilungen versehen sind. Hier sollen Säuglinge gewaschen, gewickelt und genährt werden. Von allen anderen Palais ist noch Dienerschaft dazugenommen worden. Jeden Tag kommen Berge von Kisten an. Sämtliche Geschäftsinhaber von Kairo und Alexandrien, die von der großzügigen Rettungsaktion des Khediven erfahren haben, schicken aus eigenem Antriebe alles, was in ihrer Möglichkeit liegt. Lebensmittel, Stoffe, Kleidungsstükke, Leibwäsche, Schuhe, Strümpfe, Tabak, Zigaretten und noch vieles andere. Das Palais sieht wie ein Lagerhaus aus. Alles muß geordnet, sortiert und in die bestimmten Abteilungen gebracht werden.

Der Khedive ist unermüdlich. Er beaufsichtigt alles persönlich, nichts darf ohne sein Wissen geschehen. Seine scharfen Augen, seine praktische Einstellung schaffen sofort Rat und Hilfe. Überall taucht sein grellroter Tarbusch auf. Wenn die Farrasche sich beim Öffnen der Kisten zu langsam oder ungeschickt anstellen, so nimmt er ihnen die Werkzeuge aus der Hand, zieht Nägel heraus, stemmt Deckel auf. Er hat eine große manuelle Geschicklichkeit. Ich schenkte ihm einmal eine Kassette mit allen erdenklichen Werkzeugen aus Silber, die ich eigens für ihn anfertigen ließ. Die benutzt er jetzt immer. Zwischen diesen Organisationsarbeiten hält der Khedive Audienzen ab. Kommen Besucher, so laufen die Adjutanten, um ihren Herrn zu suchen. Ras-el-Tin hat Hunderte von Zimmern, Gängen, Höfen, Treppen: Es ist ein Labyrinth, in welchem ich mich nie auskenne. Darum liebe ich es, weil es unerforscht für mich blieb. Hat der Adjutant endlich den Khediven gefunden, so sieht der nicht sehr audienzerteilungsfähig aus. Er läuft die Treppen, die zu seinen Privaträumen führen, so schnell hinauf, daß der Adjutant Mühe hat, ihm zu folgen. Der englische Kammerdiener Fredrick richtet und reicht dann in Eile das Notwendige. Um zwölf Uhr dejeunieren wir zusammen. Ein kleiner, gedeckter Klapptisch wird dorthin gestellt, wo wir essen wollen. Über meinem Kleid trage ich einen dünnen Crêpe-de-Chine-Mantel, meine Haare sind mit einem Schleier verdeckt. So darf mich jeder Mann sehen. Ein Berber bedient uns. Es ist so nett, mit dir zu essen. Und niemand kann Orangen so schön schälen wie du. Wir besprechen noch vieles: Für die Kinderabteilung brauche ich noch kondensierte Milch, Flaschen, Talkpuder. Wenn ich hundert Dinge nennen würde, das unfehlbare Gedächtnis des Khediven würde sie alle festhalten. Haben wir uns einige Stunden nicht gesehen, so setzt mich oft sein Gesicht in Erstaunen. Es ist ein hübsches Gesicht. Meistens haben die großen, graublauen Augen einen scharfen Blick, die Augenlider deuten durch ihren etwas verdeckenden Auslauf auf Mißtrauen. Aber wie verändert sich dieses Gesicht, wenn es lächelt! Es bekommt etwas Nehmendes, Anziehendes, Einschmeichelndes, wie ich es noch nie an einem andern Gesicht erlebt habe. Das Hübscheste ist der Mund. Ein männlicher Kindermund. Wenn ich ihm das sage, lacht er wie ein Kind, nennt mich mon enfant. Dann bekommt er das Diminutiv: mon poupon. Manchmal benehmen wir uns wirklich wie die Kinder. Wir spielen Verstecken mit den Hunden, die wir beide gleich lieben. Wir laufen und jagen durch Säle, durch lange Gänge, wir schlürfen den Kaffee ungezogener als es Sitte ist, wir spucken »auf Entfernung« Kirschkerne durch das Fenster; sie fallen ja nur in den eigenen Park und höchstens erstaunten wachhabenden Gardesoldaten vor die Füße. Mit einem Wort: Wir haben uns lieb.

Aber ich will doch von anderen Dingen schreiben! Von Dingen, die mit Liebe nichts zu tun haben – nur mit Haß,

Krieg, Flucht und Not. Wie viele werden es wohl sein, die man auf der Mahrussa aufnehmen konnte?! Und die anderen, die dort in Kavalla bleiben, was wird mit ihnen sein? Als die Kaiserin Eugenie dem Vizekönig Ismail Pascha, dem Großvater Abbas Hilmis, die Mahrussa zum Geschenk machte, dachte sie bestimmt nicht daran, daß Füße armer Flüchtlinge über die kostbare, eingelegte Treppe gehen würden, deren Geländer, dem prunkliebenden Geschmack Ismails entsprechend, aus silbernen Blumenranken besteht. Wie viele schöne Fahrten haben wir auf diesem Schiff gemacht!

Nach dem Dejeuner wird weitergearbeitet. Ich muß Kinderkleider sortieren. Das gute Hermelinchen, meine erste Kammerfrau, und Maikki Junelius, meine schwedische Heilgymnastin, sind jetzt die besten Hilfskräfte. Wir drei können regelrecht schuften. »Das ist gesund, Hoheit, so bleibt man dünn!« sagt Maikki ermunternd. Trotz dieser verlockenden Aussicht bin ich froh, als man mich zum Khediven ruft, um unser Nachmittagsdondurma zu essen. Am liebsten haben wir das türkische Eis, das aus süßer Sahne zubereitet wird. Und das gibt es heute. Ein Telegramm wird gebracht. Zweitausend Flüchtlinge sind an Bord, die Mahrussa kommt zurück. Ich schäme mich, daß ich Eis esse.

Am Abend im Zug, der uns nach Montazah zurückfährt, muß ich fortwährend an die Flüchtlinge denken. Wie ich dann in meinem großen, rosafarbenen Seidenbett liege und Hermelinchen die Spitzenmoustiquaire ringsherum sorgsam unter die Matratze schiebt, damit keine Mücke eindringen kann – da hasse ich mich.

Gestern kam die Mahrussa an. War das gestern? Kann man soviel Elend in so kurzer Zeit erschauen? Auf der breiten Marmorterrasse von Ras-el-Tin stehen wir und sehen auf das Meer. Die glatte Fläche dehnt sich im Sonnenschein. Gegen den hellen Himmel hebt sich ein Schiff ab: die Mahrussa. Langsam fährt sie in den Hafen ein. Trotz der Entfernung hören wir Laute, ein Geräusch, das von Menschenstimmen herzurühren scheint. Es ist, als ob das Schiff ein großes Weinen nähertrüge. Jetzt hören wir es deutlich. Hunderte von Menschenstimmen haben sich zu einem einzigen klagenden Jammern vereint. Es sind die Flüchtlinge. Sie schicken ihr Leid wie eine dunkle Welle uns entgegen. Sie überschwemmt das sonnenglühende Ufer, sie tastet sich empor zur nahen Zuflucht, sie wühlt sich in unsere Herzen, die helfen, die lindern können. Mein Herz wird so angstvoll und dunkel wie die Welle. Wo ist deine Hand? Du – wir werden helfen!

Jetzt sehe ich erst, daß ich allein bin. Der Khedive ist weg.

In Fetzen und Lumpen gehüllte, übelriechende Scharen ergießen sich in hastenden Strömen über die sonnenbeschienene Landungsbrücke, die weißen Marmorfliesen entlang, die zum Eingang des Palais führen. Menschen? Flüchtlinge sind keine Menschen mehr! Es sind gejagte, gehetzte, verstörte Wesen, denen grausamste Ungerechtigkeit Menschentum und armseligstes Dasein raubte. Not und Elend dringen in den Palast, wo sonst nur die Stille und die Ruhe der behüteten Mächtigen herrscht. Das Jammern hat sich in meine Ohren eingegraben, löst in meinem Hirn Haß und Verwünschungen aus für die Schuldigen, die mithelfen an einem solchen Geschehen und Schuld tragen, daß solche Dinge entstehen können.

Dann bin ich in einem Saal. Frauen strecken mir mit zitternden Händen schmutzstarrende Bündel entgegen, aus denen Wimmern dringt. Wer hat das Recht, Kinder zu martern? Welcher Gedanke, welcher Zweck kann angesichts eines hungernden Kindes seine Berechtigung auf diesen Hunger nachweisen? Ich muß eine Mauer errichten zwischen automatischem Handeln und den Gefühlen, sonst versage ich. Und ich will helfen, ich muß helfen. Oft wickle ich ein Kind aus, das nur mehr wie ein Stück rohes Fleisch aussieht. Wochenlang, monatelang waren diese Mütter geflohen, geirrt, und die Kinder blieben in ihrem Schmutze liegen. Auch noch auf dem bergenden Schiff war die Todesangst in ihnen. Ihre verkrampften Arme lösten sich nicht, konnten sich nicht entschließen, das gerettete Kind loszulassen. Alle Schrecken waren noch so gegenwärtig, daß sie nicht zum Bewußtsein der Rettung kamen. Die Mutter mußte ihr Kind fühlen, dicht an sich gepreßt, um sich den irren Gedanken zu beweisen, daß sie es noch besaß. Manchmal übergibt eine Mutter zusammen mit ihrem Kinde Pistolen, Dolche. Vielleicht hatten diese Waffen das Leben des Kindes gerettet. Ein grausiges Spiel, wo man, um ein Leben zu retten, ein anderes bedrohen oder nehmen muß. Zwei Frauen sind verrückt geworden. Solange sie wie gehetzte Tiere flohen, beherrschte sie nur der einzige Gedanke der Flucht. Jetzt sind sie geborgen. Da erstehen die Geschehnisse wieder, deren Greuel nach der langen Verdrängung um so stärker wirken.

Aber auch das Helfen ist schwieriger, als man meint. Könnten diese armen Geschöpfe in meinem Herzen lesen, dann würden alle Schwierigkeiten schwinden. Den meisten Widerstand setzten uns die Frauen in den Bädern entgegen. Meine besten Dienstmädchen verrichten dort die Arbeit. Es sind Mädchen aus dem polnischen Dorf Adampol bei Konstantinopel. Sie sprechen alle perfekt türkisch. Die Frauen haben erfahren, daß es keine Mohammedanerinnen sind, und weigern sich, von ihnen ausgezogen und gewaschen zu werden. Die meisten sind aber so schwach und müde, daß sie keinen eigenen Handgriff tun können. Außerdem müssen sie, so rasch es möglich ist, von ihren schmutzigen Lumpen befreit, gewaschen und sauber gekleidet werden, damit sie sich endlich ausruhen können. Ich gehe zu ihnen. Sie wissen, daß ich die Hanum-Effendi bin. Viele übergaben mir ihre Kinder. Ich wende mich an die, die mir am ruhigsten erscheinen. »Alle sind Mohammedanerinnen, denn alle glauben an Gott!« Ihr Gewissen ist beruhigt, und meines ist nicht beschwert. Und Maikki und Hermelinchen benutzen meine Gegenwart, um die Arbeit zu beschleunigen. Große Pakete werden hinausgetragen, sie werden verbrannt. Es sind die Kleidungsstücke, in die die Frauen notdürftig gehüllt waren. Die Bäder leeren sich, füllen sich wieder – man sieht keine getane Arbeit, sie scheint sich nur zu vermehren. Es ist aber nicht nur in unseren Abteilungen soviel zu tun, die meiste Arbeit und die größte Verantwortung hat unser Chefarzt, Dr. Kautzky Bey, der mit den andern Hofärzten jeden Flüchtling untersuchen muß. Es gibt Kranke, Verwundete, Frauen mit schrecklichen Brandwunden. Diese Unglücklichen haben alles gesehen und erlebt, was der Krieg an Schandtaten und feigen Verbrechen heraufbeschwört.

Der Khedive, der sich bei den Männern aufhält, kommt zwischendurch immer auf einige Minuten zu mir. Es ist für ihn ein ungewohnter Anblick, mich mit einem Kind im Arm zu sehen. Kinder rühren ihn. Einmal, während einer Reise, waren lange Kinderreihen bei einer Station aufgestellt. Als der Separatzug hielt, erhoben sich Hunderte von Kinderstimmen zu einem hellen Ruf: »Effendimiz tschok jascha!« Lang lebe unser Herrscher! Da konnte der Khedive vor Rührung kaum mehr Worte finden, um die Paschas, welche sich vor seinem Waggonfenster verneigten, zu begrüßen. Du hattest oft ein weiches Herz ... Als der Abend kommt, hat jeder von uns sein möglichstes getan. Wir sitzen wieder im Zug und fahren nach Hause. Die Lichter von Ras-el-Tin glänzen noch einmal auf. Du bist doch Lokomotivführer! Du darfst deine Maschine nicht lassen, auch nicht, um mich zu umarmen.

In Ras-el-Tin läuft die Arbeit automatisch weiter. Der Ausdruck, den ich am ersten Tage auf den Gesichtern der Flüchtlinge sah, verwischt sich langsam. Dieser gemeinsame Ausdruck hatte das einzelne Sein aufgehoben und sie alle zu einer gleichen Einheit gestempelt. Der einsetzende Kontakt mit dem Leben löst wieder verschiedene Gewohnheiten und Ansprüche aus. Alle sind Flüchtlinge, aber jetzt halten sich die »guten« und die »besseren« Familien schon abgesondert von den »schlechteren« Familien. Muß denn immer erst Grauen und Not kommen, um diese Grenzen aufzuheben? Können sich Menschen nur im Elend, nur in der Todesfurcht als gleich empfinden? Führt denn kein starkes Band von Mutter zu Mutter? Ist denn nicht jedes Kind ihr Kind? Kann man denn Liebe beschränken? Tragen wir Gefühle wie eine Hausapotheke in uns herum, auf die nur Mitglieder derselben Dach-, Namens- oder Bettgemeinschaft Anspruch haben? Was sind das für Gefühle, die man vorzählen, auszählen und dosieren kann? Deren Kraft nur auf »mein« und »wir« reagiert, deren Größe nur der Besitz bestimmt oder die Zufallsbande der Willkür? Trägt diese Einstellung nicht schon die Strafe in sich? Löst nicht eben dieses Schließen, dieses Absondern Katastrophen aus? Liegt da nicht der Grund, daß Menschen füreinander fremd sein können?
Mit diesem Fremdsein entsteht die Trennung, der grenzbestimmende Strich, und mit ihr die Feindschaft. Wenn Werte nur durch Einengung, Abschließen, Absonderung zum Ausdruck kommen, dann sind es keine Werte. Dann sind es nur egoistische, selbstzweckherrliche, monopolisierte Körperschattengefühle, deren Auswirkung sich nur soweit erstreckt, als der eigene Schatten reicht. Sind Angst und Tod die einzigen Mächte, welche die Menschen von diesem begrenzenden Schatten befreien können? Gibt es kein anderes Mittel? Was suche ich hier in diesem Palais, was will ich hier? Wo jede Hilfe, die ich Menschen angedeihen lasse, nur

durch die Sonderbestätigung der Macht, der Stellung und des Geldes bewirkt werden kann? Und gerade das sind Dinge, die ich vergessen möchte, deren Schwere mich belasten. Ich möchte keine Stellungs-, keine Machtgeschenke machen, ich möchte mein Herz und meine Seele hinlegen für jeden einzelnen, der aus ihnen auch nur einen Funken Hoffnung schöpfen kann. Mein eigenes, menschliches Sein will ich offenbaren, auf alles ein Anrecht haben, denn alle Seelen sind mir verwandt. Ich kenne keine »guten«, »besseren« und »schlechteren« Seelen, ich kenne nur glückliche und unglückliche Seelen. Jede glückliche kann unglücklich und jede unglückliche glücklich werden. Ich verstehe sie alle – denn ich liebe sie alle. Und das ist die einzige große Gemeinschaft, die ich anerkenne. Du, sind wir heute nicht sehr weit voneinander?

Von allen Segenswünschen, die ich in meinem Leben bekam, sind mir die, die man mir jetzt schenkt, die liebsten. Denn ich bin mit dem Grund ihrer Entstehung verbunden. Ich habe sie nicht mit einer Geste heraufbeschworen, ich habe sie mit einfachem, menschlichem Dienen erworben. Ein Kind ist zur Welt gekommen: ein Mädchen. Man kommt mich fragen, ob ich erlaube, daß man ihr meinen Namen, Djavidan, gäbe. Erlauben? Alle sind hier meine Kinder, auch ohne das äußerliche Merkmal des Namens. Kleine Djavidan, wenn auch nur ein Wunsch, den ich dir schenke, in Erfüllung geht, dann wirst du glücklich sein, gleichviel, wohin dich dein Leben trägt.

Die meisten Flüchtlinge sind Mohammedaner. Es sind aber auch Christen und Juden darunter. Ich sorge dafür, daß Nationalität und Religion keinen Vorrang schaffen, daß hier, wo ich eingreifen kann, keiner sich berechtigter auf Rettung und Schutz dünkt als der andere. In den Frauenabteilungen sind Nähmaschinen und Stoffe verteilt worden. Jetzt nähen viele für sich und ihre Kinder Kleidungsstücke, auch Wäsche für ihre Männer. Das Leben nimmt sie wieder auf. Wünsche und Hoffnungen äußern sich. Manche, die noch irgendwo Verbindung und Bande haben, denken schon an das Wegfahren. Andere, die losgelöst von allem sind und kein anderes Heim als sich selbst mehr haben, erwägen die Möglichkeit des Bleibens. Aber alle wissen, daß die Unterkunft im Palais von Ras-el-Tin eine zeitlose ist.

Der Khedive hat mit sämtlichen Männern Fühlung genommen. Seine einfache, joviale Art zieht Herzen und Vertrauen an. Er kennt schon die Lebensgeschichte von jedem. Obgleich sein Benehmen den Standesunterschied verwischt, glaube ich, daß es hier viele Türken gibt, die nicht mehr an die vergangenen Schrecken denken, nur weil sie jetzt mit dem Khediven von Ägypten sprechen dürfen. Ich freue mich, wenn man ihn liebt.

Ich stehe an einem Fenster und sehe in den Garten hinunter. Dort geht der Khedive neben rauchenden Männern. Noch nie ist mir die Tatsache, daß er nicht raucht, so zum Bewußtsein gekommen wie bei diesem Anblick. Vielleicht, weil es sonst der Respekt verbietet, daß man vor ihm raucht – auch wenn er selbst dazu auffordert, weigern sich viele, es zu tun. Er hat aber dafür gesorgt, daß täglich Tabak und Zigaretten verteilt werden. So rauchen diese einfachen Männer vielleicht aus dankbarer Huldigung in seiner Anwesenheit. Er scheint auch keinerlei Anstoß daran zu nehmen. Er spricht, er lacht – er bezaubert auch die Männer da unten im Garten: durch die eigentümliche, eindringliche Liebenswürdigkeit seines Wesens, welche gar nicht erst viel tun muß und mit einem Lächeln, einem Wort gleich von anderen Besitz nimmt. Das Wort »Charme« scheint für ihn geprägt worden zu sein. Warum gibt es Stunden, wo diese Wirkung sich zurückzieht und ich gar nicht mehr weiß, daß ich sie empfinden kann?

Wir fahren nach Kairo zurück. Wenn wir im Herbst oder im Winter – die kalendermäßigen Bezeichnungen kommen mir lächerlich vor, wenn ich an die ewige Sonne denke – nach Montazah reisen, so ist es immer nur zu einem kurzen Aufenthalt. Die Winterresidenz ist Kairo: El-Kahira, »die Siegreiche«. Dieses Mal fuhren wir wegen der Flüchtlinge. Jetzt sind sie geborgen, dauerhaft und gut untergebracht. Alles, was man durch äußerliche Hilfe tun konnte, ist getan worden; die innere Hilfe können sie sich nur selbst geben. In der Ruhe, in der Geborgenheit von Ras-el-Tin werden vielleicht neue Gedanken und Möglichkeiten in ihre Seele einziehen, werden klagende Stimmen verstummen, die Furcht und das Grauen langsam verblassen.

Der Khedive hat eine lange Liste mit allen Namen. Er hat sie mit Randbemerkungen versehen, für die weitere Hilfe. Erkundigungen, Nachforschungen, Existenzmöglichkeiten,

Reiseverbindungen – mit dieser Liste ist das neue Leben der Flüchtlinge verbunden. Es sind viele Namen, viele Menschen, viele Seelen, die das Schicksal in Form eines Papierstückchens in *eine* Hand legte.

Im Zug kommt der Khedive öfters zu mir in die Haremsabteilung. Ich muß viele Bücher wegschieben, um ihm neben mir Platz zu machen. Bei allen größeren Stationen sitzt er am Fenster seines Salonwagens, der Zug fährt dann langsamer. Die wartenden, aufgestellten Menschen sind froh, daß sie ihren Effendina sehen, wenn auch nur im Vorüberfahren. Während der Fahrt arbeitet der Khedive mit seinen Adjutanten. Korrespondenz, Bittgesuche, Anordnungen, die Einteilung des morgigen Tages im Palais von Abdin wird festgelegt. Denn in Kairo fangen die offiziellen Audienzen und Geschäfte wieder an. Das rotglühende Leuchten der untergehenden Sonne erweckt einen Wunsch in mir: daß dieser Zug nicht an seinem vorbestimmten Ziel ankommen möge, wo du und ich nur Wesen einer Form sind, bedrückt von der Umgebung, beschwert von den Verhältnissen. Wo ständig um unser Dasein ein kreisendes Band sich dreht, in das wir immer wieder hineinspringen müssen. Dieser Zug sollte sich verkleinern, verkürzen, er sollte aus einem einzigen Wagen bestehen, in welchem nur wir wären. Alles müßte von uns abfallen, was nicht wir sind, auch das, was früher war, bevor du mich kanntest, bevor ich dich kannte. Nur das, was ist, was durch uns da ist, dürfte sein.

Sag, wohin möchtest du fahren? Wo möchtest du ankommen? Was wären wir dort füreinander? Wieder nur zwei Menschen, die sich ertasten wollen, um sich zu finden? Oder wäre es dort anders?

Glühend ist die Sonne versunken. Sie läßt keinen Schein zurück. Es ist Nacht. Der Zug fährt in ihr Dunkel hinein. Ich höre deine Stimme: »Woran denkst du, mon enfant, wir sind angekommen.« Angekommen?! Der verhüllende Gesichtsschleier wird gesteckt. Zuerst verläßt der Khedive mit seinem Gefolge den Zug. Auf dem Perron wartet sein kleiner, weißer Kutschierwagen. Er fährt, von seinem Adjutanten begleitet, in das Palais Kubbeh. Jetzt senken sich die Augen, ich steige aus, von Frauen begleitet. Mein Auto fährt nach dem Palais von Musturut.

Palais von Musturut ...

Jedesmal, wenn ich von einer Reise zurückkehre, der Wagen in das Tor einbiegt, durch den Garten fährt und vor der Aufgangstreppe des hell erleuchteten Palais hält, kommt ein merkwürdiges Sehnen über mich – wie das Erwarten eines Wunders. Betritt mein Fuß die weite Halle, und nehme ich jetzt mit einem Blick die gewohnte Umgebung wieder auf, habe ich nur mehr das Empfinden: Ich bin zu Hause. Aber dann, wenn ich durch die Zimmer gehe, wechseln die Gefühle fast bei jedem Schritt. Beinahe alle Gegenstände werden zu einem seelischen Hindernis, das ich erst bekämpfen und verdrängen muß, um weitergehen zu können, nur um von neuem einem andern Eindruck zu verfallen, mit welchem ich mich wiederum erst auseinandersetzen muß. In einer gleichgültigen Umgebung kann ich nicht atmen – und in einer von mir geschaffenen, von mir erlebten, mit mir verwobenen und gefühlsmäßig verbundenen finde ich keine Ruhe. Vielfältiges und vervielfältigtes Erleben, das als Unabgetanes, Unerlöstes, widersprechendes Ganzes unvergessen zwischen Vergangenheit und Gegenwart schwebt, verleiht durch seine bleibende Lebendigkeit dem Gewesenen eine unzurückdrängbare, überwiegende Macht, die dem Gegenwärtigen seine bewußte Ausstrahlung nimmt. Mein Leben gleicht der Wanderung eines Menschen, der vorwärtsgehend sich immer wieder umsehen muß, weil gerade das, was auf bereits gegangenen Wegen von ihm blieb, die Triebkraft des Weitergehens enthält. Es sind nicht Stimmen, die zurückrufen, es sind Stimmen, die mitkommen wollen, die lebendig bleiben müssen, damit sie durch mich, durch Vergangenheit, Gegenwart und Zukunft getragen, zum Ziel gelangen.

Wie sind Menschen beschaffen, die ein »neues« Leben anfangen können? Haben sie kein früheres gehabt? Haben sie überhaupt kein eigenes Leben? Gleicht ihre Seele einer Schiefertafel, die man abwaschen kann? Oder kommt es gar nicht zum Abwaschen, weil keine Zeichen festhaften konnten?

Vielleicht lassen sich Lebensschriften nur auf solchen Gedenktafeln nieder, deren Grundstoff so aufnahmefähig ist, daß er das Aufgenommene aufsaugt, in sich hineinarbeitet. Gibt es auch dafür kein Ende? Kommen immer wieder neue Zeichen? Wird man sie auch alle tragen können, unverwischt, bis zum weiten Ziel?

Ich bin wieder zu Hause, gehe durch alle Zimmer. Wer sagt, daß Gegenstände tot sind?

Zwischen Kissen ein rosiger Traum, golddurchwoben. Damals, als ich diesen Mantel trug, am Anfang eines Abends, da wußte ich noch nicht, daß sich unter seinen weichen, fließenden Falten in mir etwas verändern würde. Ich hatte ihn gewählt, weil seine Farbe meine Stimmung war.

Wir saßen vor einem brennenden Kamin in den Vogesen, ich sah in die Flammen. Ich mußte dich nicht ansehen, du warst in mir. Da begannst du zu erzählen. Es war eine Stimme, die ich nicht kannte, sie hatte keine Verbindung zu mir, sie war außerhalb von uns. Es war ein alltägliches Geschehen, das sie berichtete: Ein Mann war einer Frau untreu geworden. Und dieser Mann hatte das Bedürfnis, es der betrogenen Frau zu erzählen. Wußte er, was er damit zerstörte? Hatte er das Gefühl einer Schuld, die ihn bedrückte? Er wollte sie jetzt in Worten festlegen, in dieser Beichte abtun, um sich erleichtert zu fühlen. Es geschah nichts. Das Feuer im Kamin brannte weiter. Deine Hand griff nach der meinen – das warst jetzt wieder du. Unabhängig von meinen Gedanken erstand ein Lächeln. Für dich war mit der Erzählung auch der Inhalt vorüber, für mich fing alles erst an. Und dort, wo ein Anfang entsteht, gibt es für mich kein Ende.

Die Gegenstände sprechen weiter. Schwarze, glänzende Klaviere fangen den Schein einer gelbverhüllten Stehlampe ein ... Bin ich denn toll geworden, daß ich mich immer nur quäle, daß ich Begebenheiten weiternähre, wo ich doch die Möglichkeit habe, sie in eine klingende Tiefe einzugraben, deren Wogen die Wirklichkeitshülle von ihnen reißt, ihren nackten Inhalt übertönt ... Aber was ist das für ein Leben, wo man Werte, die anderen etwas bedeuten, nur als Bekämpfungsmittel und irreführende Übertünchung verwendet? Wozu diese Seelenmimikry? Vor welchem Feind will ich mich verstecken? Vor mir selbst?

Nächte erstehen, in deren Dunkelheit ich mich hineingeweint habe, weil ich einen Teil meiner Seele verleugnen wollte. Es trieb mich aus dem Bett, ich legte mein brennendes Gesicht auf das glatte, schwarze Holz meines Flügels. Die stummen Saiten sprachen zu mir: »Hüte dich, du gehst falsche Wege. Das Schicksal hat dir das große Sehnen geschenkt, das nie ein einzelner Mensch erfüllen kann.«

Ich will nichts mehr sehen, nichts mehr hören, nichts mehr

denken! Vielleicht wird diese Nacht der barmherzigen Leere gehören. Ich öffne die Türe, die in mein Schlafzimmer führt. Mein Blick fällt auf den Ring an meiner Hand. Den Saphir mit deinem Siegel.

Ich wache auf – unter meiner Hand fühle ich eine samtige Glätte, süßer Duft umfängt mich. Wieder der erste Morgengruß aus meinem Garten. Es sind Rosen aus dem Sudan. Sag, warum hast du mir nie Blumen geschenkt? Weil ich immer so viele Blumen um mich habe? Aber die du mir geschenkt hättest, wären doch anders gewesen. Heute erteilt der Khedive im Palais von Abdin Audienzen. Er erwartet mich erst zu Mittag, aber ich bin schon früher dort. Ich warte im kleinen Schreibzimmer neben seinem Empfangssalon. Die verbindende Glastüre ist mit grünen Seidenvorhängen bespannt. Ich habe viele kleine Löcher in den Stoff gestochen und kann so alle Leute sehen, die der Khedive empfängt. Auf dem Empireschreibtisch steht ein Pferd aus Bronze. Wenn ich damit auf den Tisch klopfe, so bedeutet das »Zeichen der Ungeduld«. Früher habe ich oft geklopft.

Auch wenn Menschen kamen, die nichts außer ihrem Kommen zu sagen hatten. Interessante Studien kann man selten machen, meistens gleichen sich Gehrock und Inhalt. Vielleicht sind manche anders, als sie scheinen, aber ein Palais ist nicht der geeignete Ort für Originalitäten. Wie viele Menschen habe ich durch diese Löcher Kaffee trinken gesehen! Nach dem Dejeuner gehen wir durch alle Räume, oft lassen wir in dem Zimmer, wo Conseil des Ministres abgehalten wird, ein Kaminfeuer machen. Ein langer, mit grünem Tuch bezogener Tisch, der die ganze Mitte des Zimmers einnimmt, trägt nicht zur Gemütlichkeit bei. Wenn man in das Feuer schaut, sieht man ihn nicht. Wie viele Dinge sind hier, die ich nur mehr vom Wegschauen kenne ... Aber es gibt auch Dinge, die ich liebe. Ein schmaler Gang, der zu einem kleinen Nebenflügel führt, ein blaubespanntes Zimmer, durch dessen Fenster man auf einen Garten sieht, wo rotblühende Sträucher stehen.

Da wohnte ich einmal während einiger Wochen. Da war alles noch anders. Damals konnte ich nicht mehr atmen, wenn ich dich eine Stunde nicht sah. Ich lief dir so schnell entgegen, daß mein Herz aussetzte. Waren wir in Abdin und kam der Abend, und du hattest alle deine Geschäfte beendet, dann fuhr dein Wagen in den einen Hof des Palais – wir stiegen ein: der Khedive und sein Adjutant. Ich fühlte mich sehr wohl in der Uniform und setzte dich jedesmal von neuem in Erstaunen durch mein verändertes Aussehen. Wenn der Wagen durch das große Tor hinausfuhr, kreiste die berittene Garde ihn ein. Das Signal ertönte – der Weg lag frei vor uns. Die Soldaten vorne auf den Schimmeln hatten alle Trambahnen, alle Wagen aufgehalten, kein einziges Hindernis konnte unsere schnelle Fahrt verlangsamen. Es war nicht mehr eine Frau, die neben dir saß, mit der Uniform hatte ich auch eine andere Einstellung übernommen. Neben mir saß der Khedive von Ägypten, ich war in seinem Dienst, ich war verantwortlich für ihn. Ich glaube nicht, daß du einen andern Adjutanten gehabt hast, der bereiter gewesen wäre, sein Leben für dich zu geben.

Warum muß ich gerade heute so stark an früher denken? Ich saß schon oft vor diesem Kamin und wartete auf dich, so wie heute ... Nimmt das Warten eine andere Form an? Wenn man zuviel gewartet hat, ist es vielleicht gar kein Warten mehr, denn die Erwartung ist aus ihm geflohen. Ich sitze heute vor diesem Kamin, so wie ich auch irgendwo anders sitzen würde, verbindungslos, allein. Mußte das kommen? Wie ich Rücksicht auf dein Leben nahm, hättest du nicht auch mir mein Leben lassen können? Erinnerst du dich, was du mir einmal in Dalaman sagtest? Stundenlang war ich gewandert, über Felsen, durch Wälder, an Seen vorbei. Als wir uns trafen, da fragtest du, ob ich gesehen hätte, daß man Telefonstangen setzt. Ich hatte nichts gesehen außer den blühenden Wundern. Da sagtest du: »Tu ne vois jamais rien ...« Wir sahen verschieden, wir sehen verschieden. Äußerliches dringt nur dann zu mir, wenn mein inneres Auge nicht gefangengenommen ist. Andere Dinge sind für jeden von uns bedeutungsvoll, unsere Welten liegen weit voneinander. Und doch haben wir uns früher getroffen, in einem Teil unseres Seins. Dieses Begegnen war so stark, daß es ein Licht auf die Wege warf, die du und ich allein gingen. Jetzt ist etwas in mir, das immer stärker wird, das mich von einem Teil in mir absondern will – eine Gewalt, die immer wieder einsetzt und mir doch nichts anderes gibt als ein grenzenloses Sehnen ... ich weiß nicht einmal wonach. Nach tausend Dingen, die man nicht nennen kann, die keine bestimmten Formen haben, kein festgelegtes Leben, die keine Worte einfangen können und die stumm und still sich zu mir tasten wie die Erinnerung eines Gebetes, welches man sprechen wollte und doch nie gesprochen, nur erfühlt hat. Manchmal möchte ich dir erklären, wie ich bin ..., aber ich weiß auch nicht viel von mir – bestimmt nicht soviel, daß ich es dir erklären könnte. Und doch fühlst du, daß etwas in mir ist, das du nicht kennst, das außerhalb von uns liegt. Vielleicht würde alles anders werden, wenn du ohne Worte verstehen könntest.

Aber ich bin deine Frau, und du bist mein Mann – da will man alles verstehen, weil man glaubt, auch ein Recht auf legitime Ordnung im Gefühlsmäßigen zu haben. Man will die Beschaffenheit des Bodens kennen, auf welchen man Gefühle placiert. Entsteht aber das Verlangen, sich die Begründung und Erklärung seiner Gefühle zu beweisen, so ist dies ein Drang nach Sicherstellung, der mit Liebe nichts Gemeinsames hat – nur mit Bedenken. Liebe ist bedenkenlos, kennt keine Erwägung, keine Furcht. Gibt man sich ihren Wellen hin, so schnallt man sich keinen Rettungsgürtel um. Es gibt keine Hingabe mit Sicherheitsmaßregeln.

Wenn meine Gedanken sich auf das grüne Tuch des langen Tisches festlegen, sich in die Tintenfässer ergießen, sich an Federn und Bleistifte hängen würden, was wäre das Ergebnis des nächsten Ministerrates? Mein Gott, wie lange dauern heute die Audienzen! Das Feuer brennt auch nicht richtig – komisch, daß ein Feuer Kälte vortäuschen kann. Ich schaue hinaus auf den Platz von Abdin. Die großen Kandelaber vor dem Portal des Palais werden angezündet. Du kommst herein, bist erstaunt, daß ich noch hier bin. War ich wirklich hier? Du warst ja auch nicht hier, trotzdem du empfangen, gesprochen und deine Pflicht erfüllt hast. Vielleicht kommt es aber dir nicht so zum Bewußtsein.

Ich habe es doch durchgesetzt, daß ich mitkomme zur Eröffnung vom Barrage du Nile. Der Tarbusch sitzt ganz fest auf meinem Kopf: Ich habe das ausprobiert, indem ich sehr tiefe, höfische Verbeugungen gemacht habe. Auch wenn er herunterfällt, geschieht kein Unglück – mein Haar ist kurzgeschnitten. Das einzige, was mich stört, ist der hohe, harte Kragen. Der Gehrock ist auf breite Schultern wattiert, die Lackstiefeletten vorne mit Papier ausgefüllt, und die Hände sehen, dank des Klavierspielens, sehr männlich-zuverlässig aus den Manschetten hervor. Ich sehe so aus, daß sich jede Frau von Geschmack in mich verlieben könnte. Mit dieser Überzeugung fange ich an, mich wirklich als Mann zu empfinden, und kann der Versuchung nicht widerstehen, mein Taschentuch zu parfümieren. Ein Handkoffer enthält meine Herrengarderobe – noch nie hatte ich so wenig Gepäck. Auf dem festlich dekorierten Bahnhof von Kairo, wo Hunderte von Menschen sind und der Khedive umringt von Ministern und Offizieren steht, klettere ich in den weißen Sonderzug. Ein so hoher Schritt ist notwendig, daß der Kammerdiener Fredrick situationsgewandt etwas nachschiebt.

Wie der Zug fährt und ich in den Wagen des Khediven gehe, traut er seinen Augen nicht, als er mich sieht. Auf einen so korrekten Privatsekretär war er nicht gefaßt. Wir freuen uns wie Kinder. Trotzdem übe ich mich in Respektsbezeugungen, stehe nur mehr mit verschränkten Armen vor ihm. Sagt er etwas Liebes – nicht dem Sekretär, sondern mir –, erwidere ich zuerst mit einer tiefen Verbeugung, dann erst privat. »Tu ne devras jamais parler, mon enfant.« Nein, ich werde nie sprechen. Es ist besser, wenn man mich für einen stummen Sekretär als für einen Eunuchen hält. Außerdem kann mir ja der Respekt die Stimme verschlagen haben. Eine Verbeugung wird immer die Antwort ersetzen – das macht sich sehr gut, stärkt seine und meine Stellung. Nur Thurneyssen Pascha, unser Oberstallmeister, Dr. Kautzky Bey und Fredrick wissen, wer ich bin. Heute kann noch nichts geschehen, aber vielleicht werden sie als Helfer eingreifen müssen. In der Früh kommen wir in Luksor an. Musik, Fahnen, Menschen, Sonne. Auf dem Nil stehen die Schiffe bereit. Eines für den Khediven und sein Gefolge, eines für den Herzog von Connaught und eines für die Minister. Es beginnt ein Sonnentraum. Man lernt eine neue Sonne kennen. Den Nilufern entlang fährt das hübsche, helle Schiff; überall, wo Dörfer und Bewohner sind, ist alles beflaggt, dichtgedrängt stehen die Menschen an den Ufern. Der Khedive sitzt oben auf Deck, das Fernglas kommt nicht aus seiner Hand. Ich stehe neben ihm, die Augen halb geschlossen, und sehe nur eine leuchtende Sonnenfläche: den Nil. Er verwandelt sich unter meinem Blick in weißblühende, flockige Baumwollfelder, in grüne, saftige Kleewiesen, in wogendes Korn; er treibt den duftenden Saft in Früchte, schwemmt seine Kraft allen Wurzeln und Samen zu – und liegt selbst ruhig und glatt, wie eine satte Fülle und urewige Nahrung zugleich, zwischen den erdigen Uferstrichen.

Dort an den Ufern drehen Tiere mit verbundenen Augen im langsamen, kreischenden Kreis die wasserspendenden Sakieh, dort leben Menschen in armseligen, niederen, verfallenen Lehmhütten mit Tieren zusammen unter maisbedeckten Dächern. Und jegliche Armut und jeglichen Reichtum nährt der Nil. Sein breites Bett schafft Glanz, Paläste, Prunk, streut leuchtende Steine auf geliebte und begehrte Frauen, hüllt den Wahn der Menschen in goldene Wogen ein. Früher war er auch Herr über Elend und Hunger, gab oder verweigerte, ließ gedeihen oder verdorren.

Wir fahren jetzt zu seiner eingedämmten Bezwingung, die dem Sonnenland ewige, gleichmäßige Nahrung sichert. Der dunkle Gehrock wird mir so heiß, wenn ich ihn nur aufknöpfen könnte! Aber ein Sekretär muß auch mit Anstand schwitzen lernen angesichts seines Herrschers; denn neben mir steht der Khedive von Ägypten, der Souverän von Nubien, des Sudans, von Kordofan und Darfur. Ihm gelten alle rotleuchtenden Fahnen, die am Ufer in die dunkle Erde gesteckt sind, ihm gelten die dichten Menschenreihen, die sein Schiff so lange mit den Blicken verfolgen, bis die Weite des Stromes es aufgenommen hat. Das leuchtende Bett, auf dem wir ruhen, zieht sich durch sein Land. Er gehört ihm, der ewige Nil. Ich greife nach seiner Hand, küsse sie und führe sie an die Stirne. Erstaunt sieht der Khedive mich an – ich sage nur ganz leise: Effendimiz tschok jascha! Lang lebe unser Herr! Er hat verstanden. Die andern, die weiter stehen, denken, daß der neue Sekretär für eine Gunst gedankt hat. Effendina, warum bin ich kein Mann! Dann könnte ich dir und deinem Lande dienen.

Bei Sonnenuntergang stehen die Schiffe still, Anker werden geworfen. Die nächtliche Ruhe des Nils darf nicht gestört werden. Heller Schein kommt vom Ufer – Fackeln, Lampions –, Zelte sind aufgestellt – ein großer Empfang ist für den Kediven vorbereitet. Er verläßt das Schiff mit seinem Gefolge. Die Minister sind auch an Land gegangen und folgen ihm. In einem großen Zelt, von Würdenträgern, hohen Beamten, Paschas, Beys und weißbärtigen Scheichs umgeben, sitzt der Khedive und hält eine lange Wasserpfeife in der Hand. Da er nicht raucht, ist dieses Zeremoniell nur ein Symbol. Wenn er mit den Anwesenden spricht, Fragen stellt, ist der Klang der Stimmen, die ihm anworten, so gedämpft, als kämen sie von weit. Die vielen Scheichs mit den weißverschlungenen Turbanen, das flackernde Licht, die auffallende Stille – das alles wirkt fast unwahrscheinlich, wie ein verblaßtes, unwirkliches Bild. Als wir aus dem Zelt kommen, ist der Nil mit unzähligen kleinen, illuminierten Segelbarken bedeckt. Bis tief in die Nacht gleiten sie an unserem Schiff vorbei; der Lichtschein ihrer farbigen Lampions wirft schmale, glitzernde Straßen auf das ruhige Wasser.

Wird ein Kind in der Nacht an den Ufern des Nils geboren, so hält der Vater oft noch eine alte oberägyptische Sitte ein. In einer Segelbarke fährt er den stillen Ufern entlang und ruft: »Ein Knabe ist geboren worden – wie soll er heißen?« Aus dem Dunkel kommt die Frage, dringt in Hütten ein.

Einer, der noch wacht, hat den Ruf gehört, und ein Name klingt zurück zum Nil. Die Nacht, der Nil und eine fremde Stimme haben den Namen eines Kindes bestimmt.

Einige haben sich erkundigt, wer ich bin; ein neu auftauchendes Gesicht erregt Neugierde. In der nächsten Umgebung des Khediven wagt niemand, Fragen zu stellen, aber eine Tochter des Herzogs von Connaught hat mich von ihrem Schiffe aus oben auf Deck gesehen und wollte von Thurneyssen Pascha wissen, wer der junge Türke sei. Mein Gang wird dadurch selbstbewußter; ich empfinde das eitle Vergnügen, welches ein Mann empfinden muß, wenn er einer hochstehenden Frau gefällt. Wenn ich jetzt auf das andere Schiff hinüberschaue, ist nichts Unterwürfiges in meinem Blick. Ein Sekretär ist doch auch ein Mann, und Prinzessinnen können manchmal hübsch sein.

Auf unserm Schiff empfängt der Khedive einen Minister. Unbeweglich stehe ich hinter meinem Herrn, mit vorschriftsmäßig über dem Magen gefalteten Händen. Das Gespräch dauert lange. Plötzlich wendet der Khedive den Kopf nach mir: »Mon amour, est-ce que tu n'es pas fatigué?« Ich erstarre. Taubheit, Blindheit und Stummheit lagern sich maskenhaft auf mein Gesicht. Dennoch sehe ich die Fassungslosigkeit in den Augen des Ministers. Jetzt liegt das Renommé des Khediven auf meinen Zügen, die unter meinem Willen asketisch versteinern. Der Khedive spricht weiter – seine Frage ist ins Leere gefallen. Vielleicht leidet auch der Minister an Sinnentäuschungen.

Der Karnak im Mondenlicht. Hier empfinde ich nicht nur meine Redingote, sondern auch mich selbst als lächerlich. Steinerne Ewigkeiten stehen in langen, hohen Reihen, vom taghellen Vollmond übergossen. Hier ist der Mensch ausgeschaltet, verliert auch das Bewußtsein des Zusehens, weil die Gewalten, die ihn umgeben, keine Gemeinschaft mit ihm haben wollen. Da nützt kein Bewundern. Es ist, als ob der verbindungsuchende Blick abprallen würde an einer abwehrenden, feindlichen Schicht, die noch behütend über steinerne, gemeißelte Härten – verdeckend, bedeutungsverbergend – gezogen wurde. Mond, Steine und Sand bilden eine Einheit, ein so festgefügtes, ineinandergreifendes Sein, das sich als abgeschlossenes, undurchdringbares Ganzes offenbart. Es ist die lebende Vision des unzerstörbaren Todes. Ich sitze auf einer Steinplatte. Über mich hinweg klingen Vergangenheiten einander zu. Wie schamlos müßte man sein, um ein Verstehen zu heucheln und wie geschmacklos, um eine Bewunderung zu finden.

Am 8. Februar 1909 legt der Khedive Abbas Hilmi II. im achtzehnten Jahre seiner Regierung den Schlußstein zum bezwingenden Staudamm des Nils. Sein Gesicht ist das einzige unter der vielköpfigen Menge, dem man die Verbindung zur Erde und zum Gedeihen spendenden Nil glaubt. Es ist kein Herrscher, der da steht, es ist ein Farmer, der seine Erde liebt, der sie kennt und zu behandeln weiß. Sein untrüglicher bodenständiger Instinkt hat ihn zum größten Landwirt Ägyptens gemacht. Seine Besitzungen sind die schönsten und ertragreichsten. Er hat das große Vertrauen zur Erde, die ihn niemals enttäuscht hat. Oft kauft er ganze Ländereien, die allen wertlos erscheinen, aus denen keiner Gedeihen ziehen konnte. Schon in wenigen Jahren verwandeln sich dürre Sandflächen in sprießende Gärten, in grünende Felder. Tagelang, unter glühender Sonne, reitet er unermüdlich seine Besitzungen ab, sieht und erfühlt das Notwendige. Die Stimme der Erde spricht zu ihm. Als der Khedive jetzt den Staudamm eröffnet, auf welchem in goldenen Buchstaben sein Name steht, ist keiner so wesensverbunden mit diesem Werke wie er.

Wien, bei Ausbruch des türkisch-bulgarischen Krieges.

Eine chiffrierte Depesche aus Kairo. Der Khedive bittet mich, gleich zu kommen: Ich soll vollkommen inkognito reisen. Zehn Zigaretten langes Nachdenken – mein Plan ist gemacht. Daß ich etwas nicht ausführen kann, daran denke ich nie. Eine Stunde später sitze ich bei der Generaloberin des Roten Kreuzes, Baronin Apor. Ich bitte sie, mir einen Paß als Schwester des Roten Kreuzes zu verschaffen und mir noch eine richtige Schwester auf die Reise mitzugeben. Auch die merkwürdigsten Sachen, selbstverständlich vorgebracht, verlieren ihre Unmöglichkeit. Sie ist erstaunt; aber in dem kleinen, mit Blumen und Stille gefüllten Wohnzimmer entsteht gleich eine menschliche Verbindung zwischen der liebenswürdigen, klugen Frau und mir. Professor Frisch wird telephonisch angerufen – wir bitten ihn zu kommen. Zu dritt wird dann erwogen, besprochen und gehandelt. Als ich im Auto ins Hotel zurückfahre, näht die Schneiderin, die für die Schwestern arbeitet, schon an meiner Schwesterntracht.

Die Oberin hat die Billette und Schiffsplätze besorgt. Die Pässe sind in Ordnung. Das Kleid ist schrecklich. Der Stoff kratzt, auch muß ich mir einen falschen Zopf aufstecken, denn es gibt keine Schwester mit kurzen Haaren. Da ich nie lange Haare getragen habe, kann ich mir nicht vorstellen, wie Zopf und Haube halten werden.

Professor Frisch und die Oberin begutachten mich als »Schwester Sophie«: »Hoheit, Sie dürfen den Kopf nicht so selbstbewußt tragen«, sagt lächelnd die Oberin, »so – jetzt sind Sie eine reizende Schwester!« Meine Kollegin wird mir vorgestellt. Außer ihr, dem Professor Frisch und der Oberin weiß niemand etwas, sogar die Schneiderin hält mich für eine neue Schwester. Morgen reisen wir. Im Hotel packt Hermelin meine Ausstattung ein. Schuhe mit flachen Absätzen, Leinwandwäsche, Baumwollstrümpfe – mir graust, ich kann nicht zusehen. Zwischen Hermelin und mir entbrennt ein Kampf, er tobt um Parfüm, Eau de Toilette und Seidennachthemden. Der Sieg ist mein. Ich erringe ihn, indem ich verspreche, meinen kleinen, schäbigen Handkoffer immer vorsichtig zu versperren. Wenn ich denke, daß Hermelin mit meinen vielen Koffern reisen wird, die lauter weiche, schmiegsame Dinge enthalten, beneide ich sie. An den Khediven geht ein chiffriertes Rätsel ab: nur der Tag der Ankunft.

Die ehrwürdige Mutter begleitet ihre Schwestern zum Bahnhof. Wir tragen jede unser Köfferchen. Vor einem Abteil der zweiten Klasse bekommen wir noch Ermahnungen.

Man muß einsteigen. Die Oberin wird verlegen und sagt mir leise: »Hoheit, es ist mir sehr unangenehm, aber als Schwester müssen Sie wenigstens so tun, als ob Sie mir beim Abschied die Hand küßten, es könnte sonst auffallen.« Mir ist es nicht unangenehm, denn diese ehrwürdige Mutter ist bezaubernd. Der Handkuß meiner Kollegin ist demütig, meiner echt, spontan-enthusiastisch. Dann fahren zwei Schwestern des Roten Kreuzes nach Triest, um in Alexandrien eine alte Dame zu pflegen.

Im Coupé beginnt schon die Katastrophe. Aus meiner tiefen Kleidertasche ziehe ich mein Zigarettenetui: die natürlichste Handlung der Welt. Die Schwester ist einer Ohnmacht nahe – sie scheint sehr ängstlich zu sein – und fleht mich an, nicht zu rauchen. Noch nie war mir eine Stimme so unsympathisch. Wenn ich der Vernunft nachgeben muß, tue ich es immer ungern. Plötzlich fällt mir ein, daß wir gar keinen Schlafwagen haben. Schwester Hildegard belehrt mich, daß dies gegen die Statuten verstoße und nur gestattet sei, wenn man mit Kranken reise. Mein Kleid fängt an, fürchterlich zu kratzen. Lehne ich meinen Kopf an, so verschiebt sich der lange, schwarze Zopf, der kunstvoll aufgesteckt ist, verleitet die Haube, einen schiefen Sitz einzunehmen. Allah! Wann ist diese Nacht zu Ende?!

Am nächsten Morgen in Triest. Das Schiff fährt erst nachmittags ab. Jetzt werde ich der Kollegin zeigen, daß ich zu reisen verstehe. Ich schleppe sie in das beste Hotel, mache uns beide und den Orden, den wir vertreten, verdächtig, indem ich die schönsten Zimmer aussuche, ein Bad nehme und ein sehr undemütiges Frühstück bestelle. Außerdem hole ich alle ungerauchten Zigaretten nach. Der Kellner bedient uns mit einem unverschämten Lächeln. Das ist mir ganz gleichgültig. Ich gönne ihm ein Romanerlebnis.

Auf dem Schiff haben wir eine kleine Kabine in der zweiten Klasse – Gott sei Dank allein. Die Fahrt ist wundervoll. An dem Tisch, wo wir essen, sitzt auch der Schiffsarzt. Er fragt, wohin wir fahren. Alle Antworten überlasse ich meiner wohlinstruierten Kollegin; ihre Stimme hat etwas Farbloses, Gedämpftes, sie enthält schon die Krankenzimmeratmosphäre. Neben mir sitzt eine Dame, die noch vor dem Braten ihr ganzes, unappetitliches Eheleben meinen Augen preisgegeben hat.

»Vous comprenez, ma sœur ...«

Ja, diese sœur versteht alles, aber es interessiert sie nicht, Details zu hören, die eher einen Gynäkologen angehen. Das kann ja nett werden.

Ich bleibe so viel als möglich in der Kabine. Da kann ich rauchen und meinen Zopf herunternehmen. Ekelhaft, dieses harte, fremde, borstige Haar – als ob man mit kurzen Haaren eine schlechtere Krankenschwester wäre. Jeden Morgen bade ich und freue mich, daß ich das Toilettenwasser mithabe. In Brindisi werden die Pässe revidiert. Schwester Hildegard zittert. Alle Passagiere stehen oben auf Deck, jeder hat seinen Paß in der Hand. Zu uns ist man besonders zuvorkommend. Wir lösen Krankheitserwägungen und zugleich Pflegemöglichkeiten aus. Alles ist in Ordnung. Das ist auch das einzige, was wir vom türkisch-bulgarischen Krieg merken. In der Nacht wird an unsere Kabine geklopft. Ein Herr ist krank geworden, der Pflege braucht – ich kann das nicht brauchen. Schwester Hildegard zieht ab, um ihren Beruf zu erfüllen. Ich drehe mich auf die andere Seite und schlafe weiter. Vor dem Einschlafen sehe ich noch die schlangenähnlichen Schwingungen meines Zopfes, den ich am oberen Bett aufgehängt habe. Am nächsten Tag beim Mittagessen ist das allgemeine Konversationsthema der Khedive. Es fängt allgemein an und rutscht dann langsam vom Herrscher zum Menschen. Die übernächtigte Schwester Hildegard ist einer Ohnmacht nahe, als sie mein süffisantes Gesicht sieht. Unter dem Tisch begegnen sich unsere dicken, flachen Schuhe. Der Schiffsarzt wird antikhedivial. Ich sehe rot, kneife die Augen zusammen, schweige aber beherrscht. Der Arzt erzählt, daß der Khedive einmal auf einem rumänischen Dampfer nach Konstantinopel gereist sei. Die Überfahrt sei sehr stürmisch gewesen. Der Khedive habe vor Angst gezittert, und man habe ihn fortwährend beruhigen müssen. So ein infamer Lügner! Der Sturm ist Wahrheit – ich habe ihn auch mitgemacht, aber von Angst weiß ich nichts. Wir beruhigten nur immer unsere Hunde, die seekrank waren. Aber der Khedive ist seetüchtiger als der verwittertste Kapitän. Wie oft stand bei schwerem Wetter die Mahrussa unter seinem Kommando, und er stand die ganze Nacht auf der Kommandobrükke – wir fuhren durch dichten Nebel –, unaufhörlich ertönte das Nebelhorn, haushoch türmten sich die Wellen ... Der Khedive dachte bei schlechtester See nie an sein Leben, nur an die Verantwortung, die er für andere trug, die ja nur für ihn da waren. Ich kann mich nur so zum Schweigen zwingen, indem ich fortwährend denke: Warte nur, dir werde ich es schon geben, du wirst schon etwas erleben, dir werde ich gründlich alle Krankenschwestern und alle Sturmerzählungen verekeln. Ich füge auch noch einige nähere Benennungen bei – es gibt so treffende arabische Bezeichnungen.

Das Befinden des kranken Passagiers, den Schwester Hildegard pflegt, hat sich verschlimmert. Jetzt fehlt nur noch eine Quarantäne – dann ist das Vergnügen komplett. Meine Kollegin hat Verständnis für Nerven. Sie massiert mich, reibt mich mit meinem erkämpften Toilettenwasser ab: Sie hat Todesangst, daß ich mich noch auf dem Schiff verraten werde.

Wir kommen an. Dem Kranken geht es besser. Die ersten, die vom Schiff steigen, sind die Rot-Kreuz-Schwestern. Ein Arabadji fährt in sausendem Galopp zum Hoffriseur Deschizeaux. »Que désirez vous, ma sœur?« fragt mich Madame Deschizeaux. Aber meine Stimme lehrt sie wieder richtig sehen. Wir gehen in ihre Wohnung. Ein großer Karton mit Kleidern, Mänteln und Schleiern wird gebracht. Dann sitzen zwei türkische Hanums mit schwarzverschleierten Köpfen im Expreß, der nach Kairo fährt – es hat sich ausgekrankenschwestert! Wie Frauen sich schnell umstellen können! Die Dame, die mich begleitet, hat nichts Demütiges mehr – sie benimmt sich selbstbewußt, formengewandt, jedes zweite Wort ist »Hoheit«.

Kairo! Masr! Der Arabadji sieht mich erstaunt an, als ich ihm das Ziel nenne: Serajet Abdin.

Dann jage ich im Palais durch die langen Gänge, ein Diener läuft vor mir her, um den Kammerdiener Fredrick zu rufen. Kaum sieht er mich, so eilt er, um den Khediven zu verständigen, der auch schon da ist. Die Schwester dreht sich diskret um.

Alle Passagierlisten hatte sich der Khedive geben lassen – in keinen Namen, in keine Form konnte er mich hineindenken. Trotzdem hatte er Dr. Kautzky Bey nach Alexandrien geschickt zur Ankunft des Schiffes, auf welchem ich gekommen war. Das beweist mir, wie »echt« ich ausgesehen habe. Ich erzähle natürlich gleich vom Schiffsarzt. Thurneyssen Pascha geht zum Direktor des Österreichischen Lloyd. Zuerst leugnet der Doktor alles, denn die anderen, die am Tische saßen, kannte er von früheren Überfahrten, und an die

Krankenschwestern dachte er nicht. Da sagte Thurneyssen Pascha, daß eine Rot-Kreuz-Schwester bereit sei, ihm alles ins Gesicht zu sagen. Da war er orientiert. Später soll er gesagt haben, daß ich ihm wegen meiner häufigen Baderei verdächtig war – auch wegen des Geruchs, den ich im Bade hinterließ. Die richtige Schwester blieb einige Wochen bei mir in Musturut. Als sie sich wieder in ihrer Tracht verabschieden kam, war ich froh, daß sie und nicht ich das kratzige Kleid anhatte.

Konstantinopel, zur Zeit des Ramadans.

Diesen ganzen Sommer werden wir in Konstantinopel verbringen – unsere gewohnte Reise nach Europa wird ausfallen. Sie wird mir nicht fehlen, denn ich liebe Konstantinopel, und ich kenne keinen Ort der Welt, mit dem ich wesensverbundener bin. Hier sind wir weit von den offiziellen Palais in Ägypten. Wenn auch der Khedive manchmal jemanden empfängt, so bedeutet dieses Empfangen keine Audienzform, sondern wirkt nur wie ein einfacher Besuch. Hier fühle ich mich verheiratet, und das kann manchmal ein sehr schönes Gefühl sein, gibt auch den Träumen zeitweilig eine beruhigende Stabilität. Hier empfinde ich dich als meinen Mann – hier kommt es mir erst zum Bewußtsein, daß ich deine Frau bin. Ich glaube, wir sind in dieser Umgebung andere Menschen – wir verändern uns in unserem Verhältnis zueinander.

Ich habe immer das Gefühl, daß ich drei verschiedene Leben führe. Eines in Ägypten, eines auf Reisen und eines in Konstantinopel. In Ägypten bist du für mich der Khedive. Auch wenn du zu mir nach Musturut kommst, kann ich dich nie als »privat« empfinden. Allein schon der Wagen, der im Garten auf dich wartet, gibt deiner Anwesenheit etwas Begrenztes, Vorübergehendes, Zufälliges. Wenn ich denke, daß es bei mir Zimmer gibt, die du nicht einmal kennst... Musturut habe ich nach meinem Geschmack umgebaut, umgeändert, eingerichtet. Es hat vor langer Zeit einem Eunuchen gehört, fiel dann nach dessen Tode an die khediviale Familie zurück – vor mir hat es keiner bewohnt. Wenn ich es auch als mein Heim betrachte, so ist es nie unser Heim geworden. Auf Reisen – und wenn sie noch so lange dauern – sind wir nur vorübergehend zusammen: in angrenzenden Kabinen, in angrenzenden Waggons, in nebeneinander liegenden Hotelzimmern. Hier in Konstantinopel ist das anders. Tschibukli haben wir zusammen entstehen sehen, von der ersten Zeichnung an alles zusammen besprochen und erwogen, jedes Stoffmuster haben wir beide angesehen und ausgewählt, jedes Stück der Einrichtung war uns vertraut, bevor es noch an seinem Platze stand. Jeder Baum, den wir umpflanzen ließen, jeder Rosenstock, der blühte, jeder Strauch, jede Pflanze, jede Bank, jeder Weg, alles entstand aus einem gemeinsamen Wunsche, und es entstand für uns – nicht für dich oder für mich. So ist es auch mit dem Chalet von Tschiftlik, wo wir jetzt den Ramadan verbringen. Und zwischen Tschibukli und Tschiftlik führt das verbindende Band des Weges, den du erst machen ließest und den auch wir beide entstehen sahen. Hier in Konstantinopel ist unser gemeinsames Heim ... Du, wo werden wir heute abend essen? Unten in Tschibukli am Meer, beim kleinen Selamik im Garten, unter den blühenden Magnolienbäumen? Oder oben im Palais, auf der großen, runden Terrasse? Ein Licht nach dem andern flammt auf – Augen erhellen den Bosporus, erleuchtete Schiffe gleiten über das mondbeschienene Meer.

Wie oft fragst du mich: »A quoi pense tu, mon enfant?«

Wenn ich es nur sagen könnte ... Es ist gar kein Denken, hat nichts mit Bewußtsein gemeinsam; es ist wie ein flatterndes Gefühlserwägen, wie ein Flug über Weiten, wo es keine Konturen gibt, keine Grenzen, wo nur Licht und Schatten das Verborgene andeuten. Es ist auch wie ein Planen über vergangenem Geschehen, welches schon lange jede Wirklichkeit verloren hat und nur mehr durch Farben, Strahlen oder Wohlgerüche ersteht, nicht mehr in der ursprünglichen Form, sondern als leiser, ferner Nachklang einer längst empfundenen, verblichenen Wirkung. – Weißt du, wenn Stunden kommen, wo die gegenwärtige Wirklichkeit wie ein greifbares, gelbes Kornfeld ihr schwellendes Reifsein vor meine Augen breitet, daß ich auch dann diese satte Wirklichkeit fast schon als Vergangenheit empfinde?

»Comme tu es drôle ...«

Auch das sagst du mir oft ... Ich schreibe jetzt hier im kleinen Chalet von Tschiftlik. Durch die offenen Türen des Balkons streift mein Auge über die grünen Traubenstämme, zieht den hellen, breiten Streifen entlang, auf dem dein Auto kommen wird – und jedesmal, wenn ich den dunklen Fleck sich nähern sehe, muß ich mir erst sagen, daß du in diesem dunklen, fahrenden Fleck sitzt, der so eingeschlossen wirkt, daß er in meiner Vorstellung keine Verbindung auslöst, so daß ich mir manchmal gar nicht vorstellen kann, daß er zu mir kommt – daß er deshalb hier vor dem Chalet halten wird, weil ich hier bin ... Es ist merkwürdig, wie die einfachsten Dinge für mich ein seltsames Geschehen bedeuten – wie Vorgänge, die unbeachtet von anderen bleiben, für mich zu geheimnisvollen Offenbarungen werden, auf keinem festen Grunde ruhen und sich unter meinem Forschen verhüllen, verdecken, nur die Ahnung gestatten.

Ich glaube, daß aus diesem Nicht-Fassen, Nicht-Begründen-Können meine Sehnsucht entsteht – vielleicht aus dem Suchen. Andere suchen nicht – die Blinden, die meinen, daß sie schon gefunden haben ... Allah! wie ich hungrig bin! Richtig, es ist ja Ramadan! Ich höre die Soldaten, die vor dem Tore Wache halten, leise miteinander sprechen: »Noch eine halbe Stunde ...«

Die Bemerkung gilt der Sonne und ihrem Untergehen – und auch dem knurrenden Magen. Eine Zigarette liegt neben meinem Papier – ihr wird mein erstes Verlangen gelten. Jetzt jagt der dunkle Punkt auf der Straße die Windungen des Weges herauf – du –, ich habe gelogen, ich fühle genau, daß du im Wagen bist! ... Wovon bekomme ich plötzlich Herzklopfen – aus Freude oder aus Hunger?!

Die Zigarette kam gar nicht zuerst dran ... So schnell wie heute ist dein Chauffeur noch nie gefahren. Wir sollten immer so essen wie im Ramadan – diese unzähligen, winzigen Schüsseln und die dicken Sultaninen, die ihre angesogene Weichheit im Sorbet schaukeln, und das Zwingende des Gedankens, daß man jetzt essen muß, nicht nur weil man hungrig ist, sondern weil man nur bis Sonnenaufgang essen darf. Das alles ist lebendig und unverbraucht von der Gewohnheit. Auch der Schlaf ist anders im Ramadan – man schläft schneller, gedrängter, man schläft der zweiten Mahlzeit entgegen. Dann sitzen wir wieder – du und ich – bei dem kleinen Tisch. In der großen Laterne flackern die Kerzen, überscheinen den Pilaf mit Pistazien, die vielen silbernen Deckel, die noch die kommenden Speisen verhüllen. Bei dir ein Glas Wasser, bei mir eine Zigarette bilden den grenzbestimmenden Abschluß zum nächsten Fastentag.

Der nächste Fastentag bringt unerwarteten Besuch. Im Ramadan muß man die Tage schieben, damit sie schneller vergehen, soviel Kürzendes als möglich in sie hineindrängen. Es ist nicht, weil man hungrig ist, denn die Essenszeiten sind ja nur verschoben, aber wenn man schläft, fühlt man nicht, daß man satt ist – und am Tage entsteht allein schon die Leere durch das Nicht-Dürfen, um welches der Gedanke fortwährend herumstreift. Dadurch gewinnen ja alle Verbote an Bedeutung und an Macht. In der Halle und im Salon sind alle Möbel und der Boden mit Stoffen bedeckt. Ich erwäge neue Möglichkeiten für Sofakissen, Decken und Lampenschirme – nicht weil sie notwendig sind, sondern weil ich diesen heißen, dürren Fastentag beleben will mit Farben und Mustern, mit fließenden, schimmernden Seiden, die beschattete, kühle Gewässer vortäuschen. Vielleicht bin ich doch durstig und will es mir nur nicht bewußt eingestehen, denn dann weiß ich, daß ich durstig bin – und diese Erkenntnis nützt mir nichts. Die Sonne steht noch hoch am Himmel ... Um mich sieht es wie in einem Bazar aus –

»Hanum Effendi! Hanum Effendi! ..«

Es muß etwas Besonderes geschehen sein, damit eine laute Stimme das leise Zeremoniell des Harems tönend zu durchbrechen wagt. Es ist auch etwas Ungewöhnliches geschehen: Der Khedive steht plaudernd mit einem türkischen Prinzen vor dem Chalet, zeigt ihm den Garten ... Ich verstehe, daß er uns Zeit lassen will, um zu verschwinden. So schnell wurden noch nie Stoffe zusammengerafft; dann drängen wir bepackt und beladen hinauf in den ersten Stock.

Der Khedive und sein Begleiter erblicken in der nächsten Minute auch nicht einen vergessenen Faden auf dem geräumten Schlachtfeld, nicht den kleinsten Anhaltspunkt, daß Frauen hier wohnen. Der türkische Prinz hatte mit dem Khediven eine Ausfahrt gemacht und plötzlich den Wunsch geäußert, das kleine Schweizer Chalet anzusehen, nicht ahnend, daß der Harem, den er im Palais von Tschibukli wähnte, sich jetzt hier einlogiert hatte. Dem Khediven blieb keine andere Möglichkeit, als dem Prinzen den Wunsch zu erfüllen, denn die Sitte verbietet, daß man Frauen erwähnt. Wir müssen mit Stillschweigen übergangen werden. Sind wir so wertvoll – oder so wertlos?!

Als der Sultan Abdul Hamid sich einmal berufen fühlte – vielleicht als warnender »Schatten Gottes« –, dem Khediven zu verstehen zu geben, daß ich nicht nach Europa mitfahren sollte, da wurde meine Person generalisierend umgangen. Der Padischah meinte nur so beiläufig, daß mohammedanische Frauen keine A-la-franka-Sitten haben sollten, daß es für mohammedanische Frauen besser sei, nicht nach Europa zu fahren – und dergleichen belehrende Sachen mehr.

Der Sultan meinte, der Khedive hörte zu – aber ich hatte auch noch etwas mitzureden. Als der Khedive mir dieses umschriebene Gespräch erzählte, da kamen mir meine neuen Pariser Sachen, die ich gerade für die Reise erhalten hatte, noch viel verlockender vor. Was gingen mein Leben, mein Reisen und mein Tun den Sultan an?! Nicht eine Sekunde dachte ich an Verzicht. Du, es war nett von dir, daß du mir sagtest: »Fais comme tu veux« ...

Der Tag der Abreise kam. Der Khedive sollte nach zeremoniellen Abschiedsbesuchen von seinem Gefolge begleitet auf dem Bahnhof von Galata in den Orientexpreß steigen. Zwei Stunden vor Abfahrt des Zuges verlasse ich Tschibukli im Motorboot, noch als verschleierte Hanum. In einiger Entfernung taucht ein zweites Schiff auf – es sind aufmerksame Yildiz-Spionenaugen. Aber sie sind machtlos, denn die Khediviale Fahne weht auf meinem Boot!! Die kleinen Rollvorhänge werden heruntergelassen – der Innenraum wird zum Umkleidezimmer. Bei Galata steigt ein A-la-franka-Geschöpf aus, mit den neuen Pariser Sachen angetan. Schnell in den Zug. Im Waggon wartet Bosso, mein schwarzer Bulli. Eine stürmische Umarmung – er beschnüffelt befremdet den ungewohnten Hut. Es ist doch schön, wenn man mit dem Khediven von Ägypten verheiratet ist, besonders, wenn er sagt: »Fais comme tu veux«.

Der Tag wirkt unendlich lang im Ramadan. Er wird durch nichts unterbrochen, es fehlen die gewohnheitsmäßigen Abschnitte der Mahlzeiten, das Ablenkende und Bestätigende der Zigarette. Durch das Ausfallen lebenslanger Gewohnheiten bekommt er eine fortlaufende Bedeutung, die man sonst nicht beachtet. Im gewöhnlichen Leben besteht er aus Abteilungen, und jetzt, während der Fastenzeit, zieht sich seine selbständige Gegenwart von Sonnenaufgang bis Sonnenuntergang wie ein einheitlicher, ausschließender Faden, der nur durch ihn bestimmt wird. Sonst gehört der Tag dem Menschen, der ihn lebt, jetzt gehört er sich selbst. Ich habe keinen Platz in ihm, ich sehe ihm zu, ich verfolge seinen

Gang – aber nichts bindet mich an ihn. Erst wenn die Sonne mit ihm untergegangen ist, kommt mein gewohnheitsmäßiges Leben mir wieder entgegen – aber nur in der Form einer verschobenen Erinnerung. Dinge, Bedürfnisse, die sich sonst im Tageslicht abspielen, fühlen sich in der Nacht deplaciert, weil sie keine Berechtigung mehr haben. Sie verlieren im Dunkel, das keine Verbindung schafft, ihren Wert und ihren Zusammenhang. Der beste Milchkaffee, in der Nacht getrunken, verliert seinen Morgencharme; und Träume, die man nach einem nächtlichen Mittagessen träumt, werden protzig-behäbig, sie sind zu satt, um traumhaft zu bleiben. Auf die Dauer wirken alle diese verschobenen Dinge verderblich auf die Laune. Es wird verständlich, daß bei Primitiv-Hemmungslosen die meisten Scheidungen im Ramadan entstehen – aus Gereiztheit, Ungeduld, Unüberlegtheit – und daß sich im Allgemeinfall die ungestillten männlichen Hunger-, Durst- und Tabaksinne in einem entlastenden Wutanfall von einer Frau befreien wollen, die plötzlich nutzlos geworden ist, weil sie nicht helfen kann, weil ihre Bestimmung versagt.

Mir bringt der Ramadan eine verschärfende Lupe, vielleicht sogar eine festlegende, weil man Menschen gleichsam zum ersten Male so sieht, wie sie wirklich aussehen, in einer unbekleidenden, bloßlegenden Zeit, wo keinerlei verbindende Gewohnheiten und abschnittliche Zeiteinteilungen Gleichheit vortäuschen. Diese aufklärenden Innerlichkeiten haben nichts mit den populären Scheidungen zu tun, sie bestätigen nur mit unleugbarer Festlegung die ewige Einsamkeit des einzelnen. Gleiche Wege täuschen oft gleiche Ziele vor, und aus Tagespartnerschaft entsteht leicht die irrige Vorstellung einer Gemeinschaft, besonders wenn sie zum fortlaufenden Leben wird, zum Feind jeglicher Erkenntnis: zur Gewohnheit.

Was will dieser Ramadan von mir?! Will er mich plündern?! Will er mir nahrungsentziehend beweisen, daß der Struktur meines Daseins das Fundament fehlt? Daß vielleicht meine Wunschfähigkeit so stark und zwingend war, daß sie aus Selbsterhaltungstrieb schon innerhalb des Wunsches Erfüllung vortäuschte? Sind leere Tage und leerer Magen so starke Faktoren, daß sie die Macht besitzen, dem Blick Klarheit aufzudrängen? Dieser Ramadan wird mich noch verrückt machen. Endlos lange Sommertage, wo die

Sonne nur mehr zur zahlenmäßigen Stundenbestimmung wird! Dem aufreizenden Zirpen einer Grille ähnlich, setzt auch noch der Gewohnheitsnerv ein, und intervallmäßig äußert sich das nagende Bedürfnis nach einer Zigarette. Ich habe nichts Entsagendes – ich tauge nicht zum Asketen –, ich weiß nur, daß ich mich elend fühle und von dieser Notwendigkeit nicht durchdrungen bin. Nur gut, daß mir niemand über die Schultern sieht und liest, was ich da schreibe ... Wenn irgendeiner von den Soldaten, die vor dem Chalet auf und ab gehen, das lesen würde, so wäre mir seine Verachtung sicher. Aber er ist draußen, und ich bin drinnen – er weiß nichts von mir –, und wenn er nur ein Stückchen von meinem weißen Kopftuch erblickt, steht er stramm und salutiert ... Mein Gott, ist diese Welt verrückt!

Der Khedive ist auch nicht rosiger Laune. Heute hat er bei den Büglern, die in Tschibukli arbeiten, Krach geschlagen: Sie bügeln zu langsam. Hoffentlich hat er den nicht entlassen, der mit einer maschinellen Gleichmäßigkeit Fältchen legt. Wozu kümmert sich überhaupt ein Khedive um Wäsche?! Wenn wir hier oben im Chalet etwas brauchen, so wird es ihm gemeldet. Er gibt dann erst den Befehl, welches Auto, welcher Chauffeur zu welcher Stunde herfahren soll, um es zu bringen, denn das Chalet von Tschiftlik ist wie eine Dependance von Tschibukli. Es ist doch unsinnig, daß alles über den Khediven gehen muß. Wenn in irgendeiner Belieferung Verzögerung entsteht, so traut man sich oft nichts zu sagen, aus Angst, daß er auf die Leute böse wird, ihnen Lohn abzieht oder sie entläßt. Wie kann man Zeit und Gedächtnis für solche Dinge verschwenden und auf diese Art Angestellte züchten, die mit der Zeit unfähig werden, einen selbständigen Gedanken zu fassen! Aber diese wissensdurstige Gewohnheit ist so stark in ihm eingewurzelt, daß man dagegen nicht ankämpfen kann. Es hat gar nichts genützt, daß ich in Tschibukli eine Hausdame angestellt habe, sie vermehrt nur die Zahl der Menschen, die sich gezwungenerweise an ihn wenden müssen. Wenn ich daran denke, daß sogar Abdul Hamid in seinen Betrieben herumschnüffelt und der Schmutzwäschemanipulation sein kalifatliches Interesse widmet! Der Sultan versieht auch noch eigenhändig die Behälter, welche sein Trinkwasser enthalten, mit einem Siegel.

Bei Abdul Hamid bestimmt die stete Furcht vor lauernden Gefahren seine kontrollierenden Einmischungen, aber bei

Abbas Hilmi ist der Beweggrund ein anderer. Der Khedive gleicht einem Selfmademan, der klein angefangen hat und der dann auch nachher, wenn der Betrieb groß geworden ist, alles selbst machen will, anstatt sich auf die Leitung zu beschränken. Außer der Krone hat Abbas Hilmi nichts geerbt. In ihr lag natürlich die Gewähr der Möglichkeit für allerhand Erleichterungen, die ihm aber ohne seine Fähigkeiten nichts genützt hätten. Abbas Hilmi ist kein Herrschertyp – er ist ein Farmer und ein Geschäftsmann. Auch wenn Hochmut und Despotismus zum Vorschein kommen, so ist das bei ihm keine Auswirkung seiner Krone, es sind nur Erscheinungen, die aufgezwungene Verhältnisse und Situationsumgebung hervorgerufen haben und meistens aus Selbsterhaltungstrieb entstanden. Als er mit achtzehn Jahren den Thron bestieg, geschah es unter den ungünstigsten und erschwerendsten Umständen. Er folgte einem schwachen, verblaßten Khediven, seinem Vater Tewfik Pascha, und einem starken, abgesetzten Größenwahnsinnigen, seinem Großvater, dem Verschwender Ismail Pascha. Viel Vertrauen brachte man ihm nicht entgegen, und die aride, harte Selbstherrlichkeit Lord Cromers gab sich keine Mühe, auch nur die allerkleinste menschliche Verbindung zu dem achtzehnjährigen Khediven zu finden. Petrefakter Politismus kennt keine Gefühlsregungen, nur mathematisch festgelegte Besitzergreifungen. Er behandelte den jungen Khediven nicht viel anders als ein verknöcherter Institutsvorsteher einen Zögling, der ihm dadurch nicht sympathischer wird, weil er ihn gezwungenerweise doch mit »Your Highness« anreden muß. Hinter diesem Titel steht das Khedivat – und Cromer fühlt sich als Herrscher. Das genügte vollauf, um Abbas Hilmi nur wie eine gefügige Puppe zu bewerten. Aber der Mentalität des Khediven war die nachgiebige Weichheit schon als Kind fremd. Er hat einen trotzigen Willen, der auch hinter dem liebenswürdigsten Lächeln nur an Beharrlichkeit gewinnt. Er besitzt eine Art von verkrampftem Wollen, das damals entstanden sein muß, als er sich Verantwortungen und Pflichten gegenübergestellt sah, die er erst richtig hätte erfassen müssen, ohne schon gezwungen zu sein, sich gegen den überlegenen Feind zu wehren, der oft über ihn hinwegsah und in dessen Macht es lag, ihn doppelt zu demütigen: als Herrscher und als Menschen. Von keinem halbwegs national empfindenden Khediven hätte man verlangen können, daß er den aufgezwungenen Diktator einer feindlichen Macht als Busenfreund empfindet, dessen Anblick ihn auch noch an die Schwäche des eigenen Landes und an das Versagen seiner Vorfahren erinnert. Die schwersten Zeiten im Leben Abbas Hilmis waren die bedrückenden Jahre, auf welche der mentorliche, harte Schatten Cromers fiel, der den Khediven auch in der Folge als achtzehnjährigen Neuling weiterbehandeln wollte und dessen übersehende Schroffheit von keiner Entfaltung Notiz nahm.

Sir Eldon Gorst brachte erst das Aufatmen. Ein Mensch, der sich trotz Politik die Güte erhalten hatte. Wenn Eldon Gorst beim Regierungsantritt Abbas Hilmis in Ägypten gewesen wäre, so hätte das günstig auf die ganze Charakterentwicklung des Khediven gewirkt. Manche heimtückischen Züge in seinem Wesen buche ich auf das menschliche Schuldkonto Lord Cromers. Sir Eldon Gorst war vielleicht die einzige starke Freundschaft im Leben Abbas Hilmis, eine menschliche und eine Herrscherfreundschaft zugleich. Der Khedive empfand für ihn eine Anhänglichkeit, die mit gerührter Dankbarkeit verbunden war. Wir waren in London. Sir Eldon Gorst lag hoffnungslos erkrankt in seinem Landhaus. Der Khedive eilte sogleich zu ihm. Als er dann zurückkam, war er so traurig, wie ich ihn selten gesehen habe. »Nous avons parlé – ensuite j'ai dit nos prières . . .« Unsere Gebete – jetzt war das »unsere« nicht im ausschließenden Sinne gemeint. In der Betonung, in der Bedeutung dieses zusammenfassenden Wortes lag etwas Gemeinsames, eine ausgleichende, menschliche Verbindung vom Mohammedaner zum Christen, vom englischen Politiker zum ägyptischen Herrscher, der den todkranken Freund in seine gläubigen Gebete aufnahm.

Abbas Hilmi liebt sein Land. Allein schon seine Verbindung zur Erde sichert dieser Liebe die Bodenständigkeit. Zäh und beharrlich vergrößert er alljährlich seine Ländereien, deren Wachstum und Gedeihen er persönlich in tagelangen Ritten beaufsichtigt. Er verläßt sich nie auf einen andern Menschen und glaubt überhaupt nur das, was er selbst sieht. Sein schönster Besitz, Montazah, liegt bei Alexandrien am Meer. Dort sieht man den Beweis einer jahrelangen, systematisch durchgeführten Arbeit. Unter großen Schwierigkeiten entstand ein Hafen, der erst zur notwendigen Tiefe ausgebaggert werden mußte, von einem langen, breiten, steinernen Kai im Halbkreis umfangen. Zwei Palais, auf Erhöhungen aufgebaut, übersehen die ganze Landschaft. Flugsand wurde zur fruchtbaren Erde, und eine große Baumschule liefert für alle Besitzungen Nachwuchs. Selbstgepflanzte Pinienwälder überschatten die Flächen, welche sich bis zum Meeresufer ziehen. Langsam und stetig entwikkelte sich Montazah unter meinen Augen zu einer großen Ansiedelung. Apotheke, Küche, Waschhaus, Elektrizitätswerk, elektrische Tischlerwerkstätte, Stallungen, Wohnungen für Angestellte – alle diese Gebäude liegen einzeln verstreut auf dem riesigen Terrain. Oft fahren wir mit dem kleinen, schirmüberdeckten Kutschierwagen von einem Gebäude zum andern. Viele Wege sind mit hohen Oleanderbäumen eingesäumt – dann plötzlich, bei einer Biegung, fährt man in den süßen Duft blühender Ölbäume. Die Natur beschenkt hier verschwenderisch in Fülle und Farben; Geruch, Vegetation, Himmel und Meer vereinen sich zu einem fast unglaubwürdigen Schönheitsbild. Und in der Nacht, bei Mondlicht, wird die Wanderung dem Meere entlang zu einem Märchengang. Angrenzend an Montazah hat der Khedive ein kleines Dorf gebaut, da finden Arme Aufnahme, Nahrung und sogar Tabak. Die Einwohner sind keine bleibenden, denn der Khedive gibt ihnen dann Arbeitsmöglichkeit auf seinen Besitzungen. Nur die Schwäche hat einigen Weißbärtigen den ständigen Aufenthalt gesichert. Langjährige Gewohnheit hat sie zu respektierten Aufsehern und Friedensvermittlern des Ortes gemacht; sie sind es auch, die dem Khediven die Wünsche aller übrigen Bewohner übermitteln. Eine einfache, weiße Moschee überragt das schmale Band der Wege, welches die Häuserreihen trennt, den runden, sonnenbeschienenen Platz, wo ein großer Baum Schatten gewährt, unter dessen schützenden Zweigen greise, turbanumwickelte Köpfe in zeitloser Geborgenheit träumen. Bei seinem Aufenthalt in Montazah verrichtet der Khedive in dieser Moschee mit allen anderen gemeinsam das Freitagsgebet. Unter allen seinen Besitzungen ist ihm Montazah die liebste. Weil sie sein erstes großes, selbstgeschaffenes Werk ist.

Aus den verschiedenen Palästen, Landhäusern und Ländereien des Khediven sprechen die verschiedenen Phasen seines Lebens. Das Palais von Edfina am Kanal von Rosette hat einen unlebendigeren Zauber; es ist eine kontemplative

Wohnstätte. Etwas visuelle Unruhe verleihen nur die aus kleinen Mosaiksteinchen zusammengemusterten Wege. Das Palais ruht, weiß und verträumt, knapp am fließenden Bande des Nils, dessen Gleiten dort so ruhig ist, daß kein Wellengeräusch hinauf zur Terrasse dringt, die das Gebäude in seiner ganzen Länge umläuft. Aber in den weiten Räumen kann man Lärm stiften, so mannigfaltig und soviel man will; man braucht dazu nur den grausamen Entschluß zu fassen, alle Spieldosen und Spielwerke in Bewegung zu setzen, die in Armlänge erreichbar sind. Denn hier ist alles vertreten: vom orgelartigen Orchestrion an, das mit Schlagwerken und Posaunen angefüllt ist, bis zur zierlichen, antiken Kleinheit der vogelzwitschernden Golddosen. Jeder Raum bietet eine neue klangliche Möglichkeit. Hier ruhen seit Jahren in stummer, abgetaner Sammelgemeinschaft alle diese verrosteten und verstimmten Uhrwerke, die der Khedive zu Beginn seiner Herrschaft anschaffte – damals, als seine klangfreudige Jugend das Leben noch rosiger und spielerischer empfand. Und zwischen dem geräuschlosen Nil und den verstummten Spielwerken schafft das massive, unbewohnte Gebäude eine seltsame Verbindung.

Ismailia, auf dem flachen Ufer des Ismailia-Kanals bei Kairo, stellt keinen Anspruch auf die Benennung »Palais«. Es ist nach und nach, Stück an Stück aus nützlicher Notwendigkeitsanforderung vergrößernd entstanden. Es gleicht einer amüsanten Karawanserei, deren Front den Kanalbarken eine allürenhafte, herrschaftliche Säulengalerie entgegenstreckt, die, mit bequemen Korbmöbeln bedeckt, auf ruhe- und faulheitsliebende Insassen schließen lassen könnte, wenn man nicht wüßte, daß Ismailia dem Khediven gehört. Jeder Fellah weiß, daß hier früher kein Baum gestanden hat, keine Felder waren, daß von diesem Punkte aus das saftige Grün entstand, sich ausdehnte, ausbreitete und immer größere Dimensionen annahm. Mit der Ausdehnung des Bodens zugleich hat sich das Gebäude ausgedehnt. Zuerst hatten wir nur ein Wohnzimmer, ein Schlafzimmer, ein Bad – dann erst reihte sich der Luxus eines Speisezimmers an. Unsere Stiege mündet in den Säulengang, darüber hinaus noch drei Zimmer für Begleitung. Am Ende der Galerie ist eine abschließende Türe – hinter ihr beginnt die gemischte Seele der Karawanserei. Dienerzimmer, Küchen, Wohnungen für Angestellte, Büros für die Schreiber der Gutsverwaltung. In der

Mitte des viereckigen Gebäudes ist ein großer Hof, in ihn münden alle Türen der Stallungen, Garagen und Futterkammern. Nach der vierstündigen, stillen Kanalfahrt im Motorboot wirkt der Aufenthalt in diesen mit Nützlichkeiten angefüllten Mauern animierend. Man hört und sieht Kamele, Pferde, Esel – man hat alles vor dem Blick und bei der Hand, man sitzt mitten in einem erdverbundenen Betrieb, welcher die Arbeit, die hier geleistet wird, lebendig lärmend illustriert.

Schon in aller Früh steht scharrend vor dem Gebäude der schöne, weiße Araberhengst zum Inspektionsritt bereit. Unter dem aufgespannten, grüngefütterten Sonnenschirm reitet dann der Khedive die Felder ab, deren weite Flächen sich unübersehbar ausdehnen. Oft dauert der Ritt bis zur sinkenden Sonne, denn das beste Essen kann den Khediven nicht bestimmen, eine notwendige Beschäftigung zu unterbrechen. Er besitzt eine nie ermüdende Zähigkeit, eine fortlaufende Ausdauer, die kein Hunger beeinflussen kann. Er ist überhaupt sehr einfach in allen seinen Lebensbedürfnissen, die er auch noch immer den Anforderungen seiner jeweiligen Tätigkeit unterordnet. Man kann ihm täglich dasselbe Essen vorsetzen, ohne daß er eine Bemerkung macht – nicht weil er keinen Sinn für gute Küche hat, aber weil er genügsam ist. Er kann auf dem härtesten Lager schlafen, von Kindheit her an die auf den Boden gelegte Matratze gewöhnt. Auf Reisen ist er vollkommen anspruchslos. »Vergnügungsreisen« im angenommenen Sinne kennt er nicht; er begibt sich nur an Orte, wo er etwas unternimmt, etwas arbeitet. Die primitivsten Wohnmöglichkeiten erschrecken ihn nicht. In einem Zelt fühlt er sich wohler als in einem Palais. Das Palais gehört nur »dazu«. Zu seiner äußeren Struktur hat er mehr Verbindung als zu den behaglichen Innenräumen, mit denen er eigentlich nichts anzufangen weiß, die er nicht braucht und in denen sich kein bestimmender Teil seines Lebens abspielt. Er hat keine einzige Beschäftigung – außer schlafen und baden –, die einen Innenraum bedingt oder von der Umgebung abhängig wäre. Wenn er Palais baut, so geschieht das aus Bauliebe. Die Pläne, Zeichnungen, Ausmessungen, Fundamente, Gerüste und Traversen sind ihm vertrauter und lieber als das fertige Werk, das ihn nur als Enderfolg befriedigt. Er liest nicht, er debattiert nicht, er schreibt nicht, er raucht nicht; er trägt also nirgends seine eigene Atmosphäre hinein, und alles, worüber er in einem Raume nachdenkt, sind immer nur Freiluftpläne. In seinen Gedanken finden nur lebendige Auswirkungsmöglichkeiten Platz; verbindende Schienen und Straßen, transportierende Schiffe, auszutrocknende Sümpfe, zu bebauende Felder, urbar zu machende Erde. Dieses Verhaftetsein mit der Natur kann auch keine Verbindung zwischen ihm und einem abgeschlossenen Raum schaffen, denn ihre Anregung entstand im Freien, wo auch ihre Erfüllung liegt. Es wäre ihm vollkommen gleichgültig, und nichts würde sich in ihm verändern, wenn er in einem kahlen Zimmer auf einem harten Kanapee säße anstatt in einem luxuriösen Salon. Er kennt keine geistigen Probleme – er kennt nur praktische Werte. Er hat Freude am Wachstum, am Werden, am Gedeihen. Es erfüllt ihn mit Genugtuung, wenn ein Kalb sich zusehends rundet, wenn gepflanzte Orangenkerne anfangen zu sprießen.

Das materielle Wachstum löst in ihm eine Art von väterlichem Stolz aus. Man wirft ihm oft vor, daß er zu sehr Geschäftsmann sei und seine Stellung zu eigenem Vorteil ausnütze. Wenn Ismail Pascha weniger Herrscher und mehr Geschäftsmann gewesen wäre, so wäre jetzt Abbas Hilmi mehr Herrscher und weniger Geschäftsmann. Wenn er auch seinen Vorteil wahrt, so entsteht daraus auch immer ein Gewinn für andere. Er hat nie tote Schätze aufgehäuft, in Kästen oder in Banken vergraben wie die meisten anderen orientalischen Herrscher. Er hat nie unlebendigen Profit geerntet.

Was man an ihm, dem Khediven von Ägypten, verurteilt, würde man bei jedem Geschäftsmann bewundern. Er hat aber eine unangenehme Eigenschaft: Er ist geschickter und schlauer als alle beruflichen Geschäftsleute. »Je suis plus juif que tous les juifs«, gesteht er mir lachend ein. Das Geldverdienen wird gewöhnlich zur Manie; es ist selten eine Beschäftigung, die in einem einzigen Rahmen bleibt. Denn genau besehen kann schließlich alles Geld bringen und zu Geld werden. Geld zu machen ist keine exklusiv festgelegte Angelegenheit, ihre Möglichkeit ist unbeschränkt. Sein Blick hat sich schließlich daran gewöhnt, alles auf Auswertungsmöglichkeit zu beurteilen. Der Hafen in Montazah ist an einen Fischer vermietet, der uns seine schönsten Hummer, die früher unsere Hummer waren, zurückverkauft. Alle Obstbäume sind verpachtet – ein Händler beliefert das Palais mit fremdem Obst. Wenn wir im Sommer verreist sind, werden aus allen Gärten die Blumen verkauft. Die schönen arabischen Hengste decken feindliche englische Stuten um Geld. Mit dem Geldverdienen zugleich ist selbstverständlich eine Sparsamkeit entstanden. Aber wenn ein Herrscher spart, dann fällt dieses Sparen viel komplizierter und oft verblüffender aus, als wenn ein gewöhnlicher Staatsbürger spart. Zerreißt das Futter eines Anzuges, so wird der Anzug nicht weggegeben, sondern frisch gefüttert. Wenn aber die Privatjacht Mahrussa im Hafen von Alexandrien zur Abfahrt bereit ist, alle unsere Sachen ausgepackt sind und wir auch schon eine Nacht auf ihr verbracht haben und irgendein Hindernis, welches sich störend in den Turbinen festgesetzt hat, die Abreise auch nur um eine Stunde hinausschiebt, so dünkt ihm die Erwartung dieser Stunde unerträglich; und wir verlassen alle fluchtartig, zum Entsetzen unseres gekränkten Kapitäns, das Schiff und installieren uns auf dem zufällig bereitstehenden, rumänischen Dampfer. Wir haben eine halbe Stunde gewonnen, tausend Pfund verloren, und am nächsten Tag fährt auf offener See die Mahrussa stolz an uns vorbei. Da der Khedive nie kleine Summen verdient, so bewertet seine visuelle Aufmerksamkeit sie höher als große Zahlen; und da er nie Geld für unnötige Dinge ausgibt, so versteht er nicht, wenn ich auf Reisen auch nur für fünf Franken Blumen kaufe. Sie werden jedoch verwelken. Dagegen sichert oft eine einzige Nelke eine anstandslos angenommene, verrückte Rechnung. Meine Modistin in Paris hat die Gewohnheit, bei unserem dortigen Aufenthalt uns beide beim Lever mit je einer Ansteckblume zu überfallen. Zugleich legt sie einige Dutzend Hüte hin, die nur dem europäischen Aufenthalt dienen, und ihre Rechnung wird nie beanstandet. Endsummen erschrecken ihn nicht, er stolpert nur über Details. Hunderttausend Franken für Kleider sind eine runde Summe, wenn aber ein Kleid achthundertundfünfundsiebzig Franken kostet, so sind die fünfundsiebzig Franken zuviel. Daher haben sich auch alle meine Lieferanten angewöhnt, nur mit einer abrundenden Nullenreihenfolge zu arbeiten.

»Je sais tenir de l'argent dans ma main«, damit erklärt Abbas Hilmi seine von mir bewunderte Geschicklichkeit, Wasser in der hohlen Hand halten zu können, ohne daß ein

Tropfen durch die Finger läuft. Vielleicht ist diese Deutung richtig, denn mir läuft das Wasser immer zwischen den Fingern durch.

Am Anfang jedes Jahres legt der Khedive sein Budget in allgemeinen Zügen fest. Alljährlich wird ein großes Zinshaus in Kairo gebaut, beinahe ein ganzes Stadtviertel gehört ihm. Alle notwendigen Holzteile, Fenster und Türen werden in Montazah in den elektrischen Werkstätten gearbeitet – alles unter seiner Leitung. In Kairo fahren wir jeden Abend inkognito spazieren, dann sieht er, wie weit die entstehenden Häuser gediehen sind. Wird auf eigenem Grund und Boden gebaut, dann besteigt er die höchsten Gerüste, geht über Abgründe und schaukelnde Bretter mit einer Sicherheit, die jeden Arbeiter in Erstaunen setzt. Als Tschibukli entstand, führte er trotz aller Kapazitäten die Oberaufsicht. Er weiß ganz genau, was man jeder Traverse an Gewicht zumuten kann, und sein präzis berechnendes Verständnis macht einen schließlich fremden Bauten gegenüber mißtrauisch, so daß ich mich nur mehr in einem Hause, welches unter seiner Aufsicht entstand, ganz sicher fühle. Wenn wir bei unseren abendlichen Inspektionstourneen an einem fremden Gebäude vorüberfahren, welches im Bau begriffen ist, erfaßt und erklärt er gleich die Fehler der Konstruktion. Und sein Auge hat immer recht behalten – in solchen Fällen stürzte das Gebäude noch vor seiner Fertigstellung zusammen.

Bei Mariut, wo er eine Eisenbahn durch die Wüste legt, hatten mehrere Ingenieure ihre Meinung über eine Brücke abgegeben, aber sein Entwurf wurde dann als der praktischste und einfachste angenommen. Als er anfing, die Mariuter Eisenbahn zu bauen, hielten ihn die meisten Menschen für verrückt oder dachten im besten Falle nur an eine Spielerei. Keiner erfaßte die Tragweite dieses Unternehmens. Das Ziel, welches Abbas Hilmi verfolgt, ist, von Alexandria aus durch die Wüste von Mariut in gerader Strecke bis zum meerverbindenden Endziel, dem Hafen von Sollum, zu gelangen. Alljährlich vermehrt sich die Kilometerzahl der gelegten Schienen. Die Vorläufer sind immer schmalspurige Schienen, auf welchen man das notwendige Material transportiert. Erst wenn ihre breiten Kollegen stabilisiert sind, werden sie abgerissen und weitergeleitet. Mit unendlichen Mühen und Schwierigkeiten wird dieser Schienenweg unter glühender Sonne gelegt. Jeder erforderliche Tropfen Wasser muß vom

Ausgangspunkt aus nachgefahren werden. Die Wüste wartet auf das Ergebnis ...

Und als zum ersten Mal die fertige, kurze Anfangsstrecke den Wüstenbewohnern als Transportmittel zur Verfügung stand, da hatte der Khedive das Herz von jedem Beduinen gewonnen. Denn es war »ihre« Eisenbahn. Sie lag auf »ihrer« Erde und war nur entstanden, um »ihren« Zwecken zu dienen. Auf den kleinen, hölzernen Stationsunterkünften wehten Flaggen. Der erste Zug, der in die stumme Wüste hineinfuhr, war mit Girlanden umwunden; er trug das Hoffnungsgrün des neuen Lebens in die glühende, weite Einsamkeit hinein. Und bei den Stationen und den Schienen entlang standen die hohen, weißleuchtenden Gestalten der Beduinen wie eine bewegungslose Mauer und staunten das Wunder an, das der Herrscher von Ägypten zu ihrer Ehre, zu ihren Diensten vollbracht hatte. Und als zum ersten Male der kleine Zug bei den Stationen hielt, wo schon tagelang zuvor die Beduinen sich wartend versammelt hatten, da nahmen sie ungestüm Besitz von ihrem neuen Transportmittel; und als die Waggons schon mit weißvermummten Gestalten gefüllt waren, da hievten sich die Nachdrängenden auf die Waggondächer, setzten sich auf die Stufen, schwangen sich auf das Eisengitter, welches die offenen Plattformen eingrenzt, und unter Staunen und Jubeln vergaß man die Dankbarkeit, die man dem bisher gewohnten Transportmittel, dem treuen Kamel, schuldete.

Die Wüste läßt sich nichts schenken. Als wir nach einigen Tagen zu unserem Zeltlager am Ende des Schienenstranges fahren, da ist die ganze Wüste bevölkert. Zu beiden Seiten des Zuges galoppieren die schnellen, zähen Pferde der Beduinen in bodenstreifendem Lauf, in den Bügeln stehen aufrecht die Reiter, schwingen die Gewehre, werfen sie hoch über ihren Kopf, fangen sie wieder auf, und dann hallt die klare Luft von Tausenden von Schüssen wider. Die Beduinen veranstalten zu Ehren des Khediven eine Fantasia. Dann empfängt uns der Beduinenhäuptling in seinem Zelt. Und trotz der Ehrerbietung, mit welcher der Scheich dem Khediven entgegengeht, hat man das Gefühl, daß sich jetzt zwei Herrscher gegenüberstehen. Mit einer stolzen Gastfreundschaft wird der verbindende Kaffee angeboten, man fühlt, daß er keinen leeren Labtrunk bedeutet und daß der Beduinenscheich bereit ist, unsere Sicherheit mit seinem Leben zu decken.

Am nächsten Morgen, als wir aus unserem Zelt in die freie Wüste treten, finden wir sie seltsam verändert. In weiter Fläche ist ihr Boden mit vielerlei Dingen bedeckt: Es ist Jahrmarkt in der Wüste! Tücher, Stoffe, Seifen, kupferne Kannen und unzählige kleine Parfümflaschen, die alle auf der Etikette das grellgemalte Bild des Khediven tragen. Diese Fülle von Dingen wird in gewissen Abständen von einem weißen, wogenden Wollknäuel unterbrochen. Es sind langhaarige Fettschwanzschafe, zu dichten Rudeln zusammengetrieben. Woher kommen nur alle diese Menschen in der stillen Wüste? Hat das Bedürfnis nach den am Boden ausgestreuten Dingen sie erahnend hergelockt? Langäugige Beduinenfrauen mit klirrenden Goldspangen an Armen und Füßen, in indigoblaue Stoffe gewickelt, deren Farbe das unverschleierte Gesicht noch dunkler erscheinen läßt, kaufen mit der gleichen Seligkeit hier die kleinen Parfümflaschen wie ich in Paris beim Institut de Beauté »Le bouquet du Khédive« und das Parfüm »Djavidan«. Und auch die weißumwallten Beduinen sichern sich Seifenvorrat für ihre einsamen Zelte.

Abbas Hilmi ist der erste Khedive, dem die Beduinen bedingungslos ergeben sind. Sie behandeln ihn wie ihresgleichen und mißtrauen weder seiner Stellung noch seinem Titel. Und nur ein einziges Mal hat ein Beduine das Vertrauen nicht gerechtfertigt, das Abbas Hilmi in ihn setzte. Wir machten eine Reise durch die Wüste, etappenweise zogen wir vorwärts. Die Zelte waren am Tage für das nächste Nachtlager vorausgeschickt worden, wir folgten später, der Khedive und ich in einem Auto mit zwei Chauffeuren. Als Führer diente ein Beduine auf einem Kamel. Wir fuhren langsam. Ringsherum blühte ein erdengebundener, niedriger Teppich anemonenartiger Blüten, eine unendliche, blaßlila getönte Fläche. Denn im Frühling lebt die Wüste bei Mariut, durchduftet von einem hohen Kraut, dessen betäubender Geruch die klare Luft erfüllt. Stunden vergehen – sie scheinen gleichsam nähergerückt wie auch alles, was das Auge dort, in der unendlichen Weite, erblickt; dort, wo das Spiel des Windes in wirbelnden Kreisen feine Sandhügel spielend verweht, auflagert und wieder weitertreibt; dort, wo sich alles beständig verändert und verschiebt und doch den trügenden Anschein der starren Gleichmäßigkeit erweckt. Die Sonne neigt sich. Wir sollten längst am Ziele sein. Wir bleiben stehen, der Khedive spricht mit dem Beduinen, welcher beteuert, daß er sich nicht irren kann. Das dunkle, scharfe Gesicht verrät nichts, nur eine steinerne, unendliche Gleichgültigkeit. Es ist das lebende Gesicht der Wüste, verbindungslos in seiner einsamen Würde. Wir folgen wieder dem wehenden, weißen Beduinenumhang. Lilarote Streifen flammen am Himmel – dann ist es plötzlich Nacht. Das Kamel und der Reiter sind verschwunden, wie aufgesogen von dem Dunkel. Sterne leuchten auf in einem tiefgespannten Himmel, fast greifbar hineingesteckt. Führerlos fahren wir weiter. Was ist geschehen? Hat der sichere Instinkt des Beduinen versagt, weil er ein Auto anstatt Pferde oder Kamele führen sollte? Oder hat er die Herrschaft über sein Kamel verloren, weil das Tier den feindlichen Lärm haßte, der ihn verfolgte? Die Stille wird packend. Unter den sengenden Strahlen der Sonne war es eine beleuchtete Stummheit, das Leben des Lichtes bedeckte die Feindlichkeit der Wüste. Aber jetzt fühlt man sich verloren. Stunden und Stunden fahren wir, vielleicht vorwärts, vielleicht zurück, vielleicht im Kreis; an eine solche Möglichkeit hat keiner gedacht. Meine Augen suchen den Himmel ab: Der hellste Stern soll uns führen. Jetzt hält der Khedive das Steuer, ich sitze neben ihm. Ich vertraue dem Licht, das aufglänzt, aufleuchtet, und gebe nur die Richtung an, die der Stern bestimmt. Ich bin so ruhig und sicher – ich weiß, daß wir richtig fahren. Lichter ... dann Stimmen ... eine geschlossene Pferdereihe. Soldaten, die den Khediven suchen, und wir sind auch schon am Ziele beim Zeltlager angelangt. Trotzdem es kein richtiges Verlorensein war – denn einen Khediven läßt man nicht in der Wüste verschmachten –, bekamen wir doch einen kleinen Vorgeschmack von den Qualen, die die Wüste schenken kann. Gleich nach dem Verschwinden unseres Führers richteten sich plötzlich alle Blicke auf das unscheinbare Lederfutteral, welches eine silberne Wasserflasche enthält, die den Khediven ständig begleitet – wie magnetisch angezogen von ihrem Inhalt, der in der Wüste über Tod und Leben entscheidet. Um den Chauffeuren schlußfolgernde Qualen zu ersparen, nahm ich sie auch gleich an mich. In meinem Arm wirkte sie dann nicht mehr als Wasserflasche, denn meiner Adjutantenuniform traute man eher ein explosionsfähiges Verteidigungsmittel zu.

Diese Erinnerung hat mir jetzt die Kehle ausgetrocknet,

aber es ist Ramadan! Meine Gedanken haben sich im Kreise herumgedreht, durch Paläste und Wüsten, und die Sonne ist noch immer nicht untergegangen. Sie neigt sich erst der Grenze des Verschwindens zu. Wenn ich einmal später diese Dinge lesen werde, die ich jetzt hier in Tschiftlik schreibe, wird ihre Auswirkung bestimmt nachträgliches Hunger- und Durstgefühl erwecken. Vielleicht auch Sehnsucht.

Wenn mich der Khedive fragt, was ich in seiner Abwesenheit gemacht habe, so antworte ich gewöhnlich: »rien«, nichts. Mögen alle großen Geister, die ich liebe, mir diese verheimlichende Lüge verzeihen. Es ist aber eigentlich gar keine Lüge, sondern nur eine falsche Antwort. Mein Mann weiß ganz genau, daß in diesem »rien« Tätigkeiten stecken und daß sie sich immer in dem fortlaufenden Kreise von Musik und Literatur drehen. Da das aber Dinge sind, zu welchen er kein Verhältnis hat und denen er auch keine Bedeutung zuspricht, so umgehe ich ihre Benennung. Auch finde ich, daß in einer präzisen Ausdrucksweise oft eine große Unhöflichkeit stecken kann. Es ist doch viel netter, wenn man einem Menschen sagt: »Du kannst nicht zu mir kommen« anstatt: »Ein Abgrund trennt uns«. Mit diesem »rien« gibt er sich auch immer zufrieden, da Beschäftigungen, die für mich sehr viel bedeuten, für ihn wirklich »rien« sind. Wenn ich aber auf die Frage, was ich getan habe, eine ausführliche Antwort gebe, dann benennt sie meistens Tätigkeiten, die wiederum für mich »rien« waren. Gewöhnlich treffen wir uns doch immer wieder bei gemeinschaftlichen Oasen; es gibt noch vieles, was uns beiden lieb ist, wenn auch unser aufnehmender Gesichtswinkel ein verschiedener ist. Tiere haben wir beide gleich lieb. Zwei arme kleine Straßenhunde hatte ich vor dem Tode gerettet, als in Konstantinopel die grausame Hunderazzia wütete. Sie waren aber zu schwach, um sogar diese abgewehrte Möglichkeit zu überleben: Le petit frêre und la petite sœur, gelbe, ruppige Köterchen, starben in unseren Armen, die sie abwechselnd hielten. Meine Liebe zu Tieren ordnet sich ihnen sklavisch unter, wogegen es dem Khediven mühelos gelingt, sich alle Tiere gefügig zu machen. Pferde, die keiner reiten oder fahren kann, gehen unter seiner Hand wie Lämmer. Der große, französische Schäferhund Ours, sein Lieblingshund, macht einen respektvollen Bogen, sobald er den aufgebreiteten Gebetteppich sieht.

Einmaliges Erklären hat dem klugen Tier genügt. Ich höre oft: »Les chiens se moquent de toi, mon enfant...« Mein Ehrgefühl wird dadurch nicht getroffen – es soll mir nie etwas Ärgeres passieren, als daß mich Tiere auslachen. Aber als Ours von einem Skorpion an einem sehr empfindlichen Körperteil gebissen wurde, da brachte ihn mir der Khedive nach Musturut. In einem weißen Leintuch, auf dem er todkrank lag, wurde er in die Halle des Palais getragen, denn der Tierarzt hatte die Hoffnung aufgegeben. Dieser Hund hat mich bestimmt nicht ausgelacht, als ich ihn gesund pflegte.

Die meisten Tiere, die der Khedive geschenkt bekommt, landen bei mir in Musturut. Voriges Jahr hat der Scherif von Mekka zwei arabische Wüstenwindhunde geschickt, die dort für die Jagd dienen. Ein Scheich war als Begleitung mitgereist und überbrachte genau aufgeschriebene Weisungen, wie man die Tiere füttern und tränken müsse. Unentkernte, gepreßte Datteln und Milch. Von ihrem Käfig wurden die beiden Wüstenbewohner direkt in mein Auto hineingelassen. Die Fahrt vom Palais Kubbeh bis zu mir nach Musturut konnte schwerlich eine gemütliche genannt werden. Ich saß in der Mitte des Rücksitzes, in jeder Ecke neben mir ein zähnefletschender Hund. Mein Blick wanderte abwägend von einer Gefahr zur anderen. In Musturut hatte ich ein Zimmer ausräumen lassen, nur leider hatte man vergessen, einen hohen Schrank herauszunehmen, auf dessen Höhe sich beide Hunde mit einem Riesensatz flüchteten. Die ersten Tage verließen sie keinen Augenblick diesen Beobachtungsposten. Aber nach einem Monat waren sie so zahm, wie Wüstenbewohner eben werden können. Fleisch haben sie immer verweigert und sogar entkernte Datteln stehenlassen. Ihr Fell sträubte sich bedrohlich bloß beim Anblick von Wasser, und sie waren auch nicht dazu zu bewegen, es zu kosten.

Von seiner Mekka-Pilgerung hat mir der Khedive einen Riesenkakadu mitgebracht, den er einem armen Pilger abgekauft hatte. Hadji-Fatma war eine Schönheit, ein weiß und rosa strahlendes Gefieder mit weitausholenden Flügeln. Sie blieb aber immer unzuverlässig, ihr verteidigender Instinkt war auf einem Zeltdache großgeworden, wo ihr wachsames Auge jede Gefahr durch schrille Schreie meldete. Wenn sie in Musturut in der großen Halle frei herumflog, so standen als Warnungszeichen an allen Türen rote Schirme, unter deren Schutz die Dienerinnen durch die Halle gingen, denn der Vogel hatte die unangenehme Gewohnheit, sich auf den Köpfen der Menschen niederzulassen und mit dem Schnabel den Inhalt des Schädels ergründen zu wollen. Schon bei ihrer Ankunft riß Fatma, »die Pilgerin«, einem Diener das Ohr ab und erfüllte den Selamlik vom Palais Kubbeh mit so gräßlichen Schreien, daß sie sofort zu mir abtransportiert wurde. Sie bekam ebenfalls ein eigenes Zimmer. Mit der Zeit ließ sie sich von mir auf dem Arm herumtragen, aber sie blieb das einzige Tier, welches den Dompteurversuchen des Khediven widerstand. Sein Anblick genügte, um ihr Tobsuchtsanfälle zu verschaffen. Vielleicht mochte sie das helle Rot des Tarbusch nicht. Da die Kopfbedeckung des Sultans einen dunkleren Ton besitzt und seine den Yildiz anfüllende Tiersammlerei bekannt ist, wurde ein zimmergroßer Nickelkäfig gebaut, in dem Fatma auf dem Deck der Mahrussa mit uns nach Konstantinopel fuhr. Dort wurde Abdul Hamid mit ihren Schreien beehrt.

Die Ramadantage haben ihre Länge verloren, seitdem ich die leere Stille mit täglichen Aufzeichnungen belebe. Sie schrumpfen plötzlich zusammen, die Sonne gleitet schneller an ihrer ausgefüllten Form herab. Oft umfängt mich die Lebendigkeit vergangener Bilder so zwingend, daß ich Vergleiche ziehe zwischen der bezwingenden Sprache der Vergangenheit und den Worten der Gegenwart. Ist das Schönste schon vorüber? Ist das Wertvollste schon gewesen? Oder überschätze ich die Macht ihrer Kraft, weil sie vergangen ist? Weil sie als Losgelöstes mir allein gehört und nur für mich in dieser Form besteht? Für mich? Warum nicht für uns? »Wir«, »uns« sind Wörter, die ich selten schreibe. In meiner Schrift steht so häufig »ich« und »er«. Auch die Bezeichnung »mein Mann« ist mir fremd. Zu wem sollte ich »mein Mann« sagen, wenn ich vom Khediven spreche? Er ist auch für mich der Khedive geblieben, trotzdem er mein Mann ist, und ich glaube, daß meine stärksten Gefühle gerade ihm gelten. Herrscher sind einsam. Die ruhelose Bewegung, die ständig um sie herum entsteht, ist keine Auswirkung eines lebendigen persönlichen Lebens, es ist nur ein fortlaufender Kreis, dessen Triebkraft dieselbe bleibt, und nur innerhalb desselben verändert sich ein Name, den das Kronerbe bestimmt. Wenn auch dieser große Kreis noch einen kleineren Kreis enthält, so muß dieser sich doch den einfangenden Grenzen unterordnen. Und diese äußere, bestimmende Linie wirkt abschließend und ausschließend.

Abbas Hilmi hat keine Freunde. Aus einer gewissen Gefühlsdietät der Jugenderinnerung entstanden aus früheren Schulkameraden Adjutanten und Angestellte, die dann sorgenlos untergebracht das Gewissen entlastet haben. Aber die neue Form, in welcher man alter Freundschaft begegnet, bedeutet kaum mehr einen früheren Kameraden – Anforderungen und Abhängigkeit haben die Einstellung der ursprünglichen Gemeinsamkeit verändert. Manchmal ersteht durch ein Wort, durch eine Situation das Erinnern – man spricht dann von den gewesenen Studienzeiten. Diese Rückblicke unterbricht gewöhnlich eine sachliche Meldung, eine Mitteilung, ein auszuführender Befehl – und plötzlich ist der frühere Kamerad vom neuen Untergebenen getrennt. Die Erinnerungen verändern und verschieben sich mit dem Augenblick, wo aus einem Menschen ein Herrscher wird. Es entsteht eine Art Vorvergangenheit, die nicht mehr mitkommt, die dort liegenbleibt, wo die Krone einsetzt. Kein Herrscher hat Freunde. Wie käme er zu einer unabhängigen, gleichberechtigten Freundschaft? Von Gipfel zu Gipfel zieht sich eine unverbindende, höhenverwandtschaftliche Korrespondenz, eine leicht veränderbare Confrêrerie und Vetternschaft, deren Bedeutung jeder Grenzschuß in die Luft pulvern kann. Am Ende eines kronengeschmückten Briefes machen sich den Machtbereich widerspiegelnde Vergleiche ganz amüsant – im Gegensatz zum flachen, weißen Büttenpapier –, aber votre confrère balcanique besagt ebensowenig wie das wüsten- und nilbezeugende confrère pyramidale. Es sind Wortspiele Gleichberechtigter, vom Geist des Privatsekretärs eingegeben. Aber welcher Herrscher kennt sich als Mensch? Und wer kennt den Herrscher als Menschen? Vielleicht ist dieses Erfassen nur einer Frau zugänglich, der Frau, die sein Verlangen besitzt. Aber wenn ein Herrscher einer Frau begegnet, die ihn als Mann gefangennimmt, dann entsteht für sie genau derselbe Vorgang wie mit den Jugendkameraden. Sie wird eingereiht, in eine bestimmte Form fixiert, welche nur mehr das Endergebnis eines früheren Verlangens wird. Die Macht, sich das meiste unterordnen zu können, rächt sich entwertend.

Seitdem ich Abbas Hilmi kenne, wünsche ich mir oft, ein

Mann zu sein. Keiner von denen, die eine leere Nummer in der weltumfassenden Herrscherverwandtschaft bedeuten. Nur ein unabhängiger, selbständiger Mann, dessen Überzeugungen ihn vor jedem Einfangen und Auswerten-Wollen gesichert hätten. Aber ich bin eine Frau. Die sogenannten positiven männlichen Eigenschaften in mir verwischt mein äußerliches Aussehen – und die männliche Stellungnahme zu einer Frau. Außerdem bin ich noch deine Frau, eine mitverbundene, erhobene Gleichheit, ein geschaffener, aber kein anerkannter Faktor. Ich falle unter dieselben Bestimmungen, welche deine Stellung auslöst, nur bin ich doppelt entmündigt – vom Mann und vom Herrscher. Es ist ein Kreis, der alles gefangennimmt, und dieser Kreis ist nicht durch dich entstanden, denn du unterliegst denselben kreisbildenden Gesetzen. Ich wäre gerne dein Freund gewesen. Abseits vom Körper, Mißtrauen, Ergründen-Wollen, Gewohnheit und äußerlicher Gemeinschaft. Nur ein Mensch, vor dem du schwach und arm sein kannst – und dem du nichts anderes gibst als deine Menschenähnlichkeit. Aber ich bin deine Frau. Solche beschenkenden Dinge sind unmöglich zwischen uns, weil sie selten den Weg über den Körper gehen, der sie nur hemmend aufhält, und weil eben durch diese körperliche Gemeinschaft urewige Fehde einsetzt – der Kampf zwischen Mann und Frau, das Ringen zweier Erzfeinde.

Die große Anziehungskraft der Geschlechter entsteht aus dieser Feindschaft, und diese buhlende, heuchelnde Perfidie wird mit der Bezeichnung Liebe gedeckt. Und unbewußt oder bewußt dient jeder Kuß, jedes Verlangen, jede Umschlingung der treibenden Kraft des gegenseitigen Unterdrückens und Zerstörens. In den dunkelsten Trieben lauert der Todeswunsch. Ich möchte dich zu Tode küssen, ich möchte dich zu Tode lieben, ich möchte dich zerdrücken – das sind die höchsten Zärtlichkeitsbeteuerungen des Geschlechtsparoxismus, das Geständnis der Geschlechtsfeindschaft von verhimmelndem Gestammel verdeckt. Aber nur die rein männlichen und die rein weiblichen Instinkte ringen miteinander; die allgemein menschlichen Gefühle stehen außerhalb jeder Beteiligung und wundern sich nur verständnislos über die erschütternden Auswirkungen. Kein Mann ahnt, wie eine Frau beschaffen ist und daß oft seine Liebe eine viel größere Demütigung für sie bedeutet als seine übersehende Gleichgültigkeit.

Kein Mann weiß, wie stark eine Frau ist. Das Märchen der ihr zugebilligten Schwäche entstand nur aus der Überschätzung des männlichen physischen Kraftbewußtseins. Die Frau weiß mehr vom Wesen des Mannes. Sie bringt nicht nur Mädchen, sondern auch Knaben auf die Welt. Aus ihrem Schoß stammt die Zwiespältigkeit der Geschlechter; ihr Blut kann beide nähren, beiden das Leben schenken.

Aber wenn ich keine Frau geworden wäre, so hätten wir – du und ich – uns nie getroffen. Denn als Mann wäre ich eine Gattung geworden, denen Könige nicht begegnen. Es kommt mir oft wie Verrat vor, wenn ich denke, daß du so wenig von mir weißt. Aber dein Wissen könnte mir und uns nicht helfen und würde auch dich nicht davor bewahren, so zu sein, wie du bist. Wir besitzen beide das Recht auf Verschiedenheit – es ist nur schwer, zwei fremden Welten dieselbe Heimat zu geben. Die wahre Gemeinschaft zweier Menschen entsteht, wenn ihre Seelenwurzeln sich im gleichen Nährboden treffen. Wenn auch die verschiedene Auswirkung ihr erfülltes Wachstum verschiedenen Richtungen entgegenstreckt, so bleiben sie trotzdem landesverwandt, denn sie vertreten beide, wenn auch in verschiedener Form, das gleiche Vaterland. Vielleicht bist du zu beneiden, weil du die Qual gewisser Gedanken nicht kennst, und vielleicht zu bedauern, weil du auch nichts weißt von der Befreiung, die sie schenkt. Aber wenn ich dich neben mir sehe, wenn ich die unbekümmerte Selbstverständlichkeit empfinde, die von dir ausgeht, und die unerschütterliche Selbstzweckbasis erfühle, die der fundamentale Grund dieser fahrlässigen Gedankenlosigkeit ist, dann werde ich nachdenklich. Wenn auch nur in dem leicht verdunkelnden Maße, als ein Leben unter ewiger Sonne es zuläßt.

Bei dem Chalet, unter dem Balkon, vor welchem ich schreibe, geht jetzt eine hohe, aufrechte Gestalt vorüber. Im grellen Tagesschein leuchtet der rote Fez, dessen schwarze Quaste im gleichmäßigen Rhythmus der weitausholenden Schritte pendelt. Unbeschattete, scharfe Falkenaugen schauen lichtgewohnt und unverkleinert in die Sonne. Jeder Zug des gebräunten Gesichtes ist organisch umspannend an das Skelett angemeißelt, und der festgeschlossene Mund offenbart die Stummheit eines gefährlichen Willens. Dieser Mann wirkt wie die unbezwingbare elementare Kraft. Es ist Fahr-Ed-Din, der »Ruhm des Glaubens«. Das Erfassen seines Anblickes hat genügt, um mitten in mein Grübeln die Vision eines unwahrscheinlichen Geschehens zu setzen.

Im Hafen von Kavalla lag die Mahrussa zur Abfahrt bereit. Kavalla ist die Geburtsstadt Mehemmed Alis, des Gründers der Khedivialen Dynastie. Noch heute nährt seine Stiftung Hunderte von Armen, welchen täglich Reis und Hammelfleisch ausgeteilt wird. Wir haben oft von dieser seit hundert Jahren bestehenden Speisung gegessen. Es hat mich immer merkwürdig berührt, wenn wir, Abbas Hilmi und ich, von diesem Reis aßen, der uns auf das Schiff gebracht wurde, und ich an den Spender dachte, von dem ich nichts als tote Überlieferungen kenne, von dem ich als Mensch nie etwas wissen werde und von dessen erdengebliebener Nahrung ich esse; der weite Tote, dem der Khedive sein Land verdankt und dem ich meinen Mann verdanke.

Die Sagengestalt von Kavalla war seit vielen Jahren Fahr-Ed-Din. Er war nicht nur der stärkste Mann und der beste Schütze der Stadt, sondern auch ein Mensch, dem man jede Möglichkeit und jede Unmöglichkeit zutraute. Jeder kannte ihn. Man vermied es, ihn zu reizen, man wich seiner Kraft aus, man wußte, daß er das kleinste Blatt im höchsten Baumwipfel treffen kann – aber man wußte auch, daß sein einfachstes Wort mehr galt als tausend Schwüre. Er hatte Frau und Kinder, bebaute eigene Erde, war gläubig und fleißig. Und vor einigen Tagen hatte er einen Menschen getötet. Einen Musikanten, der in einem kleinen Kaffeehaus Geige spielte und der eine Frau beleidigt hatte, die ihm, Fahr-Ed-Din, gefiel. Der Streit nahm gleich Todesdimensionen an, und keiner der Anwesenden wagte, sich zwischen die hohe Gestalt und den vermessenen Schwächling zu stellen, der diese Kraft herausgefordert hatte. Das Selbstbewußtsein der Überlegenheit stürzte sich nicht auf sein Opfer – der todbringende Entschluß erhob nicht einmal die Stimme. In abtuender Verachtung bot noch die eisigste Ironie dem Verurteilten als einzige Rettung die Möglichkeit eines Wunders an. »Ich schenke dir dein Leben, wenn du auf der verkehrten Seite der Geige spielen kannst, aber so, daß ich es höre ...« Und Fahr-Ed-Din drückte dem Musikanten, der eine Frau beleidigt hatte, das Instrument umgekehrt in den Arm. Dann nahm er seine Pistole in die Hand und wartete. Aus der glatten Holzfläche kam kein Ton, auf welcher der furchtgeleitete Bogen zitternd herumfuhr. Da setzte Fahr-Ed-Din seine zielsichere Kugel zwischen die Augen des Geigers. Dann steckte er die Pistole ein und ging nach Hause. Keiner wagte, ihn aufzuhalten. Die Polizei kam. »Geht«, sagte Fahr-ed-Din, »ich komme nach – ins Gefängnis.« Sie gingen. Sie wußten alle, daß er nicht log. Aber als er zum Gefängnis kam und sie ihn hineinführen wollten, da blieb er vor den Kerkermauern stehen. »Ich habe versprochen zu kommen – ich bin hier. Ich gehe ins Gefängnis, aber ich schwöre, daß ich nicht drinnen bleiben werde.« Da hatten sie gedacht, daß es vielleicht doch einen Schwur gebe, den Fahr-Ed-Din nicht halten kann.

Aber der Mann, der damals in Kavalla sein kleines Boot auf die Mahrussa zuruderte, war er: denn Fahr-Ed-Din hat auch diesen Schwur gehalten. Dann kam die Sagengestalt an Bord unseres schutzgewährenden Schiffes – und fuhr mit uns nach Ägypten. Dem Blick, mit dem er Abbas Hilmi angesehen hatte, dem konnte man vertrauen. Seit Jahren begleitet er ihn als zuverlässigste Wache. Sein Ohr hört das leiseste Geräusch, sein Auge sieht alles, und für den Khediven würde er tausend Tode sterben. Jedes Jahr, wenn wir nach Kavalla fahren, wenn die Mahrussa im sonnenbeschienenen Hafen verankert ist, dann rudert ein Boot zum mächtigen Schiff heraus; in ihm sitzen die Kinder und die Frau von Fahr-Ed-Din. Der Befehl des Khediven hat am Unterdeck große Leinwandstücke aufspannen lassen für den »Harem« von Fahr-Ed-Din. Sie sichern ungestörte, familiengeweihte Stunden, und auf dem Ufer stehen die Gendarmen ...

Bei den Traubenstämmen unter dem Balkon hat der Schritt Fahr-Ed-Dins gehalten. Er bückt sich, ich sehe, wie seine Hand mit fürsorglichem Griff unnötige Triebe löst. Vielleicht denkt er an seine Erde, an seine Frau, an seine Kinder. Denn dieses Jahr fahren wir nicht nach Kavalla. Wenn deine Sehnsucht so stark ist wie deine Kraft, dann, Fahr-Ed-Din, hab' ich Mitleid mit dir.

Die Gestalt Fahr-Ed-Dins paßt am besten in die wilde, kleinasiatische Landschaft von Dalaman. Der Mann und das Land, sie haben beide etwas Wesensverwandtes. Später vielleicht, wenn der Bau der Wege beendet sein wird, wenn lauter saubere, stabile Steinhäuser die undichten Zelte der Soldaten und Arbeiter ersetzt haben werden und keine moskito-umschwärmten Sümpfe unter stagnierendem, schwarzgrünem, insektengefülltem Schichtenbelag ihre gefährlichen

Dünste unter der Sonne ausdampfen werden und der menschliche Fuß hindernislos in das rankenverschlungene, blütenbehängte Schattenherz des Waldes dringen wird, dann werden die beiden, dieser Mann und dieses Land, nicht mehr einander ähnlich sein, wenn bis dahin die eingegliederte, einorganisierte Kraft des Menschen nicht auch ihre wilde Ursprünglichkeit verloren hat. Sie sollten beide bleiben, wie sie sind: Dalaman und Fahr-Ed-Din. Es gibt Elemente, die in ihrer bedrohlichen Gefährlichkeit viel befreiender und beschenkender wirken als die sicherheitsgeborgenste Nützlichkeit. Wenn man schwach und angreifbar ist, dann gibt es ja genügend heckengesäumte, gesäuberte Wege, die dem schwachen Schritte Sicherheit und Festigkeit vortäuschen, genug sturm- und wellengeschützte Vorsichtshafen, die der Bedenklichkeit bergend dienen.

Wenn man aber blutwühlendes Sehnen, tausendlungiges Verlangen beschenken und erfüllen will, weil der Wunsch danach, Menschen zu vergessen, in jedem körpereingefangenen Pulsschlage tobt und klopft, dann ist die Welt der berstenden Erfüllung Dalaman! ... Dort haben Giganten mit allen Naturwundern Fangball gespielt. Und als der Tag am höchsten stand, streckten sie die spielmüden Glieder bis in die feurige Strahlenwiege der Sonne hinein, schufen überbrückende Verbindung vom Himmel zur Erde. Jeder umschleudernden, umlagernden Riesenfaust entfiel das mächtige Spielzeug und blieb dort lässig liegen, wo der wohlige Sonnentraum den Giganten in seinem Wurfspiele überrascht hatte. Bäume fielen in das Meer. In den gelbkörnigen Grund des Hafens bohrten sich große Stämme ein, weite, grüne Zweige breiteten sich aus, wasserdurchflutet – und das Meer blieb dort von offenbarender Durchsichtigkeit, damit den Wasserwald das Licht erreichen soll. Felsen glitten im schroffen Fall zum Meeresspiegel hinunter. Die stolze Stielfestigkeit blauer Lilien durchsiegte steinigen Boden, um den wellenumspielten Zweigen auch blumigen Anblick zu schenken. Durch das dichte Geheimnis verwobener, versponnener Baumkronen fielen Seen, grün ummauert liegt ihre tiefe Bewegungslosigkeit zwischen kühlen, sichernden Schatten, und das verborgene Lager ihres Gewässers tränkt nur lichtscheuen Tierdurst. Das breite Flußband fiel in Windungen – jenseits des Meeres und der Felsen –, in weite, flache, aufnahmebereite Landschaft hinein. Dort enstanden beschenkte Felder, deren hohes Gedeihen Menschengestalten verdeckt. Aber aus den dunstenden Sümpfen steigt abwehrender Atem, warnt die Menschen, Gigantenspiele zu verwischen, zu glätten, zu entwirren. Wilde Bienen umschwärmen ihre Zellen, an Baumstämme angeklebt. Wilde Orchideen öffnen rotleuchtenden Mund in weißbraun gefleckten Gesichtern. Wilder Jasmin rankt zu den höchsten Wipfeln hinauf, fällt in weißblühenden, umsternten Bändern zur Erde zurück, umschlingt mit seinen Unschuldsblüten feindliche, farbige Ranken. Die Bienen taumeln, im Duftrausche gefangen, zwischen den zwingenden, lockenden Gerüchen der einladenden Kelche und sammeln den Atem der werbenden Wollust für ihren durchsichtigen, ambragelben Honig.

Und wenn die Nacht kommt, dann fühle ich meine Haut über meinem Blute brennen, einer körperumfassenden, flammenden Porenfackel ähnlich. Denn die Nacht dieses Landes ist kein schlafendes Leben, kein ausruhender Friede, keine verdeckende Dunkelheit. Es ist eine Nacht, die offenbart, die bloßlegt, die in ihrer Stummheit schreit und stöhnt und, ihren verwirrenden Inhalt bezwingend, ihn allen Sinnen anbietet. Überall sind heiße Stimmen, die mich rufen, heiße Wünsche, die mir entgegenduften, heiße Träume, die von mir nachgeträumt sein wollen. Der Wald streckt seine Schatten nach mir aus, die Seen bieten mir ihre Tiefen an, das Meer glättet mondbeschienenen Schleier, unter dem eine Zweigwelt dunkelt und weitet, auf menschliche Umarmung wartend, Tiere bewegen sich lautlos in der Stille, man erfühlt nur ihr Dasein durch den triebhaften Atem ihrer Körper, der sich mit dem sehnenden Nachtwunsche vermählt. Der Flug sonnenwarmer Federn wird zum geblähten, raschelnden Huschen, manchmal taucht eine dunkle Kontur auf, die vom bergenden Gestrüpp aufgenommen wird. Scharen von Aasgeiern drängen ihre fleischgefüllten Körper aneinander, erfüllen die Schicht der Nacht, die sie umgibt, mit dichtem Leichengeruch.

Die großen Herden, die alljährlich durch die nahrungspendende Landschaft ziehen, ruhen mit lässigen Gliedern, dicht an die Erde geschmiegt. Bei dem Lager der Schafe kreisen große Hunde mit zottigen, schlotternden Schritten um den großen, lichten Farbfleck, der wollig ineinanderatmet. Manchmal fängt die Pupille eines Hundes einen

Mondstrahl auf, dann sieht er dem Feinde ähnlich, dem seine kreisende Vorsicht gilt. Wenn er dann nahe an den Schafen vorüberstreift, und sie sehen diesen grausamen Funken in seinem Blick, geht ein Erschauern durch ihr weiches Gekräusel – sie drängen noch näher zusammen.

Auf weitem, freien Felde liegen die großen, schwarzen Körper der Pferde. Zwischen den massigen, erhöhten Schatten flache, mondbeschienene Wiesenflecken. Lange Beine strecken sich, Hufe graben sich noch im Schlafe vorwärtstragend in den weichen Grund ein. Manchmal liegt ein mähnenverdeckter Kopf anschmiegend auf dem Fell eines Gefährten. Alles durcheinandergelagert: Hengste, Stuten, Fohlen. Zwei starke Hengste halten Wache. Im beschleunigten Schritt umgehen beide in verschiedener Richtung das Lager. Im gespannten Halse, im wachsamen Kopfe, in den schnuppernden Nüstern, in der schlaflosen Wachsamkeit dieser bereiten Verteidigung ruht die ganze Herde. Wenn die zwei Wächter versagen, wenn sie die Herde nicht genügend zusammengedrängt haben und ein entferntes Tier einem Angriff zum Opfer fällt, dann werden die Hengste von den Hufschlägen der Stuten getötet; denn das Vertrauen der Stutenmütter hat sie erwählt, ihre Kraft für würdig erachtet, den Schlaf ihrer Fohlen zu beschützen. Haben sie versagt, so werden neue Hüter gewählt.

Der Schrei der Schakale ist ungefährlich; auch das Heulen der Hyänen enthält nur feige Häßlichkeit. Den Wölfen ist schon mehr zuzutrauen, doch nur, wenn ihr Hunger kleineren, vereinzelten Tieren begegnet. Aber zwischen den abgesonderten Herden herrscht keine Solidarität, auch nicht unter ihren Tierwachen. Gleiche Tiergattungen, die aber einer fremden Herde angehören, benehmen sich als Feinde und werden als Feinde angesehen. Auch Hunde, die ihre eigenen Schafe hüten, fallen raubend fremde Schafe an, und ihre wilde Stärke wirft sich auch auf Pferde.

Am Tage zieht die Herde langsam durch Wiesen, an Abhängen hinauf und hinunter – für die Nachtruhe wird freier Ausblick gewählt. Kommt ein Fohlen zur Welt, halten die wachenden Hengste die ganze Herde auf, die so lange auf demselben Gebiete verweilen muß, bis das neue Fohlen mitziehen kann. Im weiten Tal sichern der Dalamanfluß und kleine Quellen süßes Wasser. Geht man aber die waldigen Berge hinunter dem Meere zu, so gibt es dort gegen den

Durst nur die salzige Möglichkeit Alle Tiere, die in diesem Umkreise leben, trinken Meerwasser. Auch Pferde und Esel, die wir von Ägypten mitnehmen, fühlen sich gleich ein in die fremden Lebensgewohnheiten der Kameraden, sie trinken anstandslos aus dem blauen Meere.

Wenn die Mahrussa vor Sonnenuntergang in den Hafen von Dalaman einfährt und vor Anker geht, da wird das Bild, das mich umgibt, jedesmal zu einer neuen Offenbarung. Aber ich will es nicht gleich aufnehmen, sehe gleichsam über diese verlockende Natur hinweg, die ich erst mit dem neuen Tage, mit der neuen Sonne liebend begrüßen will. Und wenn das Ufer im Halbdunkel noch so lockt, wenn es auch seine weichen, duftenden Schatten mir entgegenstreckt, so hebe ich mir doch das fassende, bewußte Wiedersehen für den kommenden Morgen auf. Nur die weiten, dunklen Berge in der Ferne begrüßt mein Erahnen. Der größte unter ihnen ist Kara-Dag – »der schwarze Berg«. Als die Nacht gefallen ist, sitze ich oben auf Deck, atme mit geschlossenen Augen die bereiten Wunder ein. So müßte ein Geliebter auf seine Geliebte warten, sich die Lust, die Seligkeit des Aufnehmens versagen, in jedem gespannten Nerv das rauschende Erwarten, das einfassende Auge schließen, die Wonne der Erlösung wie ein Wundergeschenk ersehnen. Mondlicht dringt dann ein durch die offenen Kabinenfenster, weiche, abgetönte Wellen schlagen sanft gegen das Schiff, und der Atem der wilden, starken Blüten beschwert die Nacht mit ihrem Duft. So stark riechen nur die Blumen von Dalaman.

Unsere Flagge begrüßt als erste den neuen Tag. Wenn die Sonne strahlend aufgeht, wird sie gehißt. Ihre drei weißen, sternengeschmückten Halbmonde lassen den feuerroten Grund noch leuchtender erscheinen. Das Flaggensignal hallt klingend durch die helle Luft. Eine Stunde darauf beginnt die Musikkapelle auf Deck zu spielen. Ihr Rhythmus vervielfältigt sich in allen Gliedern, strafft alle Muskeln und Nerven, spannt jeden Willen für die Anforderungen des Tages.

Mir wird der erste Tag in Dalaman zu einem Hochzeitsfest mit der Natur. Der Khedive ist schon zeitig an der Arbeit. Pferde und Esel werden ausgeladen, Maschinen, Wagen Einrichtungsgegenstände, Türen, Fenster, Glasscheiben, Zelte, Uniformen, Decken, Sättel, Zaumzeug, Proviant, Ergänzungsmaterial für die Apotheken, Telephonstangen, Leitungsdrähte, Aparate. Alle diese verschiedenen Dinge führt die Aufsicht und die Umsicht des Khediven ihren Bestimmungen zu. Auch oft seine erhobene Stimme. Jede Stunde ist kostbar. Der Transport ist langwierig und beschwerlich, und trotz der Eile, die vorwärtstreibt, darf nichts beschädigt, nichts gebrochen werden. Der kleinste fehlende Gegenstand bedeutet Verzögerung. Das Ufer des Hafens ist nach kurzer Zeit mit einer widersprechenden Fülle von Wirrnissen bedeckt. In diesem ausgebreiteten, aufgestapelten Chaos kann sich nur als einziger der leitende Gedanke auskennen, der aus dem Hirne stammt, welches den Plan entworfen und ausgedacht hat, sich diese dreihundert Quadratkilometer umfassende Wildnis untertan zu machen. Sümpfe müssen ausgetrocknet, Kanäle gelegt, Straßen, Brücken, Häuser, Dörfer, Stallungen, Garagen und Werkstätten gebaut werden. Zum ersten Mal muß diese Erde durchfurcht, gepflügt, geeggt und besät werden. Wälder muß man holzen, nachpflanzen, unendliche Strecken meterhohen Unkrautes einer gezähmteren Vegetation zuführen. Und der Khedive steht wie ein Feldherr bald am Ufer, bald auf einem Floß, bald in einem Boot, bald auf dem Oberdeck der Mahrussa. Sein zäher Wille leitet alle Hände, alle Stricke, alle Ruder. Sein genaues Gedächtnis unterscheidet alle Kisten, Ballen, Säcke, Rollen. Der Boden des Ufers beginnt, sich zu lichten. Eine lange Kette aufgepackter Pferde und Maulesel zieht langsam in Windungen den schmalen, steinigen Pfad des hohen Berges hinauf, der steil bis zum Ufer des Meeres abfällt. Auf der anderen Seite dieses Berges liegt das große Dalamantal. Auf einer Anhöhe wurden dort schon einige kleine, primitive Häuschen gebaut. Das zweizimmrige, unseres, hat sogar eine Veranda. Ein Schrank schaukelt zerlegt auf dem Rücken eines mürrischen Maultieres dieser weiten Bestimmung entgegen. Gegenstände, die im gewohnten Leben durch ihre selbstverständliche Anwesenheit unbeachtet bleiben, erhalten hier eine luxuriöse Bedeutung – ihr Herschaffen, ihr Weitertransportieren, ihr Aufstellen sind aufregende Begebenheiten. Wenn es regnet, rinnt das Wasser oft durch das Dach unserer provisorischen Behausung.

Wenn man auf der Veranda des kleinen Hauses sitzt, dann ergreift das Auge Besitz von den weitesten Fernen. Die Unendlichkeit des Landes dehnt sich in unbegrenzter Farbenverschiedenheit bis zum breiten, silbernen Bande des

Dalamanflusses. Unter der Anhöhe, auf welcher das Häuschen steht, lauern die bösen Dünste der Sümpfe. Pflanzenverdeckt ruht das schillernde Grün, von ragendem Schilf umzittert. Hier liegt die Gefahr von Dalaman: das Bett des schleichenden Fiebers. Es ist, als ob diese Sümpfe es wüßten, daß sie verurteilt sind, der flachen Trockenheit zu weichen. Alle Fasern, Wurzeln und Pflanzen ihres abgründigen Seins breiten sie beschwichtigend und augenwerbend aus, vielleicht wird es ihrem verlockenden Wesen gelingen, dem nützlichen Verstand zu entgehen. Aber es handelt sich um Menschenleben. Nicht nur um Bodennützlichkeit. Trotz aller prophylaktischen Vorsichtsmaßregeln, trotz der Unmengen verbrauchten Chinins triumphiert die Malaria. Arbeiter, Soldaten und Aufseher halten es nie lange in Dalaman aus, ohne krank zu werden. Die ganze Gegend ist von Fieber durchseucht. Die schwierigste Arbeit wird die Austrocknung der Sümpfe sein. Ein breiter, fünfzig Kilometer langer Weg ist schon entstanden, sein transporterleichterndes Band schlingt sich immer weiter in die Wildnis hinein. Schwere Dampfpflüge rollen heran, Lastautos, Maschinen. Die ganze Natur weiß es: Die Feinde sind da! Mein Gefühl schwankt fortwährend zwischen Bewunderung und Bedauern, zwischen Verstand und Unvernunft, zwischen Nützlichkeit und verlockender Verführung. Die gezähmte, gefügige Schönheit Dalamans wird nur mehr eine blasse Erinnerung ihrer strahlenden Glanzzeit bedeuten. Mit mißtrauischem Blick verfolge ich die langen, kahlen Telephonstangen, die sich wie Riesenzahnstocher in lückenhafter Kette durch die geschlossene Wildnis aufpflanzen. Ich liebe dieses Land, so wie es jetzt noch ist. In der ursprünglichen Grandiosität seines verschlingenden Wucherns, seines erstickenden Rankens, seiner atemraubenden Wildheit. Auch die verderblichen Dünste der Sümpfe fürchte ich nicht; ich weiß, sie werden mir nichts antun. Ich greife zu keinem schützenden Chinin. Wenn die Sonne glutrot versinkt, werden allabendlich hohe Petroleumfackeln am Rande des Hügels in die Erde gesteckt, aber trotz des schwelenden Feuers dringen viele der dem Tod entflogenen Moskitos summend ins Haus. Sie können mich stechen. Ich habe keine Angst.

Vielleicht ist ein Fieber in mir, das stärker ist als das Fieber der grünen Sümpfe.

Wenn du morgen aufstehst und wieder an die Arbeit

gehst, dann zerstörst du dort draußen auch einen Teil von mir. In der Natur liegen alle diese Dinge, die du bekämpfen willst und dir gefährlich erscheinen, klar vor dir ausgebreitet. Du kennst das Land, das du erobern und bezwingen willst, du kennst alle Hindernisse, alle Gefahren. Aber von all diesen ähnlichen Dingen ahnst du nichts in mir. Es wäre auch schwer, durch mein Seelenland einen fahrbaren Weg zu bauen und menschenverbindende Stangen zu setzen, und die stärksten Dampfpflüge der Welt könnten keine vorausbestimmte Ernte sichern. Ich glaube, es gibt einen Wesensboden, den man sich nicht untertan machen kann. Seine entziehende Einsamkeit bestimmt die Kraft, die er dunklen Zielen entgegentragen muß. Weißt du, du hast gar keine Frau – du hast ein Stück Wildnis mit einer Krone beehrt.

Trotzdem ist das gemeinsame Frühstück auf der Veranda lichtumflossen. Unter der starken Sonne verwischt sich das geheimnisvolle Flattern des nächtlichen Erahnens, und die lebendigen Konturen der Menschenkörper treten schärfer hervor, schaffen auch wieder die gewohnte Verbindung des Tages, und in diesem Land gewinnt die Menschenform an Bedeutung, weil man ihr nur vereinzelt und selten begegnet. Außer durchziehenden Nomadenhirten gibt es nur wenig ansässige Bewohner, die sich von einem schweren, aufquellenden, fortgärenden Brot nähren. Die Kinder gleichen leibaufgedunsenen Kaulquappen. In allen Augen sitzt die Stumpfheit des Fiebers. Chinin wird in Unmengen verteilt, kann aber die jahrelange Belastung nicht niederkämpfen. Beim Anblick dieser zerstörten Kindheiten hasse ich die Sümpfe.

Aber die Energie des Khediven wird nutzbringender sein als mein Haß. Sein Wille und seine Arbeit sind auf die weiten, grünschillernden Gefahren konzentriert, die ausgetrocknet werden müssen. Der Khedive geht wieder an die Arbeit ...

Mich lockt die Erinnerung der römischen Vergangenheit. Jeder abgleitende Schritt muß sich den bröckelnden Aufstieg mühsam erkämpfen, der zu den alten Felsengräbern führt. Halbkreisförmigen Amphitheatern gleich sind ihre Wände in mächtige Felsen eingehauen, von Felsendächern überschattet. Ihr Steinkörper hat ihnen das ewige Bestehen gesichert, wogegen feine, schlanke Brücken aus derselben Zeit durch solidere, wenn auch weniger schöne ersetzt werden mußten. Die im Herbst eintretende, strömende Regenzeit weicht und lockert alles auf. Sündflutähnlich überschwemmt sie das ganze Land, und es müssen schon geübte Hände sein, die den Zeltpflöcken haltende Erdverbindung sichern. Auch den Angestellten, welche in monatelanger, einsamer Abgeschlossenheit in diesen Zelten leben, kann nur eine starke Verbindung zu Pflicht und Arbeit die Stabilität sichern.

Wenn der Abschiedstag kommt, wenn die Mahrussa ihre Anker lichtet, wenn ihr allesgewährender Luxusbau die verwöhnten Ansprüche wieder erstehen läßt, dann empfindet man beschämend die eigene Kleinheit und Abhängigkeit.

Die Gestalt Fahr-Ed-Dins, deren Erfassen mein Erinnern verbindend nach Dalaman geführt hat, ist entschwunden. Auch die Sonne. Der dunkle Punkt des Autos nähert sich, gleitet den verschlungenen Weg zum Chalet herauf. Der Khedive kommt zum gemeinsamen Ramadanessen.

Ich habe eigentlich keine einzige gute Photographie von mir. Gerade heute habe ich in einer Mappe gekramt, die viele Bilder enthält – ich finde sie alle schlecht. Überall sieht das Gesicht puppenhaft entseelt aus, als ob flache Schönheit die einzige Bestimmung wäre, die mir ein Photographenauge zutraut. Photographen können gewöhnlich nicht photographieren. Alles, was man aus Beruf macht, zerstört mit der Zeit das Berufene. Vielleicht wäre mein erstes wesensgetreues Bild in einer konfiszierten Kamera entstanden, deren Besitzer – über Sitte, Tradition und abschließendem Kordon hinweg – meine unverschleierten Augen auf einen Filmstreifen bannen wollte. Sein Gesicht ist mir noch heute gegenwärtig, weil mir damals der Widerspruch zwischen seinen kindlichen, klaren Augen und dem schmalen, ironischen Mund einprägend aufgefallen ist. Wenn mich sein Blick nicht angezogen hätte, wäre es mir entgangen, daß er mich photographieren wollte, was gegen alle Regeln der Sitte verstößt.

Es war in Kairo bei der Zeremonie des Mahmal. Jedes Jahr schickt der Khedive einen neuen Teppich nach Mekka, der für die Kaaba bestimmt ist und den der alljährliche Pilgerzug auf seiner langen Wanderung geleitet. Schon am Abend vor der Feierlichkeit sind sämtliche flachen Hausdächer, die den großen Platz auf der Zitadelle übersehen, mit Menschen belagert. Sie schlafen dort unter glitzerndem Sternenhimmel erwartend der morgendlichen Zeremonie entgegen. Musik, Militär, Fahnen – tausendköpfige Menge. Durch Kordons abgegrenzte Plätze für die Verschiedenheit der Wagen – Harem, diplomatisches Korps und Privatgefährte. Kaum ist alles verstaut und einrangiert, fährt der große, vierspännige Galawagen des Khediven den Berg zur Zitadelle hinauf. Dann steht der Khedive, von Ministern, geistlichen Würdenträgern und Offizieren umgeben, auf den terrassenförmigen Marmorstufen eines Gebäudes, welches nur zeremoniellen Zwecken dient. Das Kamel, auf dessen Rücken sich der heilige Teppich befindet, wird an die Stufen herangeführt. Ein Geistlicher reicht das Ende des Teppichs dem Khediven, welcher es küßt und als Zeichen der Verehrung an die Stirne führt. Dann übergibt er den Teppich mit Segenssprüchen der Fürsorge des Emir El Hadj, dem leitenden Geistlichen, unter dessen Obhut die Pilgerfahrt nach Mekka zieht. Alle Blicke sind auf den Khediven gerichtet, dessen grellroter Fez aus der Einrahmung weißer Turbane leuchtet.

Halb verhüllte Gesichter, kleine, verschleierte Blumenhüte neigen sich aus allen Haremswagen den Fensteröffnungen zu. Knapp am wappengeschmückten, schwarzen Lack meines Coupés vorbei zieht sich der warnende, trennende Kordon. Ich fühle plötzlich einen abschätzenden Blick, dann ein leeres, rundes, auf mich gerichtetes Auge in einem erhöhten, schwarzen Fleck, der sich wie eine sachliche, harte Insel in den grellen Sonnenschein bohrt. Hinter dem Kodak eine englische Uniform. Aber die Wachsamkeit eines ägyptischen Offiziers hat die nahenden Schritte und den unerlaubten Vorgang bemerkt. Der Kodak landet beschlagnahmt auf dem Sattel eines weißen, arabischen Pferdes.

Vielleicht wäre gerade diesmal ein gutes Bild von mir entstanden, dessen Züge durch die Schärfe des Verbotes der flachen Puppenhaftigkeit entgangen wären. Musik, flatternde Fahnen, defilierende, stramme Reihen, aufwirbelnder Staub, in den geworfene Geldstücke fallen, nach denen unzählige Hände greifen, haben die kleine Episode verdeckt. Aber nicht für die scharfen Augen des Khediven, die immer alles sehen, auch ohne hinzusehen. Als wir uns nach der Zeremonie im Palais von Abdin treffen, liegt der schwarze Kodak bereits auf einem kleinen Tisch. Und jetzt regt sich ein anklagendes Gefühl in mir.

Ein fremdes Frauengesicht, auch noch halb verschleiert,

unlebendig auf einen Filmstreifen gebannt, ist doch kein Wert, der würdig ist, beschlagnahmt und zurückerobert zu werden. Mit diesem Bild hätte der fremde Offizier bestimmt nichts von meinem Wesen übernommen. Es gab doch so viele dunkle, kochlumränderte Augen, so viele verschleierte Hanums, daß dieses Bild wahrscheinlich in eine umfangreiche Sammlung ähnlicher Photographien hineingefallen wäre, kaum von den Mitbildern zu unterscheiden. Dieselbe einreihende Kette hätte es übernommen, wie ja auch im Leben alle verdeckenden Schleier die Ungleichheit der persönlichen Gesichtszüge gleichmäßig verwischten. Was mit dem Kodak geschah, weiß ich nicht. Nur daß der Besitzer eine strenge Rüge bekam. Vielleicht wäre ihm mein Bild lieber gewesen.

Wenn wir wieder in Kairo sein werden, muß ich einen Photographen nach Musturut kommen lassen – so wie das letzte Mal unter dem Deckmantel eines Klavierstimmers. Es wird wahrscheinlich auch wieder herauskommen.

Ich werde nie eine richtige Hanum werden. Ich werde nie Dinge als Unrecht empfinden können, die mein Gewissen übersieht. Der Strich zwischen Religion und angenommenen Sitten offenbart sich mir immer als ein breites, trennendes Band. Ich habe den Mut, es einzugestehen, wogegen die andern mit heuchlerischem Augenverdrehen das Formalistische als Inhalt anerkennen. Sie kommen sich auch vielleicht großartiger vor, wenn jedes einfältige Kleidungsstück, jeder Schleierfetzen, der sie umgibt, mit besonderen Vorschriften wertbestimmend belastet ist. Äußere Differenziertheit täuscht innere Vornehmheit vor. Ich kann zwar nicht genau rekonstruieren, wie eine antike Sultans-Chasseki, eine beneidete Günstlingin, im intimeren, anziehenden Deshabillé ausgesehen hat; aber ich traue den alten, ambra- und wollustliebenden Sultanen doch soviel Geschmack zu, daß sie vor der festgelegten Nachtbekleidung einer sittenstrengen modernen Mohammedanerin die Flucht ergriffen hätten.

Unsere Urgroßmütter haben noch geglaubt, daß die Nägel giftig seien. Als vierte Generation müßte ich jetzt glauben, daß ich reine und schmutzige Körperteile besitze und daß die abschließende Nachtkleidung es verhüten soll, daß verschiedene Körperteile die gleichen Leintuchstellen berühren. Ich gestehe aber offen ein, daß ich alles an mir als tadellos rein empfinde und mich nicht entschließen kann, mit langen

Ärmeln und mit eingebundenem Kopfe zu schlafen. Auch hat die strenge, weiße Leinwandhose mit dem darübergezogenen, kragenverschlossenen Nachthemd nicht die amüsante Reiselustigkeit des Pyjamas. Warum soll eine Frau in der Nacht häßlich aussehen? Ich bleibe bei meinen seidenen Nachthemden, wenn ich sie auch vor kritisierenden Sklavinnenaugen verstecken muß. Allah! Ich habe das rächende Schicksal heraufbeschworen! Gerade meldet man mir, daß der Khedive meinen Lieblingsbügler entlassen hat, den, der die feinsten kleinen Falten legt; jetzt muß ich mich vielleicht doch noch zu der puritanischen Strenge der weißen Unterhosen entscheiden. Vielleicht rufst du dann doch den Bügler zurück ...

Gut, daß der Ramadan nicht ein ganzes Jahr dauert. Der ungefüllte Magen züchtet unberechenbare Launen. Auch ich bin balancelos geworden. Wenn ich auch nicht zu Sentimentalität neige, bin ich gestern nacht nur aufgewacht, um bewußt zu weinen. Ich war so allein, wie verloren in einem Dunkel, und dann waren wir doch zu zweit – das Weinen und ich. Wenn man Gefühle als selbständige Wesen empfindet, kann man nie einsam sein, auch wenn die Vereinigung nicht immer eine glückliche ist. Der Vorgang ist doch seltsam, vom Traum plötzlich entlassen zu werden, nur um im Wachzustand zu weinen. Denn Tränen, die man im Traume weint, bleiben verträumt hinter dem unwirklichen, verhüllenden Vorhang stehen, der den Schmerz von der Wirklichkeit trennt. Und der Traum wollte mir bewußte, körperliche Tränen schenken. Viele Geschenke sind nicht zu ergründen. Es gibt nehmende und gebende – auch warnende.

Vielleicht wollte mir der Traum – außerhalb seines Reiches – das wahre Gesicht der Wirklichkeit offenbaren, wenn es plötzlich zwischen der Grenze des Schlafes und des Wachens unvorbereitet in der stillen Nacht ersteht.

Alle meine Aufzeichnungen schreibe ich auf lose, vereinzelte Blätter. Wahllos ineinandergeschoben ruhen sie in einer großen Lederkassette, deren aufnehmende, dehnbare Seidenfächer sich zusehends füllen. Wenn ich diese vielen Seiten nachläse, könnte ich mich nicht entschließen, sie aufzuheben. Ihr Inhalt wäre zu festlegend. Das Zeichenwort bleibt in der gleichen Schwärze gebannt. Aber das kleinste Geschehen, auch nur das Öffnen eines neuen Parfümflakons, kann oft genügen, um meinen Gedanken eine neue Tonfarbe zu geben – vielleicht dem geöffneten Dufte entsprechend. »Une rose« ... Es ist unwahrscheinlich, was so ein bißchen farblose Flüssigkeit vorgaukeln und heraufzaubern kann. Rosen ... Nirgends blühen sie so schön wie in Tschibukli. Von der Goltz Pascha ist auch derselben Meinung. Wenn ein Mann Blumen liebt, so ist er mir schon sympathisch. Aber diesem Mann müßte man auch dann gut sein, wenn er keine Blumen liebte. Er ist ein Deutscher und ist doch für die türkische Bewunderung kein Deutscher, kein Fremder mehr. Ich glaube nicht, daß er in seiner Heimat mehr geliebt wird als hier. Vielleicht hat gerade der Orient in seinem aufnahmefähigen Gefühlswesen Saiten klingen lassen, die unter nordischen Schneestürmen, ihm selbst unbewußt, geruht und geschlafen hatten. Der Khedive kommt oft mit ihm zusammen. Beide treffen sich dann in der Atmosphäre der deutschen Sprache. Der Herrscher Ägyptens, dessen Kindheitserinnerungen in der deutschen Sprache liegen, und der deutsche General, der die Türkei nicht wie ein fremdes Land, sondern auch als Heimat empfindet: eine zweite, vervollständigende, die keine Erinnerung an die erste verdrängt und sich nur bereichernd in Heimatliches noch hineingeschoben und dadurch die eigene Heimat wertvoller und die zweite heimischer gemacht hat.

Vorigen Sommer kam er nach Tschibukli zum Déjeuner. Wenn der Khedive Eile hat und mir schnell etwas Persönliches mitteilen will, dann reitet er vom kleinen Selamlik, das am Meere liegt, den Berg zum Palais herauf. Ein kleines, zotteliges Fohlen galoppiert der besorgten Stute nach, der bei diesen inoffiziellen Gartenritten die Trennung von ihrem Kind erspart bleibt. Goltz Pascha kommt zum Déjeuner, und das soll in einer Stunde sein. »Mon enfant, du mußt selbst die schönsten Rosen für den Tisch aussuchen.«

Es ist nur gut, daß bei uns auch das Unvorbereitete immer vorbereitet wirkt, denn die ganze Umgebung und alle Betriebe sind an plötzliche Entschlüsse gewöhnt. Alles ist auf Zufallsgeschwindigkeit eingearbeitet. Wenn wir uns auch irgendwo auf Stabilität niedergelassen haben, so ist das nur ein vortäuschender, leicht veränderlicher Zustand. Jeder Kammerdiener sieht die leeren Handtaschen und Koffer bereits in seinem trainierten Erinnerungsvermögen mit den vielfältigen Ansprüchen seines Herrn angefüllt, so daß das Packen zu einer rein automatischen Auswirkung wird, die nur mehr eine handgriffliche Eile ist. Der Küchenbetrieb steht auf derselben Prestostufe, so richtig leere Kasserollen gibt es dort nie. Eine halbe Stunde genügt, um aus einem Déjeuner à deux ein zeremonielles Empfangsessen zu machen. Unbarmherzig plündere ich die Rosenstöcke. Als der Khedive wieder zum Selamlik hinunterreitet, setze ich mich noch immer mit den abwehrenden Dornen auseinander. Im großen, getäfelten, graublauen Speisezimmer hat der Tafeldecker sein Werk vollendet. Haschim, der vollendetste Tafeldecker der Welt, dessen schlanker, alles übersehender Berberhöhe nichts entgeht. Seine schmalen, langfingrigen Hände haben verstehende Zärtlichkeit für das goldglänzende Wappen der kobaltblau umrandeten Teller. Jede halbmond- und sternengeschmückte Krone steht im gleichen, präzisen Luftstrich mit der nächsten. Mein weißverhüllter Kopf und mein rosenfarbiger Crêpe-de-Chine-Mantel sichern Haschim die Vollendung seiner Tätigkeit und meine anerkennende Gegenwart. Wenn das leuchtende Silber die gelblich getönte, verschlungene Spitzenunterlage belebt hat, beginnt mein Werk. Haschim hält mir den großen, rosengefüllten Korb entgegen.

Wozu muß man Spitzen sehen? Ich kenne ein Märchen von den Djins, von hämischen, bösen Geistern, die sich auf jedem Nadelstiche schaukeln und ihr ränkevolles Gemüt in verschlungenen Mustern verbindend festlegen: So entstand die Spitze. An diesem leuchtenden Sommertag soll jedes Geistertum begraben werden. Langsam verschwindet auch die letzte Masche des Nadelwerkes unter den Rosen. Selbst auf diesem weiten Ruhelager kann ich sie farblich nicht voneinander trennen. Sie sollen hier die Einheit ihrer Wesensart behalten, denn draußen im Garten, auf ihren sonnenumflossenen Stämmen, waren sie nur der Gattung nach Freunde. Der tiefe Purpur, das zaghaftere Rot, das weiche, schwellende Rosa, die gelbliche, kühle Vornehmheit und die farblose Härte des wächsernen Weiß – sie haben alle einen verschiedenen Ursprung. Sie treffen sich nur im gemeinsamen Dufte: verschmelzend und auflösend. Die Tafel ist fertig. Aber die Augen Haschims sehen mich bewundernder an als mein Blumenbett.

Du wirst es nicht bedauern, daß du so schnell heraufgeritten bist, um mir zu sagen, daß Von der Goltz Pascha kommt und daß ich die schönsten Rosen pflücken soll. Haschim ist verschwunden – ich glaube, er hat sich auf einen Esel gesetzt und ist in die Küche gejagt, die auch unten beim Meere liegt und deren Atem von dichten Baumumklammerungen verdeckt wird.

Schade, daß ich an diesem Frühstück nicht teilnehmen kann. Der dünne, gesichtsverschleiernde Vorhang hat einen viel schwereren und trennenderen als Hintergrund. Aber ich muß wenigstens ausprobieren, wie Goltz Pascha sitzen wird ... sehr bequem, sehr weich, die Gedecke sind auch freiheitsgewährend voneinander getrennt. Aber sitzend wirkt der Rosengeruch nicht so stark, vielleicht, weil er zu den offenen Fenstern strebt, wieder unter die Sonne zurück, von wo ich ihn hereingebracht habe. Da kommt mir plötzlich ein Einfall! Ich laufe aus dem Speisezimmer über die breite, weiße Marmortreppe in den ersten Stock, in mein Toilettezimmer, und mit der Beute, die ich nahm – »Une rose« in drei großen Flakons –, wieder zur gedeckten Tafel zurück. Maschaallah! Die roten, goldgestickten Gestalten der Diener sind noch nicht aufgestellt – ich kann mein Vorhaben noch ausführen. Und der dicke, weiche Teppich, der wie eine schwere, graublaue Wolke unter dem geschmückten, festlichen Tische lagert, wird großzügig mit Rosenparfüm besprengt.

Nachher, als Goltz Pascha und die übrigen Gäste weggefahren sind, sagt mir der Khedive: »Weißt du, mon enfant, Goltz Pascha hat gesagt, daß die Rosen nirgends so stark riechen wie bei uns in Tschibukli.« Für morgen früh bestelle ich das Auto. Ich muß nach Tschibukli fahren, um die blühenden Rosen zu sehen.

Was mache ich nur mit meinen Fröschen? Es gibt keine Fliegen, der Ramadan hat sie abgeschreckt. Alle Mitglieder meiner zahlreichen, lichtgrünen Familie sind vor Hunger aufgeblasen. Eigentlich ein praktisches Verfahren, um Nahrung durch selbsttäuschende Luft zu ersetzen. Aber Selbsttäuschung führt leicht zum Untergang und kann nicht einmal den reellen Fliegenwert vertreten. Besummte Scheiben kann es bei den offenen Fenstern nicht geben. Puftikrex, das schönste Exemplar der Sammlung, ist so bös, daß er nicht mehr auf meinen Finger springen will. Der Khedive, der meine Vorliebe für Laubfrösche kennt, hat sie für mich in

Dalaman sammeln lassen. In kleinen, durchlöcherten Schachteln in seinen Taschen verstaut, hat er sie damals von einem langen, beschwerlichen Ritt – durchgeschaukelt, aber lebendig – zur Mahrussa gebracht. Sie begleiten mich auf allen langen Reisen. Ich komme mir vor wie ein psychologischer Zirkusdirektor, der alle seine erinnernden, dressierten Werte mitschleppt, um dem weiten, schwer zu füllenden Raum seines Lebens ein beifallsspendendes Gefühlspublikum zu sichern. Hermelinchen hat schon einen Ausweg gefunden, denn wir können diesen grünen Hunger nicht mehr mit ansehen. Sie hat mit einem Adjutanten des Khediven gesprochen und ihn in meinem Namen gebeten, Fliegen fangen zu lassen. Aber so, daß sie lebendig und intakt bleiben. Kopf- und Fußlosigkeiten essen meine Frösche nicht. Sie hat aber vergessen, ihm zu sagen, zu welchem Zweck wir die Fliegen brauchen. In welcher Richtung denkt wohl jetzt seine erklärende Adjudantenphantasie? Von mir wissen sie alle nichts. Nur manchmal gelangt ein plötzlicher, bizarrer Wunsch bis zu ihnen, er kommt ohne Ursprung, ohne Leitfaden – wie eine inkohärente Rakete, die aus einem verwöhnten, launenberechtigten Prinzessinnentum in den Gehorsam einer befehlsausführenden Umgebung springt. Es gibt Gegenden, die einem unverständlich bleiben, wenn man erst in der Mitte der Fahrstrecke in den Zug steigt und man den Übergang von einer Bodenbeschaffenheit zur andern, von einer Pflanzenwelt zur nächsten nicht sehend und auffassend mitgemacht hat. Es gibt Welten, mit denen man entstehen und untergehen muß, um Anfang und Ende folgerichtig zu begreifen. Bei kleinen Lebensfahrten, die sich in einem umzäunten, zahmen Park bewegen, da kann auch ein Zufallszuschauer die billige Möglichkeit dieser Fahrt bewerten. Aber in einem atemlos rollenden Kreis kann auch der stärkste Sprung einer Kugel sich nicht verankern. Es gibt Geschwindigkeiten und Stärken, die ewig partnerlos bleiben – und unverstanden.

Und trotzdem könnte es vielleicht doch eine Einsamkeit geben, die nicht einsam wäre.

Es regnet. Auch im Ramadan braucht die Natur Nahrung. Ich fühle, wie jede Holzfaser des Chalets sich freut. Es wurde seinerzeit als schweizerische Möglichkeit für eine Ausstellung gebaut und kam dann, in Kisten und Waggons verstaut, durch eine kaufende Schicksalslaune in ein fremdes Land. Das grundstein- und mauernbestimmende Wesen ist aus fremden Steinen gefügt. Die schweizerische Holzverkleidung, das tief niederfallende Giebeldach, die geschnitzten Fensterläden und Balkons legten und setzten sich dann ursprungsbeteuernd über eine andere, verdeckte Welt. Jetzt steht dieses äußerlich schweizerische Chalet auf einem weitblickenden Berg, und in der Nacht, wenn die Holzläden geschlossen sind, blicken die ausgesägten Herzen der Holzfüllungen wie leere, erstaunte Augen auf das fernschimmernde Meer. Die vielen Abhänge und Hügel, der wilde Ginstergeruch, der nahe, fremdrauschende Wald können dem zusammengefügten Holz keine Heimatnähe vortäuschen. Aber die starken, großen Elemente sind in solidarischer Einheit verbunden. Und durch jede Faser, durch jede Musterung, durch jedes Holzgeäste geht jetzt ein Dehnen und Strecken: Der Regen erinnert an die Heimat.

An die Heimat? Vielleicht war der Wald, wo sie gewachsen und gediehen sind, auch nur eine vortäuschende Gemeinschaft, von dunklem, duftendem Grün überdeckt. Ich stelle das große Glashaus der Frösche auf ein Fenster. Jetzt sind sie wieder schlank und genährt. Die Matrosen haben auf der Mahrussa Fliegen gefunden – das stimmt mich bedenklich, wegen des Ramadans.

Als der Adjutant sie Hermelinchen wohlverwahrt in einem Glase übergab, hat er doch ihren Endzweck erfahren. Aber doch nicht den Zweck der Frösche.

Der Kommandant der Mahrussa, Getch Pascha, wurde zum Khediven ins Selamlik nach Tschibukli befohlen. Nicht wegen der Frösche, sondern um Befehle entgegenzunehmen. Er ist Engländer. Wenn er nicht die Marineuniform trüge, könnte man ihn – in persönlich bestätigenderem Zivil – für einen beschaulichen, ruhigen Cottagebewohner halten, dessen auslaufende Lebensgrundlage selbstgezüchtete Blumen, Sentimentalität und Humor enthaltende Bücher, honigduftender Pfeifentabak und eine kluge, still waltende Gefährtin sind. Von seinen Familienverhältnissen weiß ich nichts, aber er hat im Blick und in der ganzen Art eine Bodenstabilität, die mit den schaukelnden Wellen seiner Existenzwelt im Widerspruch steht. Es ist nicht die fast phlegmatische Ruhe seiner Befehle, die den Widerspruch zwischen Sein und Beruf offenbart, aber in seinen hellen, graublauen Augen ruht kein Funken weiter, horizontloser Sehnsucht. Seine Ausstrahlung ist eine beständige, friedliche, die unter Dach und Fach gehört und nicht jene Verwegenheit enthält, welche auf die luftige, sturm- und wasserumspülte Kommandobrücke gehört.

Bei ihren Fahrten darf die Mahrussa keinen Tropfen Alkohol mit sich tragen. Wenn sie aber, verankert vor Tschibukli, wie eine sanftbewegte Wiege schaukelt, dann gemahnt sie vielleicht den alten Engländer an seine Einsamkeit. Und das Alkoholverbot hebt die tätigkeitslose Kommandantenwürde auf. Als Getch Pascha in seiner ordengeschmückten Uniform an der Landungsbrücke von Tschibukli aus dem Motorboot steigen wollte, um in seiner Paradepracht zum Khediven zu gehen, übersahen Blick und Fuß die ufertrennende Wasserspalte, und er fiel sehr unmarinemäßig ins Wasser. Nach diesem unfreiwilligen Bad fuhr er auf die Mahrussa zurück. Die Empörung des Khediven lag noch ungeschwächt in seiner schildernden Erzählung, in welcher ich aber auch die Schadenfreude seiner Umgebung wiederfand. Ein audienzbefohlener, abgleitender Schritt ist doch nicht ärger als irgendein anderer Absturz oder Reinfall. Wenn ich mich monatelang auf diesem bewegungslosen Schiff aufhalten müßte, nur von Matrosen und Scheuerbesen umgeben, wäre ich vielleicht gar nicht imstande, in straffer Paradeuniform bis zum Landungssteg zu gelangen. Ich suche hinter diesem bösartigen Zufall die menschliche Entschuldigung. Vielleicht auch ein wenig beeinflußt, weil Getch Pascha immer allen meinen Wünschen liebenswürdig nachgekommen ist. Sooft wir nach Dalaman fuhren, schickte ich Stoffe und allerlei Gegenstände an Bord mit der Bitte, daß der Kommandant sie unsichtbar verstauen sollte. Es waren belanglose Geschenke für die Frauen und Kinder der Soldaten, die noch in allerprimitivsten Verhältnissen dem Khediven zu der Ausführung seines Dalamanwerkes verhelfen. Aber der Khedive liebt es nicht, wenn ich beschenkend dort eingreife, wo er sich die alleinige Bestimmung vorbehält.

In Musturut ließ ich einmal alle Frauen und Kinder des angrenzenden, kleinen Dorfes in den Park herein und auf der Terrasse des Palais stehend, verteilte ich an blanke, erwartende Augen, an greifende Hände und an schrille Entzückungsausrufe die grelle Farbenfreudigkeit blumenbemusterter Stoffe. Die Freude wurde so spontan und vehement, daß diese Beschenkung eher einer plündernden Revolution glich. Die unbezähmbare Ungeduld zerstampfte Blumen und Rasen, warf sich mit fast feindlicher Aggressivität der Beschenkung entgegen. Jede glaubte erst an ihr Geschenk, wenn sie es im Arme hielt. Dem Khediven hatte ich nichts davon gesagt. Als er es erfuhr, bat er mich, solche Dinge zu unterlassen, denn die »anderen« könnten sagen, daß ich mich nur hervortun und hervorheben will.

Die anderen? Wer sind die anderen? Wer kann von mir verlangen, daß ich mich in eine Gleichheit unterordne, daß ich eine laue Unlebendigkeit annehme und Wünsche farblos abtöne, nur um angenommenen Formen zu entsprechen? Diese anderen – ich verachte sie alle. Die aus der Entfernung an mir nörgeln und kritisieren, und das nur, weil ich die Frau des Khediven wurde. Es ist der kleinlichste Neid, der aus ihnen spricht. Ich kann doch nichts dafür, daß mein Mann der Khedive von Ägypten ist. Es war nicht sein Herrschertum, in das ich mich verliebte. Kann man überhaupt definieren, in was man sich verliebt? Liebe und Glaube sind unergründbare, unbegründete Gefühle, unerklärlich. Sie sind da, man weiß nicht, woher sie gekommen sind, und dann ist ihre Anwesenheit so stark, daß man meint, sie sind schon immer da gewesen.

Oft, wenn ich mir den Khediven vorstellen will, sehe ich nur sein Lächeln. Ob sein intimstes Ich in ihm enthalten ist? Vielleicht ist ihm sein Lächeln vorausgeeilt, und er konnte ihm nicht nachkommen, das Leben hat ihn daran gehindert. Wenn es so wäre, dann würde das, was mich immer wieder gefangennimmt, nur ein Versprechen für Nichtgewordenes bedeuten. Oder verbirgt sich hinter diesem Lächeln sein Sein, welches sich mir darum entzieht, weil ich ihm nur das beschränkende Lager der Lippen geben will?

Das Sein eines Menschen, diese verwirrenden Verschlingungen kann keiner lösen. Selbst der Träger jedes Ich läßt nur die Offenbarungen seines Wesens über sich ergehen. Er ist zuschauender und wiedergebender Spieler zugleich, und die Autorschaft teilt er mit dem Schicksal. Du – trotzdem dein Lächeln so anziehend ist, gebe ich ihm doch nicht alles preis. Weil ich weiß, daß dein Mund sich auch hartnäckig verschließen kann, daß dein Ärger oft keinen Weg mehr zu Worten findet, nur zu Taten – die andere strafen. Für dich hat sich ein einsamkeitsbelebender Whiskytrunk in einem Meeressturz geäußert – mir hat er aber einmal eine Einladung zum Five o'clock tea eingebracht.

Das blaue Meer lockte mich aus Tschibukli. Als das Motorboot an der Mahrussa vorüberfuhr, wollte ich die Räume des Schiffes wiedersehen, in denen ich meine ersten Dalamanträume geträumt habe. Das Anlegen rief eilige Matrosenschritte herbei, und dem ankündigenden Signal folgte die hohe, schlanke Uniform des Kommandanten. Sie stand aber nicht auf sehr sicheren Füßen, und der starke, tiefgebohrte Anker konnte keine hohe See vortäuschen. Vielleicht hätte ich die lange Schleppe meines Seidenmantels gleich wieder über die Anlegetreppe zurück ins Boot ziehen sollen, aber majestätisch nachfließende Kleidungsstücke verpflichten zu einer langsameren Selbstbewußtheit, die man nicht so schnell drehen und wenden kann. Es war gut, daß die verschleierten Gesichter, die mir folgten, kein Englisch verstanden. Was sie sahen, war nur der korrekte Gruß; die Worte, die ihn begleiteten, blieben ihnen unverständlich. Das Schwankende des Ganges erläuterte ich später als traditionelle Seemannsgewohnheit. Außerhalb des Schleiers blieben meine Augen abwesend ernst, nur der verdeckte Mund amüsierte sich, als unser Kommandant mich voll erfreuter Herzlichkeit zu »a cup of tea« einlud.

Ich bin überzeugt, daß es ein guter, starker englischer Tee geworden wäre, aber bestimmt sein letzter Kommandantentee. Mir blieb nichts anderes übrig, als in meine Stimme einen mütterlichen Klang und in meine Worte eine mahnende Vorsicht zu legen. Auch kürzte ich meine Wanderung ab. Aus einem persönlichen Traumerinnern sollte kein folgenschweres Erwachen für einen andern werden. Besonders, wenn der andere aus menschlichem Verständnis für Verbote auf originelle Ideen kommt, um sie zu umgehen.

In Dalaman blieb ich einmal während der ganzen Aufenthaltsdauer auf der Mahrussa. Bei meinen Spaziergängen auf Deck erkundigte sich der Kommandant immer persönlich nach meinen Wünschen. Ich wäre so gerne geschwommen, aber das war unmöglich. Überall waren Augen, und Schleier wirken nicht mehr verdeckend in der nassen Meeresumarmung. Da proponierte mir der nette Engländer einen Taucheranzug, unter dessen Form mich bestimmt keiner erkennen würde. Aber ein dicht verdecktes Meerbad konnte mich nicht locken, trotz des Reizes der originellen Idee.

Ich bin froh, daß der Khedive heute nicht mehr ernst bleiben konnte, als wir vom unfreiwilligen Bad der Paradeuniform sprachen. Wenn er von der Tee-Einladung und dem vorgeschlagenen Taucheranzug wüßte ... Es sind keine großen Geheimnisse, die ich vor dir habe, aber diese kleinen, ungeteilten persönlichen Reserven besitzen doch so viel Macht, daß sie das lahmgelegte Selbstbestimmungsrecht nicht sterben lassen.

Es ist komisch, wenn ich denke, daß mein Mann zwei Frauen hat. Komisch? Eher merkwürdig. Besonders, wenn es mir zum Bewußtsein kommt, daß ich eine von diesen zwei Frauen bin. Wenn ich auch keine übergangene Priorität, sondern eine zweite Ehe bedeute, die die erste ohne Scheidung getrennt hat, komme ich mir doch unvollständig vor. Nicht in meinem Verhältnis zu mir selbst, sondern in meinem gefühlsmäßigen Verhältnis zu meinem bereits verheirateten Manne. Ich wußte, daß ich keinen monogamen Asketen heirate, sondern einen mohammedanischen Mann. Ich weiß auch, daß ich auf einem unsicheren Fundament stehe. Und daß vielleicht einmal ein einziger harter, klarer, ungefühlsmäßig zu Ende gedachter Gedanke einen bestimmenden Riß durch diese von mir protegierte Basis ziehen wird.

Was man im Affekt selbst aufbaut, kann man nur selber zerstören. Ich hasse alle unklaren, intrigenhaften Gefühlswellen, besonders, wenn sie erlaubte Auswirkungen kriecherisch verdecken wollen und dadurch den primitivsten, uninteressantesten Vorgängen den Wert eines Geheimnisses zusprechen. Monogamie ist kein verschwommener Begriff, sondern eine klare Angelegenheit. Wenn ein Mann dieses Recht besitzt und auch davon Gebrauch macht, dann darf er es auch nicht mit dem Charme des Unerlaubten umkleiden. Daß Sklavinnen verschiedenen Tätigkeiten dienen, ist sogar religiös vorgesehen. Aber in dem disziplinierten Rangunterschied zwischen Hanum und Kalfa müssen persönliche, intime Ausbrüche vermieden werden. Riskanten Entgleisungen kann man nur durch warnende Offenheit entgehen. Liebe und Sinnlichkeit sind keine Schande. Aber jeder Mann, wenn er eine Frau liebt und von ihr geliebt wird, konstruiert plötzlich einen neuen Gewissenskodex, der zu seinem früheren Leben und zu seiner wahren Auffassung im Widerspruch steht. Er will alles negieren und eliminieren, was ihm wertvoll war; er will seine Gefühle zu einer kostbaren Offenbarung gestalten, weil er das zu einem Sondergeschenk machen möchte, was schon längst populären Ereignissen gedient hat. Und dann glaubt ihm eine Frau, deren geistige Präzision keinen hörigen Nerven untersteht, gar nichts mehr. Aber an eine solche Frau glaubt kein Mann, er will ihre Existenzmöglichkeit nicht anerkennen, weil sie die erhöhende Einstellung seiner Männlichkeit zerstört.

Dieser Ramadan ruft mir entschieden alles Unangenehme in Erinnerung; es ist fast, als ob er mich mit einer anderen Art von Nahrung sättigen möchte. Ich muß an eine Sklavin denken, deren Offenherzigkeit nichts von sklavischer Demut besaß. Das Bewußtsein, daß sie ihrem Gebieter einmal viel mehr gewesen war als bloß dienende Sklavin, äußerte sich noch nach Jahren, und ich muß gestehen, in einer für mich unerwarteten und ziemlich verblüffenden Form. Wir fuhren von Alexandrien nach Konstantinopel. Abbas Hilmi verließ das Schiff früher. In Tschibukli angelangt, bat ich die Sklavinnen, in den Räumen meines Mannes alles seiner Gewohnheit nach vorzubereiten. Zwei tiefe Verbeugungen antworteten mir und eine Stimme: »Hanum Effendi, ich habe schon viel früher mit Effendina geschlafen, ich weiß, was ich zu tun habe ...« Ich glaube, alle drei Sklavinnen hätten dasselbe antworten können, aber nur eine hatte diesen ungewöhnlichen Mut. Aus ihren Worten fühlte ich, was sie einst gehofft hatte. Mein Anblick war neu für sie, und in meiner ungewohnten Gegenwart erstanden ihre Erinnerungen wieder. Vielleicht hatte ich den Platz eingenommen, den sie sich gewünscht hatte, auch war ich für sie das fremde Element. Die Frau in ihr erfühlte: Wenn unser Gebieter diese fremde Frau geheiratet hat, so liebt er sie. Totenstille folgte dem Ausspruch. Keine einzige der anwesenden Frauen wagte zu atmen, sie befürchteten wahrscheinlich eine der üblichen Haremskatastrophen. Seltsam, daß damals in meinem Herzen nur Verstehen und Mitgefühl für diese Frau erstand. Ich ersetzte die Katastrophe durch ein Lächeln.

Dieses Lächeln hättest du mir ersparen können.

Gestern verfolgten mich die Augen einer Sklavin – heute findet dieser Blick eine Erinnerungsverbindung zu einer anderen Frau, die eigentlich außerhalb jeder Intimitätsmöglichkeit stehen sollte. Der Religion und dem Rechte nach. Es ist eine kleine Hanum, die einen schlecht verdienenden Mann und ein reizendes Kind hat. Vielleicht wirken diese zwei Faktoren auch mitbestimmend für ihr zeitweiliges ehetreuliches Übersehen. Vielleicht bestimmt gerade die Liebe diese Liebesabwesenheit. Sie ist hübsch. Ich werfe ihr weder ihre Hübschheit noch ihre weiblich bestärkende Schwäche vor, aber daß du damals gerade diese Frau gewählt hast, um mich beten zu lehren, das werfe ich dir vor.

Beten lernen ... kann man das? Kann man den Glauben einfangen, in ein starres Kleid zwängen? Muß ein Übergang, eine Vermittlung gefunden werden zwischen der Seele und Gott? Eine Art audienzfähiges Besuchskleid für diese Gefühle? Stirbt der unerforschte Ursprung des Glaubens nicht, wenn man ihn erst dem Ausdruck und der Form nach präparieren muß? Ist die Losgelöstheit von Sprache nicht die tiefste Verbindung zur Gottheit? Beschenkende Werte, die im stummen Ringen mit dem eigenen Sein entstanden, die aus einer unbekannten und erschütternden Abgeschlossenheit heraus plötzlich eine leise Stimme erheben und die in das dunkle, bedrohende Gewirre die Möglichkeit eines Weges meißeln, dessen Beschreiten vielleicht reuelose Wanderung bedeutet ... Dort, in dieser bergenden Stummheit, bleibt diese Stimme klar und deutlich, dort belebt sie eine grausame Starrheit. Ich soll jetzt ihre Offenbarung in meine festlegende und plündernde Stimme übernehmen, sie in Worte und Sätze kleiden, in abteilende Kürzen und Längen fügen, die ich schon im voraus nach zeitlichem Maße bemesse ... Damals, als die zwei Gebetteppiche nebeneinander auf dem Boden ausgebreitet lagen, da erfühlte ich, wie alle Bewegungen der kleinen Hanum marionettenartig auf mich übergingen. Ich empfand ihre Gemachtheit, das Bedachte und formell Erwogene. Es war ein Gebet, das äußerlich auf den wallenden Seidenfalten hing und trotz Beugungen ihren gleichmäßigen Fall nicht zerstörte. Ein seelenloses Gebet, das aus Äußerlichkeiten entstand, in stoffliche Welt zurückfiel und in ihr auch gefangen blieb. Die gleichmäßige Stimme bildete nur einen gewohnten Klang, den die kleidliche Hülle verdeckend aufnahm.

Jede Religion enthält die gleichen bedenkenerregenden Probleme – über die nur der Gottesglaube triumphiert. Das aber sind Dinge, die ich mit mir selbst ausmachen muß. Diese kleine Hanum und mich trennt eine Welt. Aber wenn uns schon das Gebet nicht verbinden konnte, dann war es auch unnötig, daß uns eine versteckte, verschwiegene Gemeinschaft verband, die mir durch den angrenzenden Gebetsteppich nicht sympathischer wurde. Ich weiß immer genausoviel, als der Khedive mir verheimlicht. Und so lernt man nicht beten.

Ich muß mir das entschieden abgewöhnen, immer »der Khedive« zu schreiben. Diese Bezeichnung schließt ihn beinahe menschlich aus allen meinen aufgezeichneten Erinnerungen aus, und doch ist alles, was ich in diesen vielen Jahren erlebt habe, nur durch ihn zu mir gekommen und das meiste auch mit ihm zusammen erlebt worden. Es wäre interessant, wenn er dieselben Dinge und Erlebnisse niederschriebe wie ich. Vielleicht wüßten wir dann beide ganz genau, wann unsere Verschiedenheit einsetzt, welchen Ursprung sie hat, wie sie sich äußert und wie unüberbrückbar sie ist. Aber der Khedive wäre gar nicht der Khedive, wenn er Erinnerungen niederschriebe. Mein Mann könnte er trotzdem sein, aber er wäre dann eben anders als er ist. Dann würde er wahrscheinlich auch rauchen. Daß er nicht raucht, hat mir immer sehr gefehlt. Ich empfinde in jedem Nichtraucher eine Leere, in ihm und in seiner Atmosphäre. Es fehlt mir ein gewisser verrauchter Belag, eine verdeckende Schicht, unter welcher sich gewisse Farbtöne nicht verändern und – ich möchte sagen – die allen Rauchern gemeinsam sind. Wenn ich mich in meine wesenstiefste Art verkriechen will, dann zünde ich mir zuerst eine Zigarette an; sie hilft mir, mich selbst intensiver zu empfinden, und sie schließt mich dadurch von fremden Einflüssen ab. Die Zigarette bildet eine verbindende Kette, man greift sich selbst dort wieder auf, wo man sich bei der letzten Zigarette gelassen hat. Wenn ich nicht rauchte, würde ich mich wie ein Zimmer empfinden, in dem alle Türen und Fenster offenstehen, aus welchem alles hinaus- und in welches alles hereinweht und in dem nichts bleibt. Auch ein Kuß ohne Rauchgeschmack schmeckt nicht richtig. Er schmeckt durchsichtig, er wirkt wie ein Glas, durch welches man hindurchsehen kann. Er ist zu klar, man kann ihm nicht mehr zumuten, als in ihm steckt, denn er gesteht gleich seine Leere ein. Wenn ich diesen Gedanken weiterdenke, empfinde ich, daß die Zähne in einem Munde, der nicht raucht, viel bloßgelegter sind als in einem Rauchermund. Abbas Hilmi wirft mir oft vor, daß ich nach Rauch rieche – innerlich werfe ich ihm vor, daß er nicht nach Rauch riecht. Rauchgeruch ist nicht selbständig in seiner Auswirkung; er paßt sich wie Parfüm dem persönlich typischen Geruch des einzelnen an, den er – trotz seiner Verdeckung – noch inhaltlich verstärkt. Seit dem Ramadan riecht das ganze Chalet leer. Vor Sonnenuntergang ist die Zigarette genauso verboten wie Essen und Trinken, und die paar Zigaretten, die ich in der Nacht nach der zweiten Mahlzeit im Schlafzimmer rauche, sind schnell verflogen. Jeden Morgen empfängt mich abweisend die erinnerungslose Unausgefülltheit der Atmosphäre wie eine feindliche, ausschließende Luft. Vielleicht würde der Khedive nicht so durch den Tag jagen, wenn er rauchte. Es ist unwahrscheinlich, mit welcher Ruhe er seine Unruhe gleichmäßig weiterführt. Jede Minute muß ausgefüllt, es muß immer etwas getan, etwas unternommen werden. Am meisten fühlt man dieses gedrängte Jagen, wenn wir auf Reisen sind – nicht hier in Konstantinopel, wo wir ja auch zu Hause sind, aber wenn wir nach Europa fahren. Schon vor der Abreise wird ein planmäßig gebuchtes Erholungsmenü aufgestellt, die Aufenthaltsdauer in den verschiedenen Städten und Badeorten vorausbestimmt und der Inhalt der Tage vorgefüllt. Aber dann, wenn man nicht auf dem Papier, sondern in Wirklichkeit an Ort und Stelle angelangt ist, kommt auch immer mehr dazu. Der Khedive kann eine unwahrscheinliche Dosis Ruhelosigkeit vertragen, auch wenn es oft nur Leerlauf ist. Er ist ständig in Bewegung, und es gelingt ihm, seine personenreiche Umgebung in atemlose Hast zu versetzen und in steter Eile zu erhalten. Paris ist gewöhnlich der Kulminationspunkt der Unruhe und der größten Hetzerei. Da werden auch die meisten Sachen bestellt und eingekauft. Schon nach einigen Tagen Pariser Aufenthaltes füllt sich ein Zimmer mit neu hinzugekommenen Sachen. Alles wird selbst ausgewählt. Das Déjeuner setzt die erste Pause in das Einkaufen. Nachmittags wird es fortgesetzt.

Wenn man erschöpft gegen Abend ins Hotel zurückkommt, warten zahllose Menschen auf ihn: Besuche, hinbestellte Lieferanten und auch die zu erledigende Korrespondenz. Dann fährt er genauso schnell in seinen Smoking, wie sein Gedächtnis von Befehl zu Befehl jagt. Jetzt hat er das Tagespensum untergebracht und abgestreift. Gemütsruhig und beschaulich verzehrt er ein gutes Diner, folgt dann aufnahmefähig und ungeschwächt den Vorführungen in einem Vergnügungsetablissement, amüsiert sich wie ein Kind über alles, und nachher fahren wir noch zur Foire de Neuilly, dem lärmendsten und gedrängtesten Vergnügungsjahrmarkt der Welt. Er stürzt sich schiebend in das Gedränge, zieht mich an der Hand nach. Bei allen Buden bleiben wir stehen. Dazwischen verschieße ich hundert Franken auf wassersteigende Eier, nur damit mein Kleid, welches mir schon am Körper klebt, etwas trocknet.

Auf der Foire de Neuilly haben wir uns einmal ganz jahrmarktsmäßig gestritten. Ich war am Ende meiner Leistungsfähigkeit, mein Kleid ebenfalls, und es war gerade mein Lieblingskleid. Am Eingang stand unser Auto. Die Aussicht, noch einmal denselben Weg bis dorthin zu gehen, erstand vor mir wie ein unausdenkbares Entsetzen, lähmte meine Füße, die streikten. Es blieb nur die einzige Möglichkeit, daß der Khedive das Auto holte. Um zu beweisen, daß der Weg nur ein Sprung war, teilte auch schon nach wenigen Minuten die Stimme des Chauffeurs die Menge. Jetzt hatte ich aber gar keine Eile mehr, denn ich saß auf einem Karussellschwein und drehte mich kühlend im Kreise herum. Auch wenn mir übel geworden wäre, hätte ich nicht absteigen können, denn ich hatte kein Geld bei mir. Der Khedive mußte jetzt die Touren bezahlen. Dann saßen wir erhitzt und verschwitzt, sehr unprinzlich und böse in dem feudalen Auto, von mißmutigen und aggressiven Zurufen umgeben. Jeder von uns war froh, als wir im Hotel anlangten.

In allen Massenansammlungen fühlt sich der Khedive wohl; vielleicht, weil er in Ägypten durch straffgespannte Kordons, durch aufgereihte Polizisten und durch die ihn umkreisende Garde von jeder Annäherung dauernd abgeschlossen ist. Die Orte, die er am liebsten besucht, sind Ausstellungen, Jahrmärkte und Messen, wo sein Interesse den Vorführungen und Erklärungen aller Maschinen, jeglicher Instrumente und Werkzeuge mit Aufmerksamkeit folgt. Wenn wir in Wien sind, landen wir jeden Abend in »Venedig in Wien« und fahren nachher Stadtbahn dritter Klasse nach

Hause. Rutschbahnen, Montagne-russe, Trambahnen und Drahtseilbahnen locken ihn. Er besieht nicht eine Maschine, er erlebt sie. Beim Anblick einer großen Lokomotive wird er enthusiastisch. Dieses Verständnis hat ihn auch zu einem guten Lokomotivführer gemacht. Als wir nach London fuhren, erwarteten ihn englische Ingenieure in Dover, die wußten, daß der Khedive die Gewohnheit hat, seinen Zug in Ägypten selbst zu fahren. Sie boten ihm an, die Fahrt auf der Lokomotive mitzumachen, und der Khedive stand von Dover bis London neben dem Lokomotivführer. Trotz Brille und Staubmantel stieg er dann, seinem Kollegen ähnlich, geschwärzt und verrußt aus, zum großen Erstaunen der zahlreichen Herren, die sich zu seinem Empfange auf dem Bahnhof eingefunden hatten.

Wenn wir in Badeorten waren, ging es nicht viel friedlicher zu als in großen Städten. Wenn auch Lieferanten und Einkäufe wegfielen, so entstanden aus den streng eingehaltenen Kurbestimmungen wechselnde, aber fortlaufende Unruhen. Es ist schwer, einen Mann wie Abbas Hilmi in eine bestimmte Diät zu zwingen, besonders, wenn diese Diät ihn um Dinge bringt, die er gern hat. Wenn er auch Mahlzeiten überspringen konnte, gefangengenommen durch eine Arbeit, die ihm zusagte, so verband er doch die alljährliche Europareise mit der Vorstellung einer Erholung und nicht mit einer Entsagung. Die magere, fett- und kartoffellose Kost in Kissingen, der er einige zugenommene Kilos opfern wollte, ärgerte ihn durch ihre Beschränkung.

In Divonne, bei Genf, duschten wir jahrelang »präaktionierend«. Die Kur bestand darin, auf einer staubigen, sonnigen Landstraße sich stundenlang die Zunge aus dem Halse herauszulaufen, bis kein trockener Faden an einem blieb – dann folgte der Sprung in ein eiskaltes Bassin und eine ärztlich gehandhabte Dusche. Und sooft die Waage eine Gewichtszunahme festlegte, heuchelte der leitende Badearzt unendliche Freude über das auffallende Gelingen der Kur, denn der Khedive hatte an Fett abgenommen und an Muskeln zugenommen! Bei dieser Behandlung war die Erhaltung des Friedens die Hauptsache, denn durch seinen alljährlichen Aufenthalt in Divonne hatte der Khedive diesem Ort einen großen, fashionablen Zuspruch gesichert. Die meisten kamen, um den Herrscher von Ägypten in der sommerhitzlichen Frische des Departement de l'Ain zu sehen, ihm zu begegnen und um ihm vorgestellt zu werden. Ägyptische Fluten, die in seinem eigenen Land von ihm staudämmlich getrennt waren, ergossen sich jetzt werbend und huldigend um das Badeetablissement, streiften am Garten der Villa, die wir gemietet hatten, verlangend vorüber und fühlten sich allein schon durch die gemeinsame Anwesenheit, durch den gemeinsamen Kurgebrauch mit einem Herrscher beglückt und erhoben. Die schnell zu erreichende Nähe von Genf besänftigte auch die vormittäglich abgetanen Vorschriften. Nach zugenommenem Abnahmegewicht war der Abschied immer ein friedlicher und herzlicher, sicherte dem Villenbesitzer und dem Badeinhaber das sichere Wiederkommen. Der Umstand, daß die Präaktion die Reaktion verschlungen hatte, wurde zu keiner zerstörenden Wirkung. Die Hauptsache blieb: Man hatte für seine Gesundheit etwas getan. Nach Divonne fuhr man den Genfer See ab, tauchte meteorenhaft in verschiedenen Badeorten auf. In Aix-les-Bains gehen wir nach einem ministerumgebenen Diner in der Villa des Fleurs in den Spielsaal. Der Khedive spielt nicht, er hat den Abscheu vor unverdientem Gelde – auch vor dem unnötig verlorenen. Ich spiele natürlich. Es ist aber nicht Spielerglück, das mir jetzt die allgemeine, zudringliche Aufmerksamkeit sichert, es ist mein Schmuck und mein Kleid. Die Situation wird aufsehenerregend unangenehm, das Gesicht des Khediven rötet sich zusehends. Und ich weiß nicht, wie ich dieser Situation abhelfen könnte. Den Schmuck kann ich nicht abnehmen und verspielen, das Kleid kann ich nicht ausziehen, aber die Nervosität des Khediven findet einen Ausweg. Ich soll ins Hotel zurückgehen, den Schmuck ablegen, mich umziehen und zurückkommen. Trotzdem ich mir von dieser Transformation nicht viel verspreche, werde ich in Begleitung abgeführt. Durch dichtgestaute Menschen schaukelt mein großer, schwarzer Spitzenhut dem Ausgange zu, und um zwei Uhr in der Frühe erscheine ich wieder in der Villa des Fleurs in einem einfachen, kleinen Vormittagskleid, und jetzt wird meine veränderte Gegenwart zum interessierenden Problem. Die schmucklose Einfachheit versagt, der Abend ist verpfuscht. Die schlechte Laune des Khediven und mein Schuldgefühl landen abschließend im Hotel.

In Vichy treffen wir ein Stück verschobenen Harems: die zwei alten Grandes Princesses, die Witwen des Khediven Ismail Pascha. In langen, schwarzen, gestaltverhüllenden

Seidenmänteln, die Köpfe haareverdeckend mit weißen Schleiern umwunden, sitzen sie auf der Terrasse eines Hotels, genauso gekleidet wie zu einem Spaziergang in dem großen Park ihres Palastes in Kairo. Zigaretten rauchend in einträchtiger Freundschaft und Beschaulichkeit hören sie der Musikkapelle zu. Es sind die einzigen Prinzessinnen, die ihre Lebensgewohnheiten nie verändert haben; sie führen ihren Harem nur alljährlich auf europäische Reisen. Ihre zwei Mitschwestern sind tot.

Ismail Pascha hatte vier Frauen, und alle vier waren Freundinnen, trotzdem sie die gemeinsame Liebe zu einem Mann verband. Vielleicht bildete gerade diese gevierteilte Liebe das unzerreißbare Band zwischen ihnen, das durch die Vereinigung des Gefühles zu einer ganzen Liebe wurde. Vielleicht hatten diese vier Frauen intuitiv, abseits von Eifersucht und gekränkter Eitelkeit das Wesen des Mannes fundamental erfaßt, dessen Phantasie, Generosität, großzügige Verschwendungssucht und belastende Virilität in schillerndem, wechselndem, despotischem Heißhunger alle Möglichkeiten und Unmöglichkeiten streifte. Für ihn war die vierstellige Ehe nur eine legitime Beschränkung, die auch noch allen anderen Haremsinsassinnen einen genügenden Teil seines leidenschaftlichen Temperaments zukommen ließ. Und was der Harem nicht verschlingen und aufsaugen konnte, das wurde anderweitig placiert.

Diesen Mann verzehrte die Großzügigkeit. Wenn er in einer anerkennenden Paschalaune seinen Harem beschenkte, so waren sämtliche Juweliere von Kairo ausverkauft. Jeder Wert wurde zur Dutzendware. Die Eunuchen fuhren mit leeren Handtaschen bei den Juwelieren vor, die den Inhalt ihres ganzen Ladens hineinschütteten. Alle Eunuchen wußten, daß in den gefüllten Taschen auch für jeden von ihnen goldene Zigarettendosen, Brillantnadeln, Ringe, Uhren und Ketten enthalten waren.

Wenn Ismail Pascha schenkte, dann erdrückte er. Wenn Ismail Pascha liebte, dann beschlagnahmte er. Wenn Ismail Pascha baute, dann riß er ganze Stadtviertel in Grund und Boden, und seine verzehrende Ungeduld ließ kaum Tausenden von Menschenhänden die Zeit, das Niedergerissene wegzuräumen. Es mußte neu gebaut werden, neu erschaffen werden, in atemraubender Hast. Es gab keinen Tag und keine Nacht, es gab keine Pausen und keinen Stillstand. Unter glühender Sonne und unter leuchtenden Fackeln wurde getragen, gehoben, geschoben, aneinandergereiht, gegliedert, denn der goldspendende Wunsch, der diesen keuchenden phantastischen Betrieb leitete, gehörte dem erobernden Verlangen, dem besitzergreifenden Sehnen eines allmächtigen Mannes, dessen vibrierendes Wachen und Träumen einer Frau galt: einer geliebten Kaiserin. Wenn er gekonnt hätte, hätte er jeden Stein Ägyptens niedergerissen: die Pyramiden, die Königsgräber, den Karnak; er wäre umwälzend bis in die Tiefen des Josefsbrunnens gefahren, hätte die Wüste zu einer bewaldeten Oase gewandelt, hätte den ewigen Nil trockengelegt, um ihn zu einem empfangenden, duftenden Blütenbande zu verwandeln, um der Auserwählten seines Herzens und seiner brennenden Sinne nur Selbstgeschaffenes zu Füßen zu legen, das nur in dem Gedanken an sie – in der Verzauberung durch sie – entstanden war. Und auch die Verheerungen und Verwüstungen, die geschwächte Existenz des eingesetzten Landes, alles gehörte ihr. So gewaltig war sein Wille, daß er auch die Frauen, die ihn liebten, durch sein ungeheures Wollen in den Bannkreis seiner Liebe zu einer andern zwang, und so organisch war dieses Gefühl in seinem Herzen, in seiner Seele, in seinem ganzen Körper festgelagert, daß seine legitimen Frauen in ihrer Liebe zu ihm auch dieser Frau Liebe entgegenbrachten, die nicht nur seine Beherrscherin, sondern auch Frankreichs Kaiserin war: die schöne Eugenie.

Ein ganzer Stadtteil entsteht, der die berückende Frau mit dem feinen Profil an Paris gemahnen soll. Ein Palast ersteht, mit Kairo durch eine breite Allee verbunden, das Palais von Gezira. Jedem Stein, jeder Mauer, jedem hohen Bogen hat der nächtliche, fackelbeleuchtete Schweiß der angetriebenen Arbeiter das glühende Verlangen des Liebesbaumeisters aufgezwungen. Tiefe Löcher werden in die Erde gewühlt, seltene Baumgattungen gepflanzt. In kulissenhafter Eile grünt und blüht ein unendlicher Garten, und drinnen, im weiten, hohen Gebäude, werden golddurchwirkte Seidenstoffe gespannt. Die lange Allee entlang rollen immer neue Wagen mit getürmten, schweren Kisten; denn alles, was die französische Kaiserin umgeben sollte, kam aus ihrem Land.

Und dann äußerte diese erhabene und erhobene Kaiserin, die idolisierte Märchengestalt eines Herrschers, den launischen, originellen Wunsch, auf einem Esel durch die Stadt zu reiten. So groß ist die Verführung dieser Frau, daß der mächtige Ismail Pascha, dessen sagenhafte Gestalt durch pompöses Zeremoniell von jeder nahen Straßenberührung abgeschlossen blieb, sich diesem Eselsritt als Partner unterstellt. Dieser gemeinsame kaiserliche und khediviale Ritt offenbart in seiner erstaunlichen Begebenheit dem Volke mehr als alle niedergerissenen und aufgebauten Schöpfungen. Und im vizeköniglichen Harem, wo die Prinzessinnen von allem unterrichtet sind, bereitet man sich für den Empfang der Kaiserin vor. Viele Herrscherinnen sind dort ein- und ausgegangen, und der verschwenderische Prunk, der dort jegliches bestimmte, war auch für das allerverwöhnteste Auge ungewohnt. Aber diese Kaiserin war nicht nur eine Herrscherin, sie war die Liebe des geliebten Mannes.

Lange nach dem Tode Ismail Paschas und nach dem Tode seines Sohnes Tewfik, reiste alljährlich eine weißhaarige, schwarzgekleidete Frau in das Ägypten unter dem jungen Khediven Abbas Hilmi: die Exkaiserin Eugenie. Ihr erster Besuch galt den Witwen Ismail Paschas. Die greise Kaiserin und die alten Grandes Princesses verband jetzt die gemeinsame Trauer um einen Mann, so wie früher, als sie junge Frauen waren, die gemeinsame Liebe sie verbunden hatte. Jedes Jahr reisten die Witwen Ismails nach Europa. Ihre aufnehmende Lebenskraft war wach geblieben. Sie wollten neue Länder, neue Städte und neue Sitten sehen und auch während dieser Reisen innerhalb ihres gewohnten Lebens bleiben. Es war aber nicht nur die äußere Form der Tradition und nicht nur die streng eingehaltenen religiösen Vorschriften, die sie bestimmten, ihre Haremswelt in Extrazügen mitzunehmen. Stärker als alles andere war noch die verbindende, auswirkende Erinnerung an ihn, den großzügigen Khediven Ismail le Magnifique, dem sie, die schönen, ehemaligen tscherkessischen Sklavinnen, das alles zu verdanken hatten. Die alten Prinzessinnen bewohnten während ihres Aufenthaltes in Paris den abgesonderten Teil eines Hotels mit einer für sie reservierten Einfahrt. Die Bedienung blieb dieselbe wie im Palais von Zaafarane in Kairo. Es war ein delogierter Harem. Eunuchen, Sklavinnen, Sekretäre und zahlreiche Dienerschaft, goldenes Tafelgerät, Wäsche – alles wurde mitgenommen.

Den Champs Elysées entlang, dem Bois de Boulogne zu rollte jeden Nachmittag ein geschlossenes Coupé: das vorbildlichste Haremsgefährt. Neben dem Kutscher die elegante Redingote des schwarzen Eunuchen, im Halbdunkel des Wagens zwei Hanums mit dem weißen, gesichtsverdeckenden Schleier. Vichy betrachteten sie als Sommerfrische – da genügte das kopfverdeckende Tuch.

Ismail Pascha hatte eine große Liebe zu seinem Enkel Abbas Hilmi. In der Khedivialen Dynastie geht das Erbfolgerecht von Vater auf Sohn, aber die verwandtschaftliche Liebe überspringt immer eine Generation. Enkel nehmen die Liebesstelle der Söhne ein. Diese übersehende, fast aggressive Gleichgültigkeit für den eigenen Sohn scheint nicht aus eifersüchtigen, vorwirkenden Rivalitätsgefühlen zu kommen, denn dem Enkel ist ja auch dieselbe Krone gesichert. Der Ursprung dieser aussetzenden und bei der nächsten Generation wieder einsetzenden Liebe ist vielleicht durch eine Erbbelastung bestimmt, die, eine Stufe überspringend, immer wieder einsetzt.

In einem verschlossenen Schrank im Palais von Kubbeh hat der Khedive Waffen, die er von seinem Großvater bekommen hat. Als er sie mir zeigte, berührten seine Hände mit ungewohnter Vorsicht, fast mit gerührter Pietät diese großväterlichen Andenken. An jenem Tage schenkte er mir eine kleine, goldene Streichholzdose, die Ismail Pascha von der Kaiserin Eugenie erhalten hatte. Auch jetzt beim Schreiben liegt sie neben mir: Der feinziselierte Rand schlingt sich um das Monogramm eines Herrschers, der wußte, was Liebe war.

Vielleicht werde ich noch bedauern, daß der Ramadan nur dreißig Tage dauert. Ich habe mich an das tägliche niederschreibende Erinnern gewöhnt. In Musturut würde ich diese Beschäftigung nicht so fortlaufend ausführen, dort locken die großen, schwarzen Klaviere. Aber hier in Tschiftlik umgibt mich eine erweckende Einsamkeit, die gar nicht entstehen würde in einer Umgebung, die mich äußerlich vollkommen befriedigt. Obgleich unser gemeinsamer Geschmack die Einrichtung des Chalets bestimmt hat, so unterlag die Wahl schon dem Wissen, daß der hiesige Aufenthalt immer nur ein vorübergehender sein würde. Das ist auch der Grund, warum ich mich in dieser undefinierbaren Umgebung freier und unbeschwerter fühle, fast wie ein Feriengast in einem sommerlichen Hotel. Ich kann hier unbekümmert Dinge niederschreiben, die ich in Musturut bestimmt nicht schreiben könnte. Dort würden sie eine Schwere gewinnen, die ich hier an ihnen nicht empfinde. In diesem Chalet schreibt ein Geschöpf, das sich sommerlich verantwortungslos fühlt wie ein Stück Seele auf Reisen, das dem eigenen, zu Hause gelassenen Ich keine Verantwortung schuldig ist. Vielleicht werde ich auch diese Blätter nie wieder lesen, denn ich habe eine große Abneigung vor geschriebenen Erinnerungen. Auch diese Briefe des Khediven, die ich alle aufgehoben habe, lese ich nie mehr durch. Briefe und Worte sind an eine bestimmte Zeit gebunden, an Situationen, aus denen sie entstehen und in die sie wieder zurückfallen. Auch wirkt es sehr störend auf mich, daß man, um etwas festzulegen, es niederschreiben muß.

Eines Morgens bekam ich vom Khediven einen unangenehmen Brief. Er war schon im Palais Abdin, wo er einen offiziellen Empfangstag anfing. Ich war noch bei mir in Musturut und wollte erst zum gemeinsamen Déjeuner in Abdin eintreffen. Der Brief enthielt den Vorwurf, daß ich am vorhergehenden Tage mehrere Damen zum Tee empfangen hätte, ohne ihn davon zu verständigen. Der Khedive hat es nicht gern, wenn ich Menschen empfange, wenn es auch nur Frauen sind. Am liebsten wäre es ihm, wenn ich mich – je nach Wunsch und Bedarf – vergrößern und verkleinern könnte, damit er mich, wenn ich in meiner wirklichen Größe nicht anwesend sein kann, verkleinert in seine Tasche steckt.

Aber ich hatte gar keinen Frauentee gegeben, er war – wie so oft – falsch orientiert. Als ich nach Abdin kam, empfing er mich mit strahlendem Gesicht. Der Brief war bereits geschrieben und kuvertiert, da wurde mein belastender Tee dementiert. Aber die begangene Handlung mußte ihrer Bestimmung zugeführt werden. Als ich den Brief las, war seine Berechtigung längst entkräftet. Du – ich habe aber auch liebe Briefe von dir bekommen. Erinnerst du dich noch an die offizielle Rede, die ich dir aufgeschrieben hatte und die am Ende noch einen ganz persönlichen Nachsatz enthielt? Den wolltest du auch mitlesen, aber nach einigen Worten hattest du das private Postskriptum erfaßt. Daß die Anwesenden sich über die zusammenhanglosen Endworte wunderten, war dir gleichgültig.

Weißt du, daß ich nach so vielen Jahren gemeinsamen Lebens bei vielen Dingen nie genau weiß, ob sie dich freuen oder ärgern werden; weil du hinter ganz belanglosen Sachen oft eine versteckte Deutung vermutest, die sie gar nicht besitzen. Und wenn du dich über etwas ärgerst, dann kannst du stundenlang trotzen wie ein Kind, und vielleicht erfährt man erst nach Monaten, was der Grund dieses Ärgers war. Auch jetzt, wenn du am Abend nach Tschiftlik kommst, streifst du oft die Aschenbecher mit einem mißtrauischen Blick. Auch du kennst mich nicht. Wenn ich im Ramadan rauchen würde, würde ich es auch sagen. Denn es ist doch mein Gewissen, mit dem ich mich immer auseinandersetzen muß, und nicht das deine. Und wenn es auch verschieden funktioniert, so hat es doch immer den Mut seiner Überzeugung.

Epilog

Dann liegt alles hinter mir – Schleier, Harem, Ehe, Ägypten.

Und jetzt bin ich erst so unfrei wie nur möglich. Überall stoße ich an Dinge, denen ich ausweichen möchte, aber mein tägliches Leben reißt mich mit zerrendem Griff mitten in sie hinein. Einsamkeit und Fremdheit haben mich abschließend eingefangen, und diese zwei Feinde weisen höhnisch auf die Leere, die sich in mir weitet. Ich finde mich nicht mehr zurecht. Ich empfinde mich wie eine unmaskierte Gestalt, die zufällig und unvorbereitet auf einen Maskenball kommt, vom sinnlos lauten Karnevalstreiben mitgerissen.

Ein neues Leben ... Bei dieser irreführenden Bezeichnung ersteht unwillkürlich die Vorstellung gespannter, bewußter, wegsicherer Muskeln. Man sieht einen erhobenen Kopf, man hört starke Schritte, die neuen Möglichkeiten klingend entgegengehen. Aber die Vorstellung regiert eine eigene, höhnende Welt. Man schlüpft in ihr bereites Kleid, paßt sich in erfassender Nachahmung ihrer auswirkenden Form an und täuscht sich dadurch Verbundenheit vor. Es ist der ewig lockende und betrügende Maskeradenvorgang. Aber um Mitternacht, an der Grenze eines neuen Tages, ist Demaskierung. Auch wenn man es vorzieht, sich zu entfernen, das Fest zu verlassen, die Larve zu behalten und nach Hause zu gehen, so weiß man doch, daß die Zeit diese Larve entlarvt hat. Was geschieht mir? Wo hat sich der Irrtum eingeschlichen, der seelische Rechenfehler? Wo habe ich Gegeben als Empfangen gebucht? Welche Werte habe ich gehütet, die in ihren undichten Gefäßen verflogen und verraucht sind – und sich selbst aufgezehrt und aufgesogen haben? Welcher Faktor hat mich geschwächt und schwankend gemacht? Was kann ich ihm als Kraft entgegensetzen, wie kann ich ihn bekehren, wie treibe ich ihn fort? Der Tscharschaf, der Schleier – sie liegen zusammengefaltet in einem Schrank; ihre Zeit ist vorbei. Vorbei?!

In diesen weichen, nachgiebigen Falten liegen viele Jahre meines Lebens. Mit jeder seidigen Faser verwoben, in jeder durchsichtigen Masche des gesichtverhüllenden Gewebes eingefangen. War es nicht meine eigene Gestalt, an die sich diese Falten schmiegten? War es nicht mein eigenes Gesicht, das dieser Schleier deckte? Entstand damals durch diese Kleidungsstücke ein neues Ich, das sich jetzt nicht mehr freimachen kann von den gewohnten Hüllen, den bestimmenden Formen, die dieses Ich ins Leben gerufen hatten und die es jetzt nicht mehr freigeben wollen, weil ihnen in der abgetanen Tiefe des dunklen Kleiderschrankes vor einem geplünderten Traume graut?

Träume vergehen – Menschen müssen bleiben. Seit wann regieren tote Sachen Seelen, deren Lebendigkeit nur durch mein Wollen entstand? Oder bestimmte etwa ein anderes diese Seelenmimikry, die mein ursprüngliches Ich so lange verdeckte, bis es langsam verblich und verblaßte? Die Leere in mir senkt sich zur aushöhlenden Tiefe. Dieses Nichts ist bedrückender als jede belastende Bürde.

Auf jede neue Stunde legt sich eine neue Qual. Hinter mir liegt die Heimat – und kein Vaterland nimmt mich auf. Die Welt, die ich achtlos liegenließ, um eine neue aufzunehmen, rächt sich jetzt für die Verleugnung. Umdenken, umlernen, umfühlen; sich an den Kontakt der Menschen, der Straße, des täglichen Lebens wieder gewöhnen; das Zucken der Abwehr überwinden, wenn die aufdringliche Nähe des Daseins traumgewohntes Behütetsein in grellem Licht zerpflückt und zerstört. Bewußt und sehend sich mit Dingen auseinandersetzen, deren Existenz eine frühere, abhaltende Ferne vergessen ließ. Ich muß mich endlich entschließen, mit bloßem Gesicht auf die Straße zu gehen, indem ich mir sage, daß Blicke doch nichts erschauen und ergründen und daß ein schleierloses Gesicht genauso wenig offenbart wie ein verhülltes. Ich bin noch im steten Kampf mit mir, als mein persönliches Leben von einem umwälzenden Weltgeschehen verdrängt und verdeckt wird, in dem jedes Einzelschicksal an Wert und Bedeutung verliert.

Der Krieg wirft chaotisch alles durcheinander – plündert, verbannt, entthront. Abbas Hilmi II. ist nicht mehr Khedive von Ägypten, er hat seinen Thron und sein Land verloren. Die Stimme des Blutes bestimmte Verzicht und Verlust, und keine verlockende Macht konnte sie beschwichtigend übertönen. Die ursprüngliche Heimat seiner Dynastie war die Türkei. Als Türke und als Muslim konnte er kein Feind seines eigenen Landes und seiner Glaubensgenossen werden. Mit dem letzten osmanischen Herrscher fallen Sultanat und Kalifat, Gasi Mustafa Kemal Pascha sichert der Türkei die

Freiheit der Republik. Und Mauern, Gitter und Schleier reißt die Zeit nieder, der Harem weicht dem Selbstbestimmungsrecht der Frau.

Meine Erinnerung greift zurück. Das Palais von Tschibukli wird illuminiert. Zum ersten Mal wird die volle Kraft der Dynamos ausgenützt, die ausreichen würde, um den ganzen Bosporus mit Licht zu versorgen. Tausende von elektrischen Birnen erstrahlen gleichzeitig, die sich in schimmernder Kette an der kassettierten Decke der langen Galerie hinziehen. Jedes Fenster, jede Balkontüre ist weit geöffnet. In die jubelnde Nacht hinaus dringt aus allen Häusern und Palais das verbindungschaffende Licht.

Die Eingangstore von Tschibukli sind geöffnet, allen Vorübergehenden zugänglich. Auf großen Rasenflächen liegen Kissen und Decken, unter alten, erstaunt rauschenden Bäumen stehen Sitzgelegenheiten, eilende Diener bieten Erfrischungen an. Plötzlich hat sich die eingeschlossene Atmosphäre verändert. Mit dem Hereinwogen der Menge sind verbindende Fäden entstanden, welche die gewohnte Abgeschiedenheit bereits als abgetan empfinden lassen, trotzdem noch viele Mauern enge Grenzen umschließen. Man fühlt, daß der Flug der Zeit sich nicht aufhalten läßt, daß seine Schwingen alles Unnötige und Belastende abstreifen wollen. Das beengende Kopftuch will schon nicht mehr richtig halten, wie von einem großen Luftzuge erfaßt, der alles Verschleiernde, Verdeckende wegwehen will. Und der jahrtausendalte Schatten des Hintergrundes, der Harem, verliert in dieser festlichen, erwartenden Illumination seine dunkle Kontur, und seine abgetane Berechtigung beginnt zu schwanken.

Das war am 23. Juli 1908. An dem Tag, wo die verderbenbringende Herrschaft des autonomen Sultanats der Konstitution weichen mußte. Der Schicksalsweg der Türkei rollt dann über jahrhundertalte Bahnen des Despotismus, der Haremswirtschaft und des Spionagesystems einem befreienden Ziele zu. Aus dem Osmanischen Reich wird eine freie Türkei. Die türkische Weltgeschichte bringt einen Mann hervor, der als Einzelwesen das Viribus Unitis verkörpert – nach langer Zeit kein blinder Passagier des Gelingens, sondern die elementare Erscheinung des Gelingens selbst. Am 29. Oktober 1923 wird Gasi Mustafa Kemal Pascha einstimmig zum Präsidenten der Republik gewählt.

Auf dem Deck des Schiffes, das dem asiatischen Ufer des Bosporus entlangfährt, sitze ich wartend und höre in mich hinein. Die Umrisse des Palais von Tschibukli tauchen auf. Immer näher kommen die Bäume, die Wege, der Landungsplatz – unten im Garten blühen die Magnolien. Meine Erinnerung erkennt jede Farbtönung, jede Baumgattung. Sie tastet sich dann hinauf zum verschlossenen, stummen Gebäude, wo die Blicke der Fenster von Rolläden verdeckt sind. Es wird mir kalt trotz der glühenden Sonne. Im Traum kenne ich dieses bohrende Gefühl. Aber wenn im Traum diese leere Sehnsucht kommt, dann beruhigt man sich selbst: Hab keine Angst – du träumst ja nur ...

Jetzt träume ich nicht. Ich wache, keine Stimme kann mir Täuschung vorlügen. Hier auf dem Schiff, das an den Ufern des Bosporus entlangfährt, zwingt mir jeder Blick vergangenes Geschehen auf. Es ist eine böse Fahrt. Ich sitze ganz still – nur in meinem Innern wogen Gefühle, die sich wellengleich überschütten, überdecken, die zu einer hohen Säule aufsteigen, welche das Denken mit fallender, schäumender Gischt auseinandertreibt und weiterjagt.

Was jetzt ist, ist längst gewesen. Aber ich habe es damals an anderen Orten überwunden. Und hier liegen unverblaßt und unverändert Jahre meines Lebens. Sie liegen verstreut unter hohen, blühenden Bäumen, auf sonnengefleckten Wegen, sie haben sich dort oben an dem verlassenen Gebäude festgeklammert und ruhen auch im stummen Dunkel der verschlossenen Räume. Das Schiff fährt weiter.

Ich empfinde meinen frierenden Körper wie eine zweite Hülle, die unter dem Stoff des Mantels liegt. Eine Starrheit hat sich in meine Augen gebohrt, die den abwesenden Blick ersetzen will. Mit nachtwandlerischer Sicherheit findet die Seele alles wieder – begegnet Regungen, Hoffnungen, Wünschen, die jeder gelebte Tag gab und nahm. Das Schiff fährt weiter, aber ich bin zurückgeblieben. Auf der großen, umkreisenden Marmorterrasse des weißen Palais stehe ich und sehe, wie das Schiff sich entfernt. So verfolgte der Blick auch früher die Schiffe, die vorüberfuhren. Damals zog oft meine Sehnsucht mit ihnen, heute bin ich auf dem Schiff, das vorüberfährt, und meine Sehnsucht hat sich dorthin zurückgeflüchtet, wo früher oft nur mein Körper war. Die Gesetze der Sehnsucht sind seltsam, und die Gesetze des Lebens sind grausam. Als ich in Beikos das Schiff verlasse, nimmt mich die wilde, klare Einsamkeit auf.

Grünumwucherte Berge, steile, ginsterbesäte Abhänge, in deren tiefem Schoß verborgene, gestrüppverdeckte Quellen fließen. Gedrängtes, erdengebundenes Wachstum. Nur hin und wieder ein breitastiger, hoher Baum, seine feinen, gelblich-weißen Blütentrauben duften beklemmend süß. So sinnbetörend ist dieser Geruch, daß in seinem eindringlichen Bereich sogar der ersehnte Schatten jede kühlende Wirkung verliert. Sonnendurchglüht zieht sich das steinige, rotleuchtende Pfadband unter Thymian und großblumigen Winden endlos weiter, in die einsame, stumme Wildnis hinein. Kein Vogellaut teilt die bedrückende Stille. Schwere, große Schildkröten bewegen sich lautlos vorwärts, gleich braunen Erdflecken, die sich langsam verschieben. Der eigene, aufrechte Schatten, der in brutaler Härte auf den Boden fällt, wirkt unsinnig. Man möchte kriechen, um der Erde näher zu sein, denn die selbstsichere Höhe des Menschen kommt hier ins Schwanken.

Unbewußt gehe ich einer früheren Richtung nach, bis das Chalet von Tschiftlik vor mir liegt. Die Wege sind verwahrlost, mit Gras bewachsen – die vereinzelten blühenden Farbflecke, die das dichte Unkraut beleben, sind nur schüchterne Annäherungsversuche der nahen, umklammernden Wildnis. Auch hier sind alle Fensterläden geschlossen. Neben dem Hauseingang steht jetzt ein hoher Baum. Als ich ihn zum letztenmal gesehen habe, war er noch klein – ich habe ihn selbst gepflanzt. Bäume wachsen bewußt der Sonne entgegen, unbekümmert gegenüber der Hand, die ihre Wurzeln in die Erde gebettet hat. In der Natur ist alles einfacher, frei entfaltet sich jede Stärke. Auch wenn Bäume sich vermählen, dann durchkreuzen sie nicht feindlich ihre Wurzeln, nur die Gipfelkronen rauschen ineinander. Jeder gönnt dem anderen sein eigenes Wachsen und sein eigenes Leben. Im Herbst decken verwelkte Blätter gemeinsam die Erde, und die kahlen Äste träumen dann gemeinsam den Winterschlaf. Dieselbe Erde nährt sie, derselbe Sturm schüttelt ihre Zweige, und dieselbe Sonne weckt ihr Blühen. Sie sind daseins- und quellenverwandt.

Ihre Schatten fallen nebeneinander auf den Weg, und das stille Dunkel jeder Nacht umfängt beide im gleichen, grünen Traum. Neben dem Baum, den ich gepflanzt habe, steht kein anderer. Er ist gleichsam als einsamer Hüter des verlassenen Hauses zurückgeblieben. Er steht in ragender Höhe, in selbstsicherer Unbekümmertheit. Was gehen ihn die Menschen an?! In seinen Zweigen nisten Vögel, ihr Gesang verbindet ihn mit anderen Baumgenossen. Langsam gehe ich am verschlossenen Hause vorbei das breite, gelbe Wegband in verschlungenen Windungen dem Meere zu.

Hierher komme ich nie mehr wieder. Wenn man tote Dinge beleben will, dann entfernt man sich vom Leben, und man gehört ihm, man ist ihm ausgeliefert, weil es sein Verlangen in den dunkelsten Tiefen des Blutes eingebettet hat, die nur dem Leben ihr Rauschen und Wogen verdanken. An dieses Rauschen hat man sich gewöhnt. Es täuscht, es lügt, und doch hat man es lieb. Es ist ein ewig unerforschtes und offenbarendes Geheimnis, das man in sich weiterträgt, das leitet und verführt, das Schritte und Herzschlag beschleunigt und immer wieder neue Märchen findet, um zweifelhafte Feinde zu übertönen und um dem Sehnen eine Antwort zu geben. Endlos weit dehnt sich der Weg vor mir ...

Durch die heutige, heiße Wanderung habe ich die Erinnerung vieler Jahre getragen. In der glühenden Sonne hat sie ihre verdeckenden Schatten verloren, die ihr den Wirklichkeitsschein gaben. Es ist vieles gleichsam als Geschehen ausgelöscht und sitzt doch irgendwo am Hauptstrang einer geheimnisvollen Nährzelle eingebohrt und vermischt dort – in seltsamer Umwertung – Vergangenheit und Gegenwart. Auch das unbekannte Dritte ruht bereits in ihm, der auffassenden Erkenntnis noch verborgen. Es ist die kommende Ferne – das Werden: die Zukunft, welche als keimende Substanz schon wartet. Und wiederum werden Kräfte entstehen, sich entfalten, sich lösen, sich befreien – wiederum werden andere Gedanken an die Wände der Gehirnzellen klopfen, bis die bezwungene, hörige Ausführung die neuen Wünsche erfüllt.

Ich bleibe stehen und schaue zurück ... Jetzt sind die Fensterläden nicht mehr geschlossen, alle Fenster stehen weit offen. Vor dem Haus gehen wachende Soldaten auf und ab. Ein rotblühendes Blumenband schmückt die lange, geschnitzte Balustrade der Holzveranda. Gelber Kies leuchtet auf den Wegen. Dieses frühere Bild sehe ich jetzt, durch weite grüne Zweige, die verdecken und offenbaren. Der Baum hat mich doch erkannt. Man darf ja auch zurücksehen, wenn man vorwärtsgeht. Jetzt liegt das Meer zu meinen Füßen.

Dann sitze ich wieder auf dem Deck eines Schiffes und fahre an den Ufern des Bosporus entlang. Es ist keine quälende Erinnerungsfahrt mehr, ich empfinde durch sie nur eine bestätigende Bewegung, die das Vorwärtskommen sichert. Und auf die Bewegung kommt es an. Auf kein stagnierendes, einschläferndes Geborgensein, auf keine Gefühls- und Gewissensdeckungen, auf keine vortäuschenden Stützen und auf keine aufhaltenden Leeren. Jede Stunde und jeder Tag, den wir leben, soll als Teil einer Ewigkeit empfunden werden, die festlegend und verantwortlich ist für alle und alles. Keinen Zielen dürfen wir nachgehen, die uns ausscheiden aus dem großen, lebendigen Kreise, dem wir angehören, dem wir alles tributpflichtig zuführen müssen, um ihm neue Kraft und neues Licht zu sichern. Keinen starren, toten Glauben sollen wir in uns tragen, denn die Güte kennt keine Formeln, keine Schrift- und Zeichenunterschiede! Und mißtrauisch sollen wir diesem Frieden ausweichen, der wie eine abschließende Sicherung wirkt, der uns erfüllte Pflichten vorgaukelt und eine lethargische Ruhe sichert, deren Berechtigung erst der letzte Atemzug bringen darf. Frei sollen wir werden von Belastungen, von Beschwerungen. Mit wissender, starker Hand müssen wir alle Fäden durchschneiden, die uns zu Marionetten einer unnötigen Vorstellung verwenden wollen, denn wir brauchen unsere ganze, echte Kraft nicht nur für uns, sondern auch für die, welche schwächer sind als wir. Menschentum verpflichtet zu Menschlichsein. Es ist nicht genug, daß Schleier und Gitter fielen, daß Frauen frei und würdig wurden – das bedeutet nur eine kleine befreite Welt, auch wenn der Harem noch so viele Frauen barg. Die trennende Mauer soll fallen, jenseits welcher das Elend steht und den schweren Zeiger der lichtlosen Sorgenuhr wartend verfolgt. Wir brauchen kein geschütztes, gefeites Gebiet, aber in uns soll die Zuflucht liegen für jeden, der den Bereich des Gefeitseins betritt: das heilige, unverletzliche Gebiet der Menschlichkeit.

Das Ungesetzliche, Unerlaubte, Verbotene – das ist die strafbare Gleichgültigkeit, die vom lebendigen Herzschlag der Güte trennt. Das sind die Gesetze meiner Welt – der Ursprung meines Harems.

Glossar

Ajlik: Monatsgehalt einer Sklavin.

Basch-Kalfa: Obersklavin.
Bey: in Algerien und Tunesien unter türkischer Herrschaft eingeführter Titel für hohe militärische sowie Verwaltungsfunktionäre; im osmanischen Reich allgemein als Anrede für Söhne eines Paschas beziehungsweise für hohe Offiziere oder Beamte üblich.

Chasseki: »Innigstbegünstigte«.
Chiaja: Verwalterin des Harems.

Daira Khassa: Privatkassenverwaltung.
Damad: Schwiegersohn des Sultans.
Derwisch: im Persischen und Türkischen Bezeichnung für das Mitglied einer religiösen Gemeinschaft; Bettelmönch.
Djin: arabisch »Dämon«; als einzige Wesen neben Engeln und Menschen vernunftbegabt gedacht; ungreifbar; können in wechselnder Gestalt erscheinen und schwere Arbeiten ausführen.

Emir: ursprünglich ein Armeekommandant; später der offizielle Titel eines Provinzgouverneurs, der vom Kalifen administrative, finanzielle und militärische Kompetenzen übertragen bekommen hat; zugleich übernimmt er in seiner Provinz in Stellvertretung des Khediven die Funktion des Immam und des Hatib (des Predigers beim Freitagsgebet).

Färadje: langer, schwarzer Seidenmantel.
Fakir: eigentlich »armer Mann«; neben der Bedeutung materieller Armut aber auch die Vorstellung einer spirituellen Not und Abhängigkeit von der Barmherzigkeit Gottes; Mitglied einer religiösen Bruderschaft; Bettelmönch.
Farrasch: eingeborener Diener.
Fellah: Angehöriger der Ackerbau betreibenden Landbevölkerung in arabischen Ländern.
Fetwa: die formelle Beantwortung einer seitens eines Rich-

ters, einer Behörde oder auch einer Privatperson aufgeworfenen Rechtsfrage durch einen Mufti.

Fetwa Hane: Beschluß der höchsten religiösen Instanz.

Hadith: Bezeichnung eines Berichtes über Handlungen oder Aussprüche des Propheten und der Prophetengefährten; auch Bezeichnung für die Gesamtheit solcher Überlieferungen; in dieser letzten Bedeutung meint Hadith die Traditionen über alle Belange der religiösen Doktrin und des Rituals sowie Verhaltensregeln für nahezu alle Gegebenheiten des täglichen Lebens.

Hadj: Pilgerfahrt zu den heiligen Stätten des Islam in Mekka.

Hadji: Wallfahrer, Pilger zu den heiligen Stätten des Islam.

Hanum: Anrede an Frauen in Persien und in der Türkei; »Dame«.

Hanum-Effendi: Gattin des Herrn, »Herrin-Gebieterin«.

Harem: arabisch »verboten, unverletzlich, geheiligt«; der in islamischen Ländern den Frauen und Kindern vorbehaltene Teil des Hauses; nur dem Hausherrn zugänglich, im Sinn einer Absonderung der Frauen.

Haremlik: der dem Aufenthalt der Frauen bestimmte Teil des Hauses.

Hemschirem: »meine Schwester«.

Hohe Pforte: bis 1924 in der türkischen Kanzleisprache Bezeichnung für die Residenz des Sultans.

Hotos: Kopfbedeckung der Haremsbewohnerinnen.

Immam: ursprünglich die geistliche Würde des Kalifen; später Vorbeter beim Freitagsgebet in der Moschee.

Jaschmak: Schleier der wohlhabenden Türkinnen.

Kaaba: das im Zentrum der großen Moschee von Mekka gelegene, am höchsten verehrte Heiligtum des Islam.

Kadi: ursprünglich direkt vom Kalifen mit der Rechtspflege in einem bestimmten Gebiet betrauter muslimischer Richter, der sich anfangs um den gesamten Bereich des islamischen Zivil- und Strafrechts kümmert; in späterer Zeit Einschränkung seines Zuständigkeitsbereiches auf das Ehe- und Erbrecht; meist hoch angesehen.

Kalfa: Sklavin.

Kalif: als Nachfolger Mohammeds geistliches und weltliches

Oberhaupt des Islam; nach dem Untergang des Kalifats von Bagdad ging der Titel an Kairo über und verschmolz 1517 mit dem türkischen Sultanat.

Karnak: an der Stelle des alten Theben gelegenes Dorf am rechten Nilufer mit Resten des großen Amuntempels.

Kasne Oda: Schatzzimmer.

Khedive: im Osmanischen Reich seit 1867 der Titel des Gouverneurs von Ägypten, um dessen besonderen Rang zu betonen.

(Kisler-)Aga: Titel für (höhere) Offiziere und Beamte.

Kismet: meint im Islam das unabwendbare Schicksal.

Kochl: Antimon; Bleiglanz zum Schminken der Augen.

Muezzin: der islamische Gebetsrufer auf dem Minarett.

Mufti: der von der örtlichen Religionsgemeinde bestellte Fachkundige für islamische Theologie und Jurisprudenz.

Padischah: aus dem Persischen stammender, auch von den türkischen Sultanen geführter Herrschertitel, etwa dem »Kaiser« entsprechend; beim diplomatischen Dienst der Hohen Pforte auch als Titel für europäische Könige und Kaiser gebraucht.

Pascha: im Osmanischen Reich höchster Offiziers- und Beamtentitel.

Pilaf: (türkisches) Gericht aus Reis und Hammelfleisch; im Orient überall verbreitet.

Ramadan: der neunte Monat des islamischen Jahres; vom Islam als die jährliche Zeit des Fastens für jeden Gläubigen verpflichtend vorgeschrieben.

Sabbath: der siebente Tag der jüdischen Woche, von Freitag- bis Samstagabend; ein strenger Ruhetag.

Scheich: Bezeichnung des patriarchalischen Führers einer größeren Stammesgemeinschaft; seine Autorität beruht sowohl auf Gewohnheitsrecht als auch auf dem Vertrauen in seine Erfahrung; er vertritt seine Gruppe nach außen meist nach Beratung mit den männlichen Stammesmitgliedern; auch gebräuchlich als Titel des geistlichen beziehungsweise weltlichen Vorstehers einer Bruderschaft, als Höflichkeitstitel für einen Religionsgelehrten und als Titel eines Dorfältesten.

Scherif: Ehrentitel für die Nachkommenschaft Mohammeds; Träger des Titels genießen noch heute in weiten Teilen der islamischen Welt Ansehen; als Oberhaupt der Scherife gilt der Scherif von Mekka.

Selamlik: dem Herrn reservierter Teil des Hauses.

Serail: die Palaststadt von Istanbul (Konstantinopel), der Residenz der türkischen Sultane.

Stambul: Kurzform von Istanbul.

Sultan: der Titel bezeichnete ursprünglich eine moralisch-religiöse Autorität; er wurde später allen beigelegt, die in der Meinung des Volkes eine mehr oder weniger unabhängige Macht hatten; seit dem vierzehnten Jahrhundert ist es die gebräuchliche Bezeichnung für den Herrscher des Osmanischen Reiches.

Sure: Bezeichnung der einzelnen Kapitel des Korans.

Tarbusch: entspricht dem türkischen Fes beziehungsweise Fez; ein aus dem Persischen ins Arabische übernommenes Wort für die in arabischen Städten übliche Kopfbedekkung der Männer.

Walde, Walide: Bezeichnung für die Mutter des Herrschers.

Walde-Hanum: Mutter des Herrn.

Wali: im allgemeinen ein Wohltäter, Helfer, auch Beiname Gottes; meint sowohl einen, der Gott nahe ist, als auch als Rechtsbegriff den nächsten Verwandten, dem die Sorgepflicht für jemanden auferlegt ist, der außerstande ist, für sich selbst zu sorgen.

Wesir: Titel und Amt des leitenden Ministers in islamischen Staaten; der Titel wurde im vierzehnten Jahrhundert auch von den Osmanen übernommen.

»Heute, da es so viele Memoirenwerke gibt, die besser nicht geschrieben worden wären, wird man sich fragen, wie es kommt, daß die Erinnerungen der Prinzessin Bajan Djavidan bisher nicht geschrieben und veröffentlicht wurden.

Es gibt kaum eine Frau unserer Zeit, die ein bunteres, abenteuerlicheres, interessanteres Leben zu beschreiben hätte als die einstige ungarische Gräfin und spätere Königin von Ägypten. Von Anfang bis zu Ende lesen sich diese Memoiren der Witwe des letzten ägyptischen Khediven Abbas Hilmi II. wie ein Märchen aus Tausendundeiner Nacht. Daran vielleicht lag es aber, daß sich die frühere Königin des Landes am Nil nie entschließen konnte, ihre Erinnerungen zu Papier zu bringen. Vielleicht weil sie glaubte, sie würden in einer realistischen, allzu realistischen Zeit, nicht geglaubt werden.«

So lautet der Vorspann zu einer Artikelserie in der ›Münchner Illustrierten‹ vom 19. Mai 1951 unter dem Titel ›Ich war Königin am Nil. Die Erinnerungen der Witwe des Khediven Abbas Hilmi II.‹. Von den aufgestellten Behauptungen sind fast ebenso viele falsch wie wahr. Wahr ist, daß wohl kaum eine Frau in diesem Jahrhundert ein abenteuerlicheres Leben geführt hat als sie. Sie war für ein gutes Dutzend Jahre die Frau des ägyptischen Vizekönigs und danach die »Freundin bedeutender Männer« wie Eugen d'Albert, Gerhart Hauptmann oder Olaf Gulbransson. Sie verkehrte nach dem Ersten Weltkrieg mit führenden österreichischen Kommunisten und später mit den Machthabern des Dritten Reichs. Sie war Mitarbeiterin der Ufa und selbst Modell von Komödien- und Romanfiguren. Sie finanzierte in den Notjahren nach dem Ersten Weltkrieg Opernpremieren und war nach dem Zweiten Weltkrieg so mittellos, daß sie sich als Gesellschafterin oder Köchin verdingen wollte. »Arm und verlassen kam Bajan Djavidan nach Paris«, schrieb die ›Münchner Illustrierte‹, und die ›New York Herald Tribune‹ vom 31. März 1951 unterrichtete ihr Publikum durch Art Buchwald und Robert Yoakum, die Prinzessin sei in einer Pariser Vorstadt vor jenem Haus zusammengebrochen, das sie einst mit dem Khediven bewohnt hatte. »Die Polizei brachte sie in ein Krankenhaus, wo sich zur ungeheuren Überraschung der Ärzte herausstellte, daß die arme Patientin eine Ex-Königin war.« Da ging ihr Fall durch die Weltpresse. Sie bekam Heiratsanträge eines pensionierten britischen Flottenkapitäns, siebenundsechzig Jahre, und eines türkischen Studenten in Paris, vierunddreißig Jahre, sie sollte Probeaufnahmen machen für den Film ›Queen for a Day‹ oder die Leitung einer Pension in der Nähe Londons übernehmen, falls der »erhabene Vetter«, König George VI., ihr zu einem Visum verhalf. Als das alles zu nichts führte, entschloß sie sich zu einer kleinen Schummelei und verkaufte der ›Münchner Illustrierten‹ als »der ersten Zeitung der Welt« ihre Erinnerungen, so als hätte sie diese nicht schon 1930 in Buchform eröffentlicht. (Die Texte der Artikelserie sind über weite Strecken Paraphrasen und Auszüge aus diesem Buch.) Und, richtig, der Khedive war als Bankier in Genf am 20. Dezember 1944 gestorben. Aber konnte man sie, vermutlich seit 1913 von ihm getrennt, als seine »Witwe« bezeichnen? »Witwe« klang natürlich besser als »geschiedene« oder »verstoßene« Gemahlin ...

Angesichts ihrer materiellen Situation wäre es ein wenig überheblich zu sagen »Not lehrt mogeln«. Aber es ist unleugbar, daß diese schöne und vielseitig begabte Frau von Anfang an mit gewissen Lebenslügen operieren mußte. Es beginnt schon mit der Genealogie. »In der Ehe des Grafen Josef Török von Szendrö mit der Gräfin Sophie Vetter von der Lilie wurde ein Kind – aus einem schicksalsbestimmenden Reisezufall – in Philadelphia geboren«, heißt es im Vorwort dieses Buches. Eine sibyllinische Formulierung für die unbestreitbare Tatsache, daß am 15. Juni 1877 die österreichisch-ungarische Gräfin Sophie Török von Szendrö (1851–1912) ein Mädchen zur Welt brachte, das sie May nannte. Fatalerweise kommt dieses Kind, das später zur Vizekönigin von Ägypten avanciert, im ›Gotha‹ nicht vor. Das ›Gothaische Genealogische Taschenbuch der Gräflichen Häuser‹ von 1890 führt wie alle anderen Ausgaben nur zwei ältere Geschwister von May Török aus der ersten Ehe ihrer Mutter an, nämlich den Bruder Josef, geboren 1873, und die Schwester Marianne, geboren 1874. Daraus zieht das Wiener Adelsarchiv, die »Heraldisch-Genealogische Gesellschaft ›Adler‹«, den messerscharfen Schluß: »Diese May Török ist entweder nicht die Tochter der Sophie Vetter oder nicht die

Tochter des Ehemannes Josef Török.« Da die Mutter nach alter lateinischer Regel semper certa, der Vater semper incertus ist, liegt die Folgerung nahe, Graf Török sei nicht der Vater von May gewesen. Tatsächlich hat unsere Autorin einen handschriftlichen Stammbaum hinterlassen, auf dem ihre beiden Geschwister Josef und Marianne durch einen dikken Strich mit dem Vater Josef Graf Török von Szendrö verbunden sind; sie selbst hingegen ist durch eine gestrichelte Linie mit Theodor Puzkas von Ditro verknüpft. Dies bedeutet wohl, daß sie als seine leibliche Tochter zu gelten hat, obwohl ihre Mutter Sophie 1877 noch mit dem Grafen Török verheiratet war. Ungeniert nennt Thomas Alva Edison die »Countess May Török« denn auch »Daughter of Theo Puzkas«. Und *er* konnte es wissen, Puzkas war eine Zeitlang sein enger Mitarbeiter. (Wobei die Vaterschaft eines Dritten nicht völlig ausgeschlossen ist ...) Dies also könnte der Hintergrund jener Formulierungen sein, sie, May Török alias Djavidan Hanum, sei »in der Ehe des Grafen Josef Török von Szendrö mit der Gräfin Vetter von der Lilie« geboren, und Theodor von Puzkas sei ihr »zweiter«, »in der Erinnerung« ihr »erster Vater« gewesen. Die Tochter deckte ihren eigenen Makel und den Fehltritt ihrer Mutter, die offenbar kein Kind von Traurigkeit und insgesamt dreimal verheiratet war – nach dem Tod von Puzkas im Jahre 1893 ehelichte sie noch einen gewissen Karl von Cserna.

Theodor Puzkas von Ditro, geboren 1844 in Pest, war unzweifelhaft ein sehr fähiger Techniker und Geschäftsmann. 1875 wanderte er nach Amerika aus, betrieb in Colorado ein Silberbergwerk, später in Ungarn ein Goldbergwerk, in Siebenbürgen ein Erdölfeld, errichtete in vielen Städten Telefonzentralen – aber er hatte keinen Grafentitel. Und so verleugnete ihn seine Tochter May womöglich über den Tod hinaus.

Es ist auffallend, wie wenig Djavidan Hanum in ihren Memoiren über ihre Kindheit und Jugend, ihren familiären Hintergrund erzählt – so, als wäre sie sich eines fatalen Mankos bewußt. Die Kurzfassung in der ›Münchner Illustrierten‹ ist da wesentlich ausführlicher. Da berichtet sie von den prophetischen Kinderwünschen, sie werde einen König heiraten (»bébé épousera un roi«), und auch von der Entwicklung ihrer Beziehung zum Khediven bis hin zu ihrer Übersiedlung nach Ägypten im Jahre 1900. Unklar ist dabei die

Rolle ihrer Eltern. Nach einer Bildunterschrift in der ›Münchner Illustrierten‹ folgte sie dem Khediven »gegen den Willen ihres Vaters in den Harem« – wer war dieser Vater damals, Karl von Cserna? Andererseits gibt es Informationen in Robert Musils Tagebuch, die junge, schöne May sei von ihrer Mutter zielsicher gelenkt worden: »Man sagt, daß die Mutter sie als ganz junges Mädchen verkuppelt habe. Trotzdem liebt sie die Mutter und erklärt, Mütter dürften mit ihren Kindern sein, wie sie wollen. Vielleicht, weil ihre Mutter ihr damit doch eigentlich etwas Angenehmes gemacht hat.« Die Fahrt der Dreizehnjährigen zum Theresianumsball, auf dem sie den Khediven kennenlernt, wäre demnach doch nicht so ganz spontan gewesen ... Auch in puncto Heiratspolitik also eine Schonung der Mutter.

Dabei waren Heirats- und Nicht-Heiratspolitik am Anfang gewiß die politischen Felder, von denen die dreiundzwanzigjährige May Török bei ihrer Ankunft in Ägypten im Jahre 1900 am ehesten etwas verstand. Die Politik im Land der Pharaonen war hochkompliziert, und man kann darüber streiten, ob es für den Khediven schwieriger war, die Geschicke seines Reiches zu lenken oder die seines Harems. Unzweifelhaft war das Land am Nil, das der Khedive seit 1892 regierte, ein recht brisantes Terrain. Seit 1883 tobte im ägyptischen Sudan der sogenannte »Mahdi-Aufstand«. Ein gewisser Mohammed Ahmed, der sich für den von Allah geleiteten Erlöser ausgab, rebellierte gegen die Regierung und erzielte bis zu seinem Tod 1885 große politische und militärische Erfolge. Sein Nachfolger Abdallah Ibn Sajjid Mohammed setzte den Kampf fort und wurde erst 1898 von Kitchener besiegt – 1899 fiel er. Erst kurz vor Eintreffen May Töröks in Ägypten war also die Gefahr für ihren Gatten beseitigt – durch die Engländer, die die eigentlichen Herren im Lande waren. Britischer Generalkonsul und wirklicher Regent Ägyptens war von 1883 bis 1907 Evelyn Baring Cromer, der eine rationelle Verwaltung einführte und die Finanzen sanierte. Zu Beginn seiner Herrschaft, 1882, versuchte der Khedive, unabhängig von Lord Cromer zu regieren. Ermutigt von der allgemeinen Unzufriedenheit der Bevölkerung mit dem wachsenden britischen Einfluß auf Ägypten und von der enthusiastischen Unterstützung der Nationalisten, ernannte der Khedive einen Premierminister, der bekannt war für seine Opposition gegen das Empire. Im

Januar 1894 kritisierte der Khedive bei einer Truppenparade an der sudanesischen Grenze die Schlagkraft der britischen Streitkräfte. Dies empfand Lord Cromer als unfreundlichen Akt und schränkte die Handlungsfähigkeit des Khediven ein. Seinen Premierminister Nubar Pascha hatte er zu entlassen. Gelegentlich muß der Khedive seiner Frau das »frühe Leid« geklagt haben. Die Reflexe finden sich sogar in ›Harem‹, etwa wenn die Verfasserin feststellt: »Die schwersten Zeiten im Leben Abbas Hilmis waren die bedrückenden Jahre, auf welche der mentorliche, harte Schatten Cromers fiel, der den Khediven auch in der Folge als achtzehnjährigen Neuling weiterbehandeln wollte und dessen übersehende Schroffheit von keiner Entfaltung Notiz nahm.«

Nach 1894 war Abbas Hilmi nicht mehr Haupt der nationalistischen Bewegung, aber er unterstützte die panislamische und antibritische Tageszeitung Al-Mu'ayyad. Als freilich im Jahre 1906 die Nationalisten eine konstitutionelle Monarchie für Ägypten forderten, versöhnte er sich rasch mit den Briten und lehnte diese Forderungen ab. 1907 freilich stimmte er der Bildung einer Nationalpartei unter Führung von Mustafa Kamil zu. Sie sollte die gemäßigt nationalistische Ummah-Partei bekämpfen, die ihrerseits wieder von den Briten unterstützt wurde. Ein politischer Zickzack-Kurs, der offenbar weitgehend opportunistisch war. Der Kommentar der Gattin aus dem Abstand von rund zwanzig Jahren: »Manche heimtückischen Züge in seinem Wesen buche ich auf das menschliche Schuldkonto Lord Cromers.« Und: »Sir Eldon Gorst brachte erst das Aufatmen. Ein Mensch, der sich trotz Politik die Güte erhalten hatte.« Gorst, von 1907 bis 1911 britischer Generalkonsul in Ägypten, gelang es anscheinend für eine Weile, die Nationalisten mit der Fremdherrschaft zu versöhnen; sein Kontakt zum Khediven war – Taktik, Sympathie? – gut. Das Urteil unserer Augenzeugin: »Sir Eldon Gorst war vielleicht die einzige starke Freundschaft im Leben Abbas Hilmis, eine menschliche und eine Herrscherfreundschaft zugleich.« Der Friede trog jedoch. Die Ermordung des Ministerpräsidenten Butros Ghali Pascha im Jahre 1910 führte zum Bruch zwischen Christen und Muslims und zu ernsten Unruhen, zu deren Unterdrückung 1911 Kitchener ins Land kam. Er als Generalkonsul der Jahre 1912–1914 sorgte dafür, daß die Führer der Nationalpartei exiliert oder ins Gefängnis gesperrt wurden. Den Entscheidungsspielraum Abbas Hilmis engte er noch weiter ein.

All diese Vorgänge kommen in den Memoiren der Khedivin nur kryptisch, am Rande oder gar nicht vor, obwohl sie doch den politischen Hintergrund ihrer Existenz und gewiß oft genug Gesprächsstoff zwischen den Gatten bildeten. Den Nachgeborenen werden die Zusammenhänge mitunter vielleicht nicht ganz deutlich, weil die Autorin, in der Zeit bewandert und befangen, zuviel voraussetzt.

Dies gilt wohl auch für die politischen Prozesse in der Türkei, die Djavidan Hanum – wie könnte es anders sein – in erster Linie aus Haremsperspektive betrachtet. Daß der Sturz des osmanischen Sultans Abdul Hamid, der von 1876 bis 1909 regierte, mit dem Verlust Bosniens, seiner Annexion durch Österreich-Ungarn am 5. Oktober 1908 zusammenhing, wird nirgends erklärt. Dafür ist das Psychogramm des Sultans aus der Feder der Khedivin um so eindrucksvoller – die Erschießung sich zum Gruß aufrichtender Gärtner, die Tötung des eigenen Kindes mit einem Combat-Schuß! Daß das Ende der Schreckensherrschaft Abdul Hamids über das osmanische Reich gleichbedeutend war mit dem Ende seines Harems, ist für die Khedivin hochsymptomatisch. Es gibt Fotos aus jenem Jahr 1909 – als die Harems in der Türkei offiziell verboten wurden –, die ehemalige Frauen Abdul Hamids zeigen: in dunklen Gewändern, mit schwarzen Kopftüchern, aber immerhin unverschleiert. Zu ihren Füßen mit untergeschlagenen Beinen und gekreuzten Armen schwarze Eunuchen. Sie sind – welches Symbol für die Khedivin! – auf dem Weg nach Wien, wo sie sich gegen Geld besichtigen lassen wollten.

Ohne Zweifel sind Geschichte und Phänomenologie der Institution Harem die stärksten und lehrreichsten Passagen dieses Buches. In der Beschreibung und Analyse dieses männlichen Allmachts- und, wenn das Wort erlaubt ist, Allbesamungswahns leistet die Prinzessin Beachtliches. Sie zeigt eindringlich, wie aus den Privilegien des Propheten Mohammed und seiner »ursprünglichen Lehre ... eine falsche und ungerechte Religion entstand« sowie ein Lebenszuschnitt für die betroffenen Frauen, der nicht wörtlich genug zu verstehen ist. Oft genug lief diese Maschinerie, um es mit den Begriffen der heutigen Soziobiologie zu sagen, zur maximalen Durchsetzung der Gene eines einzigen Mannes auf Mord und Totschlag hinaus – und im Extremfall fraß sie ihre eigenen Kinder. Dann nämlich, wenn die Konkurrenten des Thronerben aus dem Weg geschafft wurden, sei es schon bei der Geburt durch die »blutige Hebamme«, sei es bei der Thronbesteigung des neuen Herrschers durch die taubstummen Schergen. Es ist gut, nicht genau zu wissen, wie viele Frauen während der jahrhundertelangen Geschichte des Harems erdrosselt, vergiftet, erstochen, ertränkt wurden.

»Haus der Glückseligkeit« wurde der Harem genannt, und wie oft war er ein Ort blutiger Intrigen, erbitterter Feindschaft, gnadenlosen Machtkampfes unter jenen, die sich gegenseitig »Hemschirem«, »meine Schwester«, nannten. Mitunter müssen die Harems wie Vorstufen Orwellscher Überwachungssysteme gewirkt haben mit sozusagen flächendeckender Bespitzelung. Nicht nur galt es, lesbischen Beziehungen und dem »stummen Laster«, der Selbstbefriedigung, vorzubeugen – das Lustmonopol lag allein beim Pascha! –, sondern auch der Wahrnehmung jedes geringsten Vorteils. »In großen, übervölkerten Harems, wo die meisten Räume als Empfangsräume dienten, schliefen mehrere Sklavinnen in dem gleichen Zimmer. Auch hier hatte das Mißtrauen, die perfide Listigkeit die Wahl getroffen. Man verteilte, vermischte die Sklavinnen wie Karten zweier Gegenspieler. Die Karten der Gebieterin: die Sklavinnen der Gebieterin. Die Karten des Gebieters: die Sklavinnen des Gebieters. Und so, sorgsam erwogen und untereinander verteilt, konnte man mit größerer Möglichkeit auf Verrat, auf Denunzierung rechnen.«

Die Walde-Hanum, die Mutter des Herrn, die Hanum-Effendi, die Gattin des Herrn, die Basch-Kalfa, die Obersklavin, bildeten die Spitze der weiblichen Hierarchie, unter der eine breite Pyramide dienender Weiblichkeit angesiedelt war. Aber jeder Gunstbeweis des Paschas konnte das ganze Gefüge durcheinanderbringen, und jede Frau an der Basis hoffte natürlich auf das eine entscheidende, schicksalwendende Beilager. Welche Strategien wurden angewandt, um es herbeizuführen und zu verhindern, welche Koalitionen wurden geschlossen, welche Triumphe, welche Niederlagen gab es? Und welche Aufgabe wäre da Feldforschung für einen Soziologen gewesen, hätte er denn Zutritt gehabt ...

Djavidan Hanum konnte ihre Beobachtungen nicht sine

ira et studio anstellen. Sie war immer Partei, wenngleich sie sich offenbar humaner verhielt, als das von einer Hauptfrau erwartet wurde – auch dies nicht ohne Folgen: »Mein Ton einer Sklavin gegenüber fiel vollkommen aus dem usuellen Rahmen. Trotz der Respektsbezeugungen und der tiefen Verbeugungen blieb ich für diese menschlich-petrefaktierten Haremswesen nur eine verblüffende Zufallserscheinung, und da sich menschlich mit mir sprechen ließ, hatte man innerlich keinen Respekt vor mir. Ich sank sofort in der Achtung jeder Sklavin, wenn ich ihr gestattete, sich in meiner Gegenwart zu setzen, auch wenn ich für gereichte Gegenstände dankte. Vielleicht war in ihren Anschauungen das Vornehme von einem gewissen Furchtgefühl unzertrennlich und undenkbar. Für sie war die Angst der Glorienschein, der die Hochstehenden umgeben mußte als Beweis der Verschiedenheit.«

Bei genauer Befragung der Sachverhalte und exakter Selbstbefragung konnte Djavidan Hanum wenig von der Romantik entdecken, die westliche Schilderer dem Haremsleben oft zuschrieben. Sie meint, in der Atmosphäre des modernen Harems könne keine Liebe mehr gedeihen, und kommentiert mit Nietzscheschem Tonfall: »Vielleicht früher, vor Jahrhunderten, war es anders gewesen, als alle Triebe noch stark und zwingend waren und man noch ehrlich tötete und mordete.« Als positives Beispiel aus der jüngeren Vergangenheit konnte die Autorin nur den Harem von Ismail Pascha, Abbas Hilmis Großvater, nennen. Da vermochte sie des Lobes nicht genug zu tun. Mehrere Male kommt sie auf ihn zu sprechen. »Er war eigentlich der letzte richtige Haremskavalier, der letzte Pascha, der diese Institution voll und ganz ausnützte ... Sein Harem war noch ein richtiger Harem, ohne ausnutzerischen Zweck, da war alles klar und deutlich auf Prunk, Verschwendung, Generosität und Wollust aufgebaut. Auch auf Liebe ... Ismail Pascha hatte vier Frauen, und alle vier waren Freundinnen, trotzdem sie die gemeinsame Liebe zu einem Mann verband. Vielleicht bildete gerade diese gevierteilte Liebe das unzerreißbare Band zwischen ihnen, das durch die Vereinigung des Gefühls zu einer ganzen Liebe wurde. Vielleicht hatten diese vier Frauen intuitiv, abseits von Eifersucht und gekränkter Eitelkeit das Wesen des Mannes fundamental erfaßt, dessen Phantasie, Generosität, großzügige Verschwendungssucht und belastende Virilität in schillerndem, wechselndem, despotischem Heißhunger alle Möglichkeiten und Unmöglichkeiten streifte. Für ihn war die vierstellige Ehe nur eine legitime Beschränkung, die auch noch allen anderen Haremsinsassinnen einen genügenden Teil seines leidenschaftlichen Temperamentes zukommen ließ. Und was der Harem nicht verschlingen und aufsaugen konnte, das wurde anderweitig placiert.« Eine Utopie der multipolaren Erotik, die offenbar unter besonders seltenen glücklichen Umständen Realität geworden war. Man hat den Eindruck, daß angesichts der monetären und wohl auch sexuellen Potenz, angesichts der freundschaftlichen, ja liebevollen Konstellation zwischen den Frauen Ismail Paschas auch Djavidan Hanum bereit gewesen wäre, sich auf Dauer mit dem Harem zu versöhnen, ungeachtet der Tatsache, daß zur Sozialisation europäischer Frauen das »man sharing« nicht gehörte.

Was wußte May Török über den Serail außer dem, was sie vielleicht aus Mozarts ›Entführung‹ kannte, ehe sie sich entschloß, dem Khediven nach Ägypten zu folgen? Wir erfahren es nicht, weil sie in den ersten Kapiteln ihrer Erinnerungen alles persönliche Erleben beiseite drängt, weil sie generalisiert und historisiert. Der Kulturschock dürfte erheblich gewesen sein, wurde er auch durch Luxus gemildert.

Ihre Geständnisse erfolgen unvermittelt, sind bruchstückhaft, verteilt über große Textmengen, manchmal larviert. »Es ist komisch«, bekennt sie in den ›Tagebuchblättern aus dem Harem‹, »wenn ich denke, daß mein Mann zwei Frauen hat. Komisch? Eher merkwürdig. Besonders, wenn es mir zum Bewußtsein kommt, daß ich eine von diesen zwei Frauen bin. Wenn ich auch keine übergangene Priorität, sondern eine zweite Ehe bedeute, die die erste ohne Scheidung getrennt hat, komme ich mir doch unvollständig vor. Nicht in meinem Verhältnis zu mir selbst, sondern in meinem gefühlsmäßigen Verhältnis zu meinem bereits verheirateten Mann. Ich wußte auch, daß ich keinen monogamen Asketen heirate, sondern einen mohammedanischen Mann. Ich weiß auch, daß ich auf einem unsicheren Fundament stehe. Und daß vielleicht einmal ein einziger harter, klarer, ungefühlsmäßig zu Ende gedachter Gedanke einen bestimmenden Riß durch diese von mir protegierte Basis ziehen wird.« Der Leser, der bereits ein paar hundert Seiten Lektüre bewältigt hat, stutzt. Erst ein paar Blätter vor dem Ende der Memoiren erfährt er nun von einer anderen, vorausgehenden Ehe des Khediven. Wer war diese andere Frau, wann hat sie der Khedive geehelicht? Nirgends wird der Name, das Datum genannt. Besonders tiefe narzißtische Kränkungen äußern sich augenscheinlich durch Verschweigen. Der ›Gotha‹ von 1942 zeigt, daß der Khedive seit 6. Januar 1894 mit Ikbal Hanem, geboren am 22. Dezember 1876 in Istanbul, verheiratet war und daß er mit ihr drei Töchter und einen Sohn, Mohamed Abdel Moneim, geboren 1899, hatte, während die Ehe mit May Török ja kinderlos blieb. Die Psychodynamik der Ehe zwischen der Djavidan und dem Khediven, ja selbst nur ihre äußere Geschichte lassen sich für den Leser der Erinnerungen kaum systematisch rekonstruieren.

Nach Ausschöpfung aller zugänglichen Quellen kann man sagen, daß die erste, heimliche, Heirat gleich nach der Ankunft im Jahre 1900 stattfand, die zweite, offizielle, nach ihrem Bekenntnis zum Islam, am 28. Februar 1910. In all jenen Jahren erfuhr Djavidan immer wieder, daß ihre Beziehung zu Abbas Hilmi nichts Ausschließliches war, daß sie nicht die erste und nicht die einzige war; und machte sie sich dies auch fortwährend klar – es schockte und schmerzte sie immer wieder: »Wir fuhren von Alexandrien nach Konstantinopel ... In Tschibukli angelangt, bat ich die Sklavinnen, in den Räumen meines Mannes alles seiner Gewohnheit nach vorzubereiten. Zwei tiefe Verbeugungen antworteten mir und eine Stimme: ›Hanum Effendi, ich habe schon viel früher mit Effendina (dem Khediven, Anmerkung des Verfassers) geschlafen, ich weiß, was ich zu tun habe ...‹ Ich glaube, alle drei Sklavinnen hätten dasselbe antworten können, aber nur eine hatte diesen ungewöhnlichen Mut ... Totenstille folgte dem Ausspruch. Keine einzige der anwesenden Frauen wagte zu atmen, sie befürchteten wahrscheinlich eine der üblichen Haremskatastrophen. Seltsam, daß damals in meinem Herzen nur Verstehen und Mitgefühl für diese Frau erstand. Ich ersetzte die Katastrophe durch ein Lächeln. Dieses Lächeln hättest du mir ersparen können.«

Es war der alte Zwiespalt zwischen Verstand und Gefühl. *Sie*, die gelernte Haremsbewohnerin, nahm *ihm* übel, was lange vor ihrer Zeit ganz selbstverständlich passiert war, und noch das Lächeln, mit dem sie den haremsüblichen Ausbruch abwehrte, wurde zum Vorwurf. Ganz gleich, ob das sexuelle fait accompli durch eine beteiligte Frau herauskam oder durch ein Geständnis des Khediven – das Ergebnis ist dasselbe: ein heimlicher, lang andauernder Groll bei *ihr*, maskiert von einem Lächeln. Bezeichnenderweise mündet die Beschreibung einer solchen Szene vor »einem brennenden Kamin in den Vogesen« – der Khedive beichtet einen Seitensprung – schließlich in eine Vision, in der sich Vergangenheit und Zukunft durchdringen: »Nächte erstehen, in deren Dunkelheit ich mich hineingeweint habe, weil ich einen Teil meiner Seele verleugnen wollte. Es trieb mich aus dem Bett, ich legte mein brennendes Gesicht auf das glatte, schwarze Holz meines Flügels. Die stummen Saiten sprachen zu mir: ›Hüte dich, du gehst falsche Wege. Das Schicksal hat dir das große Sehnen geschenkt, das nie ein einzelner Mensch erfüllen kann.‹«

Djavidan Hanum beantwortete die praktische Untreue des Khediven mit einer theoretischen Variante, die irgendwann in Wirklichkeit umschlagen konnte. Während ihres ägyptischen Aufenthalts wird *sie ihn* kaum im physischen Sinne zum Hahnrei gemacht haben; aber sie bekennt sich zu einer platonischen Beziehung, die intensiver gewesen zu sein scheint als manches Beilager mit dem Vizekönig: »Einen ganzen Winter gehörte ein ... blondes Männergesicht mir. Ich fühlte, daß es mir gehörte; ich wußte, daß hinter der hohen Stirne ein besitzergreifender Gedanke sich eingegraben hatte, der den scharfen, blauen Augen das Verlangen schenkte. Er mußte wissen, wer ich war. An allen offiziellen Empfangstagen im Palais Abdin stand er auf demselben Platz einer Hotelterrasse, an der mein Wagen vorüberfahren mußte. Ich kannte schon jeden Zug dieses fremden Gesichtes – und kannte auch die Worte, die der stumme, festgeschlossene Mund sprechen wollte.« Über Blicke, über Gesten – das Lüften eines Schleiers, das Verlieren einer Blume, das Öffnen eines Fensters – scheint eine solche Beziehung nicht hinausgegangen zu sein, obwohl die Prinzessin von den Zeiten schwärmte, als noch feurige Liebhaber in den Harem eindrangen und unter Umständen dafür mit ihrem Kopf bezahlten. Die Männer, die zu ihr in den Harem kamen, waren meist dienstbare Geister: als Klavierstimmer getarnte Fotografen, Bildhauer, Hypnotiseure wie der seinerzeit angeblich weltbekannte Door-Leblanc. Es gab da – zum Unwillen des Khediven – wohl manch faulen Zauber, und die Prinzessin war halb die Regisseurin, halb das Opfer. Es wurden spiritistische Sitzungen veranstaltet, an denen beispielsweise die italienische Malerin und Innendekorateurin Casonato teilnahm. Da manifestierte sich unter anderem ein männliches Geistwesen namens Xenorva Rex, das etwa angab, wo im Park des Palais Musturut ein in Stein gehauenes Ebenbild von Djavidan Hanum zu finden war. Als diese Plastik nach großem Aufwand ausgegraben war, fragte der Khedive seine Gemahlin zu Recht: »Wann und von wem hast du diesen Kopf anfertigen lassen?«

Letztlich leitete der Hokuspokus das Ende der Khedivin in Ägypten ein. Er diente einer anderen Teilnehmerin der spiritistischen Séancen zu einer entscheidenden Intrige. Die Versionen, die Djavidan Hanum liefert, stimmen nicht ganz überein. Nach ihrem Buch ging »giftiger Hauch« von einer blondgefärbten Hanum aus. »Sie schaukelte in Musturut auf einengenden, hochabsätzigen Schuhen, zwischen zeremonieller Repräsentation und türkischem Sprachunterricht herum. Sie war die Frau eines Verbannten. Nach der Verbannung ihres Mannes wurde sie Lehrerin in Konstantinopel. Ihre Bildung war überdurchschnittlich, ihre Gesinnung unterdurchschnittlich. Da sie mich mit ihrer Langeweile identifizierte, haßte sie mich ... Sie schickte täglich eine Abschrift dieser religiös-verblichenen Aufzeichnungen im geheimen an Abbas Hilmi. Der Inhalt besagte, daß ›Ihre Herrlichkeit‹ die Djavidan Hanum Effendi ihrem Gatten, dem Effendina, nach dem Leben trachte und daß sie im selbigen Vorhaben geneigte Unterstützung fände durch A-la-franka-Angestellte.« In der zwanzig Jahre späteren Illustriertenfassung nennt sie den Namen der Intrigantin und wird auch sonst etwas deutlicher: »Die letzte entscheidende Intrige, die uns auseinanderbrachte, war mit raffinierter Geschicklichkeit von meiner Zeremonienmeisterin Hadidjä Refiäh ersonnen worden. In den ganzen Jahren, in denen ich sie um mich hatte, war sie von einschmeichelndster Unterwürfigkeit und scheinbar absoluter Ergebenheit. Obgleich sie mir immer unsympathisch war, habe ich ihr nie einen Wunsch versagt ... Die hohen höfischen Funktionen dieser merkwürdigen Zeremonienmeisterin machten es ihr natürlich möglich, geheime Verbindungen, von denen ich nichts ahnte, mit der engsten Umgebung des Khediven anzuknüpfen. Ihre Geheimberichte bestanden darin, daß sie dem Namen des in den medialen Schreibsitzungen der Frau Casonato, an denen sie manchmal teilnahm, ›aufgetauchten Geistes Xenorva Rex‹ eine leibliche männliche Existenz unterschob, mit der ich angeblich in heimlicher Beziehung stand. Ihre niedrige erotische Phantasie schmückte diese Berichte mit den unwahrscheinlichsten Details aus. Von all dem erfuhr ich zunächst nichts.

Eines Tages sagte mir Abbas Hilmi: ›Seltsame Dinge geschehen in Musturut.‹ Ich konne ihn nur verständnislos ansehen. Er werde mit mir erst dann darüber sprechen, wenn er alles genau wisse, war die einzige Auskunft, die ich von ihm bekommen konnte. Ich fühlte sein Mißtrauen, das mich tief bedrückte. Ein Schweigen kam zwischen uns auf, das immer beklemmender wurde, bis ich durch einen europäischen hohen Funktionär meines Mannes plötzlich die ganze Wahrheit erfuhr. Ich kann nicht beschreiben, wie tief es mich verwundete, daß der Khedive monatelang diese lügnerischen Berichte gelesen hatte, ohne sofort zu mir zu kommen, um mir alles zu sagen. Eine abgefeimte Verleumderin hatte vor ihm Gehör finden können. Für mich brach eine Welt zusammen.

Ich führte sofort eine entscheidende Aussprache herbei. Die Zeremonienmeisterin mußte auf der Stelle das Palais verlassen und wurde nach Konstantinopel zurückgeschickt. Damit war aber für mich der Fall nicht erledigt. Obgleich mein Mann mir versicherte, daß er nie ein Wort von dieser Intrige geglaubt habe, vermochte ich es nicht, ihn zu verstehen und zu verzeihen. Ich wollte fort. Nach langem Zögern gab er mir die Bewilligung, nach Europa zu fahren, weil er hoffte, daß ich in der Entfernung zu einer ruhigeren Auffassung käme. Ich reiste nach Wien und von dort nach Villach, wohin der Khedive mir folgte, um mich umzustimmen. Inzwischen hatte ich viel nachgedacht. Meine Liebe zu Abbas Hilmi blieb – sie reichte aber nicht mehr, die demütigende Enttäuschung seines Mangels an Vertrauen zu verwinden. Und dann schien es mir unmöglich, wieder in eine Welt zurückzukehren, in der mein eigenes persönliches Leben trotz Prunk und Glanz zu verkümmern drohte. Als Europäerin, die jahrelang nur heimlich und in Verkleidung ein freier Mensch sein durfte, überkam mich gebieterisch das Verlangen nach einem Leben ohne Intrigen und Mißtrauen.

Nach aufreibenden inneren Kämpfen willigte Abbas Hilmi in eine Trennung ein, die mir, trotz allem, nicht weniger schwer fiel als ihm.«

Wann sich dies alles genau zugetragen hat? Man kann darüber nur Vermutungen anstellen. Im Oktober 1912, »beim Ausbruch des türkisch-bulgarischen Krieges«, befand sich Djavidan Hanum nach ihren eigenen Aussagen in den ›Tagebuchblättern‹ dieses Buches in Wien und kehrte auf Wunsch des Khediven sofort inkognito, als Krankenschwester verkleidet, nach Kairo zurück. Am 25. April 1913 taucht sie in Robert Musils Tagebüchern als Mitglied des »Harems« von Eugen d'Albert wiederum in Wien auf. In den Monaten dazwischen könnte es also zu jener Trennung vom Khediven gekommen sein. Die Ummeldung innerhalb Wiens vom 1. Dezember 1913 aus der Barichkygasse 7 in die Estegasse 6 weist sie schon als geschiedene Muselmanin aus. Das Pistolenattentat, das ein ägyptischer Student im Juli 1914 auf den Khediven beging, erlebte Djavidan schon nicht mehr mit. Der Khedive begab sich zur Genesung nach Istanbul und wurde dort vom Ausbruch des Ersten Weltkriegs überrascht; er richtete einen Appell an die Ägypter und Sudanesen, die Mittelmächte – Deutschland und Österreich –, mit denen die Türkei verbündet war, zu unterstützen und gegen die Briten zu kämpfen. Das Empire erklärte daraufhin Ägypten zum Protektorat, am 19. Dezember 1918 wurde der Khedive abgesetzt. Nachfolger wurde sein Onkel Hussein Kamil. 1922, als Ägypten unabhängig wurde, verlor Abbas Hilmi all seine Rechte auf den Thron, die Rückkehr nach Ägypten wurde ihm verboten. Er lebte fortan als Bankier in Genf.

»Immer wieder im Lauf der langen Jahre knüpfte das Schicksal zwischen dem im Exil lebenden Abbas Hilmi und Zubeida Djavidan verbindende Fäden. Aber das Kismet ließ es nicht zu, daß sie wieder zusammen kamen«, heißt es am Schluß des Berichts in der ›Münchner Illustrierten‹.

Mit der Rückkehr nach Europa begann Djavidan Hanum alias Gräfin Török ein drittes Leben. In manchem knüpfte sie an jenes erste an, das sie vor der Heirat mit dem Khediven geführt hatte. Ein Bindeglied zwischen allen Phasen ihrer Existenz war die Musik. Schon als Kind hatte sie Klavierunterricht bekommen, im Harem war der Bechstein-Flügel der treueste Begleiter, und so wie sie dort Bach gespielt hatte, tat sie es wieder in Wien. Sie, eine Frau von sechsunddreißig oder siebenunddreißig Jahren, wollte Klavierstunden nehmen. Wo? Beim damaligen Klaviertitanen Eugen d'Albert. In einem Artikel der ›Neuen Front‹ vom 13. Mai 1949 erinnert sie sich an ›Erlebnisse mit Eugen d'Albert‹: »Zum ersten Mal in meinem Leben hatte ich Herzklopfen, als ich – knapp vor dem Ersten Weltkrieg – zu d'Albert kam, um ihm vorzuspielen. ›Ihr Kleid ist wunderschön ..., so apart ..., bestimmt ein französisches Modell ...‹ war der erste Eindruck, den ich bei ihm hervorrief. Dadurch wurde das Herzklopfen nicht geringer. Aber nachher fühlte ich seine Klavierpranken auf meinen Schultern, noch während der Fuge Bach-d'Albert ..., und dann durfte ich zu ihm kommen, so oft ich wollte. ›Ich bin kein Lehrer ..., ich kann Klavier spielen, aber ich weiß nicht, wie man es macht. Aber ich werde Ihnen immer vorspielen!‹

Das war der Anfang einer Freundschaft ... Alle Proben und die Uraufführung von der ›Revolutionshochzeit‹ in Leipzig habe ich gemeinsam mit d'Albert erlebt.«

Aus dem Harem befreit, versuchte Djavidan Hanum, wieder Anschluß an das europäische Leben zu finden. Im Umkreis d'Alberts lernte sie andere Frauen kennen wie zum Beispiel Emma Rudolph, die spätere Ea von Allesch, die mit Robert Musil befreundet war und später mit Hermann Broch liiert. Sie verkehrte in den Wiener Literatencafés und hörte dort gewiß nicht mehr die banausischen Fragen des Khediven à la »Nietzsche ..., wer ist dieses Tier?«. Im Café Herrenhof oder einer ähnlichen Lokalität dürfte sie den Schriftsteller Otto Kaus kennengelernt haben. Gina Kaus berichtet in ihren Erinnerungen: »Er war eher schmächtig, hatte ein dreieckiges Gesicht mit dunklem Teint, großen dunklen Augen, gerader Nase und sinnlichen vollen Lippen. Er hatte sieben Semester Medizin studiert, kam aber aus dem Feld mit der Absicht zurück, das Studium aufzugeben und sich ganz dem Schreiben zu widmen. Er ... hatte ... zwei Bücher geschrieben, eines über Flaubert und eines über Dostojewski ..., der anspruchsvolle, angesehene Piper Verlag ... gab ihm auch monatlich einen kleinen Vorschuß für ein Buch über Strindberg, von dem Kaus jetzt lebte. Er war als Kommunist, ja als Bolschewik aus dem Krieg zurückgekommen ... Er war fanatisch, aggressiv und hatte überzeugende Argumente ... Seine politischen Ansichten hinderten ihn nicht, ein Verhältnis mit einer ›Prinzessin‹ zu beginnen: der geschiedenen Frau des Khediven von Ägypten. Sie war viel älter als er, wohl Mitte Vierzig, aber sie war wunderschön und sah nicht älter aus als dreißig. Sie interessierte mich, und ich veranlaßte Kaus, sie zu mir ins Haus zu bringen. Ich bat sie, mir etwas über das Haremsleben zu erzählen, und sie lobte es sehr. Sie hatte den Khediven nur deshalb verlassen, weil es in Ägypten unmöglich war, ernsthaft Musik zu betreiben, was sie jetzt tat. Auf meinen Wunsch spielte sie für mich auf unserem Flügel; sie war fast eine Virtuosin. Sie hatte übrigens ein sehr angenehmes Wesen und kam zwei- oder dreimal zu mir, dann sah ich sie niemals wieder. Ihre Beziehung zu Otto Kaus war zu Ende, ich weiß nicht, wer sie abgebrochen hat. Er sprach niemals abfällig über sie.«

Zu jener Zeit scheint sich auch ein Kontakt zwischen Djavidan Hanum und Robert Musil ergeben zu haben. Er nannte sie in seinem Tagebuch, des Englischen nicht sonderlich mächtig, zunächst »Meh«, bevor er den Namen richtig buchstabieren konnte. Unter dem Stichwort »Zeitfiguren« porträtierte er sie 1919/20 folgendermaßen:

»May Das ist endlich ein pendant zu Balzacs Kurtisanen. Aber man muß sie jünger machen.

Sie überschüttet einen Mann mit Opfern; war er es nicht wert, ist es seine Schuld. Diese häufige Umdrehung ist aber nicht das Charakteristische, sondern die Liebenswürdigkeit, mit der sie das empfindet. Der gleiche Lebensoptimismus, der ihre Geschäfte leitet.

Nach Ea (sc. von Allesch): Sie erzählt von sich: Sie habe nie im Leben eine Liebeserklärung gehört, weil sie nicht so lang warten konnte.

...

Nie antikonzeptionelle Mittel verwandt; auf einer viel befahrenen Straße wächst nichts.

Wenn ihr ein Mann gefällt und sie nur berührt, ist sie verloren. Brüder und Männer von Freundinnen lösen jedoch Hemmung aus, die stärker ist. Danach dürfte doch nicht nur physiologische libido, sondern vorstellungsmäßige im Spiel sein. Übrigens ist das eine Frage über die nachgelesen werden muß.

Wenn sie einen Mann liebt, so bedient sie ihn völlig.

Sie hat keine eigenen Gewohnheiten, immer die jeweiligen der Männer.

(Das ist ganz amüsant als aktive Gegenspielart des Genofevatypus)

Nach dem Tod des Obst. K. lebte sie 1 Jahr lang keusch.«

Dies war eine Eintragung mit literarischen Folgen. Musil verwendete Züge May Töröks sowohl in seiner Posse ›Vinzenz und die Freundin bedeutender Männer‹ (»Ich trug den Namen einer großen Königin. Ich war fünfzehn Jahre alt und wehrlos, als meine pflichtvergessene Mutter mich ... an diesen Mann ... verheiratete.«) als auch in seinem Roman ›Der Mann ohne Eigenschaften‹. Bei der Lektüre der Kapitel über die männersüchtige Bonadea sollte man stets das Bild Djavidan Hanums vor Augen haben, auch wenn ihr Konterfei dort als biedere Rechtsanwaltsgattin figuriert ...

Es scheint, als habe Djavidan Hanum nach ihrer Befreiung aus dem Harem eine Polygamie mit umgekehrten Vorzeichen gelebt – Eugen d'Albert, Oberst K., Otto Kaus als drei Namen vielleicht nur unter vielen. Wohl während der zwanziger Jahre lernte die Prinzessin, zu Gast bei der Familie von Puttkamer, im Casino von Zoppot einen russischen Emigranten namens Simon Kulatschkoff kennen, einen geflohenen zaristischen Offizier, zirka fünfzehn Jahre jünger als sie, groß, stattlich, blauäugig, gebildet, ein guter Sänger. Angeblich hatte die Prinzessin einen okkultistischen Hinweis ihrer toten Mutter erhalten, sich um diesen Mann zu kümmern. Es kann ihr bei seinen Qualitäten nicht schwer gefallen sein, und sinnigerweise beschäftigte auch er sich mit Spiritismus und Hellseherei, so daß er gelegentlich sogar der Polizei bei der Suche nach Verschwundenen helfen konnte. Für den Broterwerb war dies jedoch nicht ausreichend. Deshalb ließ die Prinzessin ihre Verbindungen spielen und brachte ihn als Statisten bei der Ufa unter. Sie selbst soll ebenfalls für diese Filmgesellschaft gearbeitet haben – ohne daß sich dies bisher beweisen ließe; Bekannte sprechen von einem verschollenen Foto, das sie auf dem Ufa-Gelände in Babelsberg zeigte. In den Berliner Adreßbüchern taucht sie nur für das Jahr 1934 als »Djavidan, Schriftstellerin« per Adresse Schlüterstraße 49, Gartenhaus, auf. Aber es liegen Dokumente vor, die zeigen, daß sie schon im Januar 1933 unter dieser Berliner Adresse lebte – schon im Juni 1920 war sie aus Wien, Stubenbastei 2, nach Berlin gezogen. Nicht umsonst ist ihr Buch ›Harem‹ 1930 im Verlag für Kulturpolitik in Berlin erschienen.

Wie es ihre Art war, verkehrte sie selbstverständlich in den höchsten Gesellschaftskreisen. Dies machten sich auch zwielichtige Existenzen zunutze, die sich auf diese Weise zu nobilitieren und Schutz zu schaffen versuchten. Eine von ihnen war der polnische Rittmeister Sosnowski. Er hatte sich am Lützowufer 36 eine elegante Wohnung eingerichtet und führte ein gastfreies Haus. Seine Feste waren berühmt. Bei ihm verkehrte der Kaisersohn Prinz Eitel-Friedrich ebenso wie der Filmstar Tina Eilers, die Baronin Fregewang ebenso wie der Baron Osten-Sacken, Offiziere und SA-Führer ebenso wie die »Prinzessin Djavidan Hanoum, ... Witwe des Khediven Abbas Hilmi II. von Ägypten, die, geboren als Gräfin Török von Szendrö in Ungarn, als Lieblingsfrau im abgesperrten Frauenhaus am Nil gelebt hatte und nun in Berlin die Honorare verzehrte, die ihre Memoiren ›Harem‹ einbrachten«, berichtet Michael Graf Soltikow in seinem Buch ›Rittmeister Sosnowski‹. Am 27. Februar 1934 platzte eine Bombe. Die Berliner Polizei stürmte eine Abendgesellschaft Sosnowskis und verhaftete ihn samt ein paar Dutzend Gästen, und nicht nur sie, sondern auch seine Helferinnen im Reichswehrministerium: Sosnowski war ein hochkarätiger polnischer Spion, der unter anderem den deutschen Aufmarschplan gegen Polen in seinen Besitz gebracht hatte.

»Die Nationalsozialisten und ihre Anhänger toben aus Anlaß des Falles Sosnowski ihren Haß gegen den Adel und gegen die ›höhere Gesellschaftsschicht‹ aus. Die Gegner des Regimes wiederum glauben, der ganze Fall Sosnowski sei ein großangelegter Schwindel der Gestapo, um ihr die Möglichkeit zu geben, einen Schlag gegen eine verhaßte Klasse zu führen. Der Korpsgeist der Gesellschaft, die prickelnde Lust, sich nicht alles gefallen zu lassen, was man ›oben‹ mit ihnen vorhat, treibt zum Beispiel Prinzessin Djavidan Hanoum, Witwe des ägyptischen Khediven und seit Jahren ahnungsloses Mitglied der Clique um Sosnowski, dazu, sich mit einem Handköfferchen am Gefängnistor einzufinden. Sie erklärt bissig, es sei nur Zufall gewesen, daß sie an jenem 27. Februar nicht in Sosnowskis Wohnung gewesen sei. Sie sei dort ständiger Gast, nur eben am Abend der Razzia sei sie leider verhindert gewesen. Also, so sagt sie, gehöre sie von Rechts wegen ins Gefängnis – bitte, sie stehe der Gestapo zur Verfügung. Man solle sich gefälligst ihrer bedienen. Wenn man sie nicht wolle, so möge man eine der Damen freilassen, die schon seit Tagen eingesperrt seien. Ihr, Prinzessin Djavidan, werde es ein Vergnügen sein, für eins der Opfer der Willkür als Geisel zurückzubleiben.

Die Prinzessin wird von einem Wachkommando vom Gefängnistor verjagt. Sie geht zu Rechtsanwalt Fritz Ludwig, der seine Praxis am Kurfürstendamm 35 betreibt. Sie bittet ihn, die Verteidigung Sosnowskis zu übernehmen.«

Es nützt alles nichts. In einem aufsehenerregenden Prozeß wird Sosnowski zu lebenslangem Zuchthaus verurteilt, über seine Helferinnen Benita von Falkenhayn und Renate von Natzmer wird die Todesstrafe verhängt. Djavidan Hanum reicht – nach der Erinnerung von Bekannten bei Göring – ein Gnadengesuch für die beiden Frauen ein. Vergeblich. Hitler persönlich dringt auf die Hinrichtung. Sie erfolgt am 18. Februar 1935 mit dem Beil.

Ob die Prinzessin danach noch viele Illusionen über die Nazis hatte, steht dahin. Wenn sie tatsächlich für die Ufa weiterarbeitete, brauchte sie gute Kontakte zu den Goebbels' und Hinkels; und ein gewisses Maß an Wohlgelittenheit war gewiß auch nötig, wenn man im Jahre 1943 im Münchner Zinnen-Verlag einen Band mit Erzählungen aus dem Orient – ›Gülzar, der Rosengarten‹ – publizieren wollte, wie sie es getan hat: eine Brotarbeit ohne besondere Bedeutung. Aber immer wieder gab es in ihrer nächsten Nähe »Einschläge«. Ihr Neffe, Olaf von Klingspor, war drei Jahre im Konzentrationslager Dachau interniert, weil er einen Juden versteckt hatte. Die Prinzessin intervenierte für ihn bei Kaltenbrunner – ohne Erfolg.

Im Mai 1936 zog das Paar offenbar von Berlin nach Wien. Das Heranrücken der Roten Armee gegen Ende des Zweiten Weltkriegs verfolgten Simon Kulatschkoff und sie gewiß mit höchster Besorgnis, weil er als ehemals zaristischer Offizier wohl nichts Gutes zu erwarten hatte. Um die Jahreswende 1944/45 floh das Paar deswegen nach Innsbruck und blieb dort bis in die späten vierziger Jahre. Der Khedive, im Dezember 1944 in Genf verstorben, hatte ihr angeblich einen Koffer voll Schmuck vermacht – er kam aber bei der Adressatin niemals an. So wuchsen die materiellen Sorgen, zumal Kulatschkoff vollkommen von seiner Lebensgefährtin abhing. Damals versuchte Djavidan Hanum Kontakt mit dem ägyptischen König Faruk aufzunehmen, gratulierte ihm mit einer »sprechenden Postkarte« zur Hochzeit und hoffte auf eine Apanage. Als dies zu nichts führte, reiste sie offenbar

– wie bereits eingangs geschildert – nach Paris. Auch dort nichts als Fehlschläge, wenn auch ein letztes Mal Auftritte in der überregionalen Presse. Als Zuflucht bot sich schließlich ein Schloß in der Steiermark an, das einem Neffen von ihr gehörte. Dort begann sie – die Frau ihres Neffen war Malerin – selbst zu malen, meistens orientalische Motive in kräftigen, leuchtenden Farben. Bis zu ihrem Tode entstanden wohl zirka zweihundert Bilder, die unter anderem in Wien und Amsterdam gezeigt wurden. Der Verkauf des Schlosses Langenwang, bei dem sie eine von sechsunddreißig Erbinnen war, erlaubte es ihr, zwei kleine Eigentumswohnungen in Graz zu erwerben, eine für sie selbst, eine für Kulatschkoff. Von 1954 bis zu ihrem Tod am 5. August 1968 lebte sie dort, umgeben von ihren Gemälden, musizierend, schreibend, unermüdlich produktiv, »eigentlich wie immer ein gehetzter Mensch«. Dem Islam war sie treu geblieben, auch nach ihrem Abschied von Ägypten. Als Pseudonym für ihre Hörspiele wählte sie »Inschaallah«. Auf ihrem Grabstein zu Sankt Leonhard in Graz stehen nur zwei Worte: »Zubeida Djavidan«.

Karl Corino

Nachbemerkung zur Taschenbuchausgabe

Die Erstausgabe dieses Buches datiert aus dem Jahr 1930. Als Reprint dieser Originalausgabe erschien es 1988 im Verlag Vis-à-Vis, Berlin. Für die vorliegende Taschenbuchausgabe wurden die Zeichensetzung und die Orthographie dem heutigen Sprachgebrauch angeglichen. Ferner wurde das letzte Kapitel, das ursprünglich ›Das moderne Istanbul‹ lautete, unter dem Titel ›Epilog‹ zusammengefaßt. Neu hinzugekommen ist das Kapitel ›Wie ich Königin am Nil wurde‹: Es handelt sich hierbei um die gekürzte Version eines Artikels, in dem die Prinzessin Djavidan Hanum ausführlich und aufschlußreich über ihre bis dahin unentschlüsselte Biographie berichtet. Dieser Artikel ist der erste Beitrag zu einer Artikelserie, die ab 14. Mai 1951 unter dem Titel ›Ich war Königin am Nil‹ in der ›Münchner Illustrierten‹ erschien.

Der Verlag dankt Karl Corino für seinen Hinweis auf die Artikelserie in der ›Münchner Illustrierten‹ sowie für sein Nachwort, in das er seine umfassenden Recherchen zur Lebensgeschichte der Prinzessin Djavidan Hanum eingearbeitet hat.

Deutscher Taschenbuch Verlag

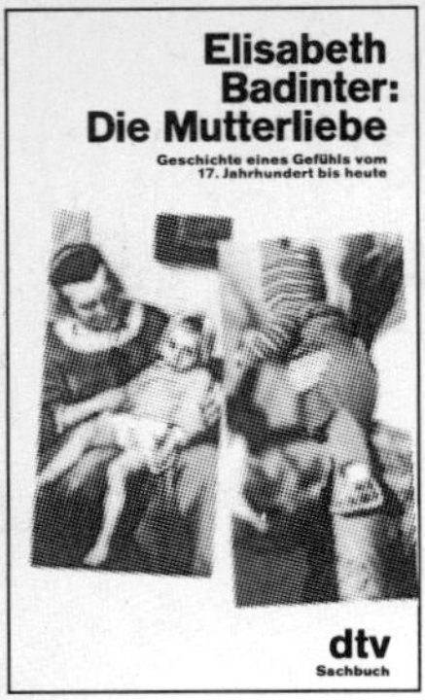

Frauensachen

Elisabeth Badinter:
Die Mutterliebe
dtv 10240

Régine Pernoud:
Christine de Pizan
Das Leben einer außergewöhnlichen Frau und Schriftstellerin im Mittelalter
dtv 11192

Esther Vilar:
Der dressierte Mann
Das polygame Geschlecht
Das Ende der Dressur
dtv 10821

Frauen berichten vom Kinderkriegen
Hrsg. von Doris Reim
dtv 10242

Nancy Friday:
Eifersucht
dtv 11020

Roswitha Fröhlich:
Ich und meine Mutter
Mädchen erzählen
dtv 11194

Angelika Grauer/
Peter F. Schlottke:
Muß der Speck weg?
Der Kampf ums Idealgewicht
dtv 10808

Yue Daiyun:
Als hundert Blumen blühen sollten
Die Odyssee einer modernen Chinesin
dtv 11040

Dacre Balsdon:
Die Frau in der römischen Antike
dtv 11042

Hexen und Hexenprozesse in Deutschland
Herausgegeben von Wolfgang Behringer
dtv 2957

Kate Millett:
Sita
Geschichte einer Frauenbeziehung
dtv 11086

Kate Millett:
Im Basement
Meditationen über ein Menschenopfer
dtv 11193

Gisela Brinker-Gabler/
Karola Ludwig/
Angela Wöffen:
Lexikon deutschsprachiger Schriftstellerinnen von 1800 bis 1945
dtv 3282

Dorothee Sölle:
Und ist noch nicht erschienen, was wir sein werden
Stationen einer feministischen Theologie
dtv 10835